Tout ça pour ça

Wally Bordas
Nejma Brahim

Tout ça pour ça

Couacs, déceptions, démissions : enquête au cœur de l'Assemblée nationale

PLON
www.plon.fr

92, avenue de France
75013 Paris
Tél. : 01 44 16 09 00
Fax : 01 44 16 09 01
www.plon.fr
www.lisez.com

Dépôt légal : janvier 2021
ISBN : 978-2-259-28212-3
Mise en pages : Graphic Hainaut

Avant-propos

Tous les cinq ans, les images sont les mêmes, à peu de chose près. Lorsque la démocratie fait son travail, de nouveaux élus entrent à l'Assemblée nationale et découvrent un lieu et des espaces chargés d'histoire. Les chaînes de télévision sont présentes pour immortaliser l'événement, et les images font le tour des plateaux. Les élus racontent combien ils sont émus d'arpenter ces couloirs et évoquent la « responsabilité » qui est maintenant la leur vis-à-vis de leurs concitoyens. Ce 19 juin 2017, au lendemain du second tour des élections législatives, les nouveaux visages sont très nombreux. C'est donc avec beaucoup de curiosité que nous observons l'arrivée de ces primo-députés, méconnus du grand public. Sur France 2, on voit la figure enfantine de Pierre Person (LREM), 28 ans, répondre timidement aux questions d'une journaliste. Sur France 3, c'est Typhanie Degois, 24 ans, la benjamine de LREM, tout juste diplômée, qui est interrogée. Des images rafraîchissantes qui interpellent. Deux semaines après l'élection d'Emmanuel Macron, 39 ans, plus jeune président de la République française depuis Louis Napoléon Bonaparte, une vague de nouveaux élus déferle sur l'Assemblée nationale. Qui sont-ils ?

Un article publié par les Décodeurs du *Monde* nous donne plus de précisions quant au profil de ces parlementaires.

Selon le journal en ligne, sur les 577 députés élus lors des législatives, 404 n'ont jamais siégé à l'Assemblée nationale auparavant, 189 n'ont même jamais eu d'expérience élective à ce jour : un renouvellement inédit sous la Ve République. Et ces nouveaux – particulièrement ceux de la majorité présidentielle – promettent monts et merveilles : ils veulent faire de la politique autrement, changer les pratiques, être plus transparents, plus exemplaires. On a envie d'y croire. En tout cas, le premier effet est réussi : si elle ne donne pour l'heure aucun gage de ses atouts, cette Assemblée *new look*, plus jeune, plus féminine et plus colorée représente déjà un premier changement, de taille.

Alors que les premiers pas d'Emmanuel Macron sur la scène internationale se passent relativement bien, ceux de ses députés à l'Assemblée nationale sont toutefois plus compliqués. Interventions hasardeuses à la télévision ou dans l'hémicycle, incompréhension des codes de la politique ou des règles de l'Assemblée nationale : nombre d'entre eux sont perdus. Pire, certains enchaînent les petites boulettes, ce dont les médias se délectent. Le premier gros accroc ne se fait pas attendre : le 30 août 2017, seulement quelques semaines après son élection, le député macroniste M'jid El Guerrab assène de violents coups avec son casque de scooter à Boris Faure, responsable de la fédération des Français de l'étranger du Parti socialiste, à deux pas de l'Assemblée nationale. Souffrant d'une hémorragie cérébrale, ce dernier est hospitalisé d'urgence et placé dans le coma pour une intervention chirurgicale. Un événement qui fait tache, à l'heure où la notion d'exemplarité est érigée comme le symbole de cette nouvelle génération d'élus.

C'est au cours de ces premiers mois de mandat, à la lecture des nombreux articles de presse sur le sujet que l'idée d'un livre nous vient. Les critiques sur ces nouveaux députés sont-elles justifiées ? Leur amateurisme et parfois même leur incapacité à devenir de « vrais » politiques font-ils d'eux des incompétents ? Ont-ils vraiment réussi à changer les pratiques ? Nous – deux journalistes, l'une indépendante, spécialisée dans les sujets de société, l'immigration et la politique de la Ville, l'autre au *Figaro*, spécialiste des questions d'éducation – voilà embarqués dans une enquête au long cours de laquelle va naître un livre. C'est avec un regard totalement neuf que nous nous lançons dans le récit d'une histoire, leur histoire. Nous foulons, pour la première fois, le sol de l'Assemblée nationale (tout comme ces nouveaux députés), avec la responsabilité de ne pas trahir son quotidien, ses réalités et son histoire.

Première partie

Les débuts

1

Un coup de casque et puis s'en va

Nous poussons la porte du café-restaurant Le Bourbon, en ce 5 décembre 2018, premier jour de notre enquête. Les bruits d'assiettes et de couverts résonnent dans cet établissement situé tout près de l'Assemblée nationale, institution à laquelle aucun député n'échappe. Volontairement ou non, Le Bourbon est devenu le lieu de tous les rendez-vous. Ici, se croisent Jean-Luc Mélenchon, Marine Le Pen, Éric Ciotti, Nicolas Dupont-Aignan ou encore Richard Ferrand. Selon l'importance de leurs discussions et de leur interlocuteur, ils se saluent ou préfèrent s'ignorer, comme s'ils étaient trop concentrés pour ne pas s'être remarqués. Quelques touristes osent parfois s'immiscer dans cette foule purement politique, par curiosité et avec l'espoir de voir apparaître des visages connus, ou par naïveté, sans avoir la moindre idée des personnalités qu'ils vont côtoyer le temps d'un repas. Ce mardi, M'jid El Guerrab est déjà installé à une table et échange avec Kenza, une attachée parlementaire, assise à sa droite. Nous nous avançons vers lui d'un pas plutôt déterminé. Sans le savoir, le député des Français établis hors de France, dont la notoriété est désormais associée au coup de casque sur la tête de son rival Boris Faure, va nous servir de cobaye. Après un an d'observation et pour répondre à notre appétence de journalisme politique, nous nous lançons en effet dans cette enquête sur les nouveaux élus, appelés tantôt néophytes, tantôt primo-députés, qui font tant parler d'eux depuis leur élection le 18 juin 2017.

Le parlementaire est à son aise. Nous sommes tentés de penser qu'il l'est même parfois un peu trop. Ses longs bras se lèvent pour interpeller le serveur qu'il aime surnommer « chef », et les blagues fusent lorsqu'il passe commande. « Ici je suis comme à la maison, tout le monde me connaît », lâche-t-il dans un sourire mi-fier, mi-gêné. Cet ancien communicant, spécialisé dans les relations presse, n'aurait jamais pensé devenir député un jour. Il se retrouve pourtant à coller des affiches pour le PS dès l'âge de 14 ans. « À l'époque, je faisais partie d'un groupe de rap appelé TRC, pour Toutes Races Confondues. Un militant du parti, éminent avocat, nous a demandé de l'aider à les coller. On s'est sentis considérés, pour une fois, alors on l'a fait », se souvient-il. Plus tard, El Guerrab entre au Parti socialiste, mais sans jamais y trouver l'esprit de camaraderie qu'il recherche. C'est après avoir travaillé avec Ségolène Royal, Jean-Pierre Bel, Thierry Repentin, Yamina Benguigui ou encore Samia Ghali qu'il s'imagine candidat aux législatives. « Je n'y connaissais rien aux députés Français de l'étranger, vraiment rien, reconnaît-il sans détour. J'ai découvert un monde ! » El Guerrab réfléchit pendant quelques mois puis, comptant sur sa connaissance du Maghreb et de l'Afrique de l'Ouest, décide d'entrer dans la course. Bémol, il n'est pas investi par LREM. « Je connaissais Macron, je pensais que j'allais avoir l'investiture. Le 12 mai, quand j'apprends que je ne suis pas investi, je ne comprends pas. » Au second tour, le candidat se retrouve face à Leila Aïchi : les deux revendiquent le soutien du nouveau président. C'est finalement El Guerrab qui l'emporte. Sur Public Sénat, nous assistons à son arrivée à l'Assemblée nationale le 21 juin 2017 en tant que nouvel élu. « Comme les journalistes de LCP étaient mes potes, j'ai pas refusé. On me voit arriver en scooter, le fameux scooter, retirer mon casque, le fameux casque. Je l'ai rangé et je ne l'ai mis sur la tête de personne », relate le néodéputé dans un éclat de rire. Nous profitons de cette ouverture pour lui demander s'il peut revenir sur l'épisode. « Qu'est-ce que vous voulez que je vous dise ? J'évite d'en parler, je garde mes arguments pour le jour du procès, sourit-il. Je me suis battu, voilà, c'est une bagarre. Mais maintenant je suis député et il y a des comportements que je ne peux pas avoir, je l'ai appris à mes dépens. » El Guerrab nous l'assure, il n'avait jamais eu de comportement violent auparavant. Désormais, le député ne répond plus aux provocations, même physiques. « Un bon homme politique, au moment où il se fait agresser, il est à terre, il tremble, il saigne. Il attend que les pompiers viennent le chercher, et le soir Brigitte ou Emmanuel lui ramènent un bouquet de fleurs à l'hôpital. Il en sort grandi, c'est la République qui a été touchée, et il finit par sortir de là en étant ministre des violences faites aux députés. Moi j'ai pas cette expérience : le mec m'agresse je réponds, tu me mets un coup de boule je t'en mets un aussi », assume-t-il tout en engloutissant un morceau de faux-filet sauce roquefort. « Une fois, cette sauce était au menu du jour. Je l'ai tellement appréciée qu'ils ont décidé de la mettre définitivement à la carte du restaurant », lâche le jeune député avec une fierté non dissimulée.

Alors que son rival, Boris Faure, premier secrétaire de la fédération PS des Français de l'étranger, est plongé dans le coma, El Guerrab reçoit tout de même le soutien de ses collègues à l'Assemblée nationale. Richard Ferrand, alors président du groupe LREM, lui signifie sa joie de le voir de retour parmi eux. « Il m'a même dit : je vais t'avouer quelque chose : il y a tellement de personnes à qui je rêverais de mettre un coup de casque ! » Les petites blagues fusent dès lors que son rival sort de l'hôpital, rétabli. Jean-Luc Mélenchon, de son côté, ne fait pas dans la demi-mesure :

«Il m'a dit : "Écoute, moi je ne peux pas t'en vouloir d'avoir mis un coup de casque à un socialiste."» Nous laissons un rire nerveux s'échapper, étonnés, gênés et presque choqués de le voir plaisanter aussi librement sur le sujet. L'élu se dit profondément marqué par cet épisode, qui lui vaut encore aujourd'hui un suivi psychologique. Ses parents ont également dû déménager de la ville où ils habitaient depuis quarante ans ; quant à ses enfants, encore petits au moment des faits, ils ont été épargnés par le scandale.

*

«Les premiers jours, j'ai rencontré le pire député, tout ce que je déteste, raconte la députée Sonia Krimi à propos de M'jid El Guerrab. Il a été exclu du groupe LREM de toute façon. Le style trop à l'aise, qui parle trop fort et prend la politique pour un jeu. Il a beaucoup de compétences ce monsieur, mais il faut les canaliser. On ne parle pas dans un hémicycle comme dans une cité, quoi !» Un sentiment partagé par le député socialiste Boris Vallaud. «Il ne faut pas donner de coup de casque, c'est le b.a.-ba, ironise celui qui était déjà fâché avec El Guerrab avant cet épisode. Un jour, il vient me voir, il me parle et me demande des nouvelles de Najat [Vallaud-Belkacem, sa femme], mais je lui dis : "Qu'est-ce que tu en as à faire ? Tu préfères bosser avec Darmanin, donc bon." Il se fait virer ensuite parce qu'il ne commet pas une erreur, mais un délit. C'est répréhensible et heureusement qu'il a été mis à l'écart par LREM.»

En réalité, après sa mise en examen pour violences volontaires, El Guerrab n'est pas exclu du groupe LREM, mais poussé vers la sortie. Convoqué par le conseil d'administration du parti, il démissionne et rejoint les députés non-inscrits, puis le groupe Libertés et Territoires en 2018. Matthieu Orphelin, député LREM de Maine-et-Loire au moment des faits, juge sévèrement l'acte commis. « Ma ligne de conduite est simple : les députés doivent être exemplaires en tous points, en tous lieux, point barre. La justice passera par là, chacun est avec sa conscience, mais les électeurs sont ultra sensibles », exprime-t-il.

L'acte du député des Français de l'étranger, commis seulement quelques semaines après son élection, a aussi provoqué la colère et le désarroi des cadres de la majorité et du parti. D'autant que, jusqu'alors, le parcours de l'exécutif et de la majorité était quasiment sans faute. Un membre du mouvement en témoigne : « Il n'y a aucune circonstance atténuante à l'acte qu'il a commis. Lorsque les gens ont l'impression que vous leur avez menti une fois, ils considèrent que, de toute façon, vous allez leur mentir à nouveau. Un cas comme M'jid El Guerrab détruit l'opinion que les gens peuvent avoir de la nouvelle majorité. Ça fait énormément de mal. » Si certains collègues se montrent sévères, d'autres tendent à le défendre en tentant de réhumaniser la figure du député. « Je pense surtout qu'il est humain et ce qu'il aurait fait sans être élu député, il l'a fait en étant député. On l'a pointé du doigt et c'est normal, on doit être un peu plus exemplaires. Mais on reste des femmes et des hommes, avec nos qualités et nos défauts », développe Christophe Naegelen (divers droite). « C'est une erreur personnelle, argue de son côté Paula Forteza, autre députée des Français établis à l'étranger, également chez LREM au moment des faits. Il aurait pu la commettre dans un autre contexte, mais ce qui change, c'est qu'en étant député on est beaucoup plus exposé, et c'est vrai qu'au début on ne se rend pas forcément compte de ça. » Patrice Anato, élu LREM de Seine-Saint-Denis qui connaît assez bien M'jid El Guerrab, regrette aussi qu'on ait pu faire une croix sur lui parce qu'il a fauté. « Ça peut nous arriver à tous. Depuis que je suis député, je ne fais plus tout ce qui me passe par la tête même si parfois je ne vous cache pas qu'on m'interpelle dans la rue et que j'ai bien envie de les envoyer balader ou de leur donner une petite baffe, lance-t-il en riant. Je ne le ferai jamais parce qu'il convient d'être exemplaire. Mais il faut ramener l'homme politique à l'être humain tout court, on n'est pas des surhommes et on essaie de faire du mieux qu'on peut. M'Jid est un vrai Winnie l'ourson, il est sympa. »

*

Avec du recul, le principal intéressé n'y va pas par quatre chemins. « La vérité, c'est que c'est du pur amateurisme. Certaines personnes jalouses ont éprouvé du plaisir à ce drame. Un tsunami médiatique, c'est quelque chose, personne ne te prépare à ça », confie M'jid El Guerrab, tout en passant une serviette blanche sur ses lèvres.

Un amateurisme que l'opposition et les médias ne tarderont pas à pointer du doigt, notamment chez les députés de la majorité présidentielle. Il est 14 h 45 et le député des Français de l'étranger s'empresse de demander l'addition pour retrouver l'hémicycle avant que les questions au gouvernement ne débutent.

2

Le premier couac : l'élection des questeurs

Mercredi 28 juin 2017. Sous un ciel nuageux et pluvieux, dix jours seulement après le second tour des élections législatives, les nouveaux députés font leurs premiers pas au Parlement. L'hémicycle est plein. Les parlementaires sont encore classés par ordre alphabétique, ce qui donne lieu à quelques voisinages cocasses : Jean-Luc Mélenchon prend place aux côtés d'Emmanuelle Ménard, députée de la 6e circonscription de l'Hérault soutenue par le Front national (aujourd'hui devenu Rassemblement national), Marine Le Pen est assise entre Nicole Le Peih (LREM) et Maurice Leroy (UDI), Christian Jacob (LR), quant à lui, se retrouve à côté de Monique Iborra (PS). Aujourd'hui, les députés doivent élire les six vice-présidents, les trois questeurs et les douze secrétaires de l'Assemblée nationale.

Un à un, les présidents de groupe prennent la parole. Chacun rappelle combien il est important que ces différents postes ne soient pas uniquement détenus par la majorité. Puis, vient l'heure du vote pour l'élection des questeurs. Des fonctions à responsabilité : ce sont eux qui gèrent les aspects administratifs de l'Assemblée nationale et veillent à ce que les budgets de fonctionnement soient justement exploités. Il est de tradition, depuis 1973, que deux d'entre eux reviennent à la majorité, et le troisième à l'opposition.

Ce jour-là, quatre candidats sont en lice : Florian Bachelier (LREM), Laurianne Rossi (LREM), Éric Ciotti (LR) et Thierry Solère (Les Constructifs : républicains, UDI, indépendants). Après deux heures de suspension de séance, François de Rugy, alors président de l'Assemblée nationale, annonce le résultat : Florian Bachelier, Laurianne Rossi et Thierry Solère obtiennent la majorité absolue et sont proclamés questeurs de l'Assemblée nationale.

Il n'en fallait pas plus pour enflammer l'opposition. « C'est scandaleux », « C'est honteux », « Dégage », scandent quelques députés, laissant leur colère exploser. Christian Jacob, président du groupe Les Républicains, première force d'opposition dans l'hémicycle par le nombre, prend la parole : « Nous venons de rompre avec plus de cinquante ans de pratique parlementaire : les droits de l'opposition viennent d'être bafoués comme jamais ils ne l'ont été dans cet hémicycle [...] La majorité choisit son opposition, cela n'était jamais arrivé. »

La raison de l'ire des Républicains ? Thierry Solère, troisième questeur élu, fait partie des « Constructifs », un groupe d'opposition plutôt compatible avec LREM et Emmanuel Macron, voire « totalement acquis au gouvernement », selon les mots de Christian Jacob.

De 17 h 15 à 22 h 55 va régner dans l'hémicycle un incroyable imbroglio, au cours duquel le président de l'Assemblée nationale réunira à plusieurs reprises les présidents de groupe sans parvenir à trouver une solution, et où Les Républicains finiront par décider de ne pas siéger au bureau de l'Assemblée nationale.

*

Dans les couloirs de l'hémicycle, à la cafétéria, dans la salle des fêtes de l'hôtel de Lassay ou dans le salon Delacroix, les députés LREM sont médusés. « Tout le monde était un peu hébété, se souvient un habitué du Palais-Bourbon. Pendant les suspensions de séance, Richard Ferrand [à l'époque président du groupe LREM à l'Assemblée] allait voir les députés de la majorité pour essayer de trouver une solution. Ils étaient complètement perdus, ils ne comprenaient rien à ce qui était en train de se passer. La questure, la vice-présidence… personne ne savait vraiment ce que c'était. » Anne-Laurence Petel, députée LREM des Bouches-du-Rhône, garde un souvenir marquant de cet événement : « C'était un bordel sans nom, avoue-t-elle. Nous n'avions pas connaissance de ces règles tacites, personne ne nous avait prévenus. On s'est tous retrouvés à se dire : "Qu'est-ce qu'on a fait de mal ?" Et les députés de l'opposition nous regardaient en se disant : "Ils ne comprennent rien." C'était le premier choc entre le monde de l'entreprise et une institution qu'il faut réellement dépoussiérer. On était tous affligés de la façon dont ça se passait, de ces règles extrêmement pompeuses. »

Pour beaucoup de macronistes, il s'agissait surtout d'empêcher Éric Ciotti d'accéder à ce poste à responsabilités. « Éric Ciotti, c'était un peu rude quand même, on n'avait pas très envie de voter pour lui. Solère, c'était un LR plutôt sympa et compatible avec nous », reconnaît Cendra Motin, députée de l'Isère. C'est d'ailleurs ce qui a donné l'idée à Thierry Solère de se présenter pour le poste. Il convoque ses souvenirs tout en sirotant un thé à la menthe. « J'y avais pensé la veille, mais j'attendais de voir qui serait le candidat LR. Si cela avait été Annie Genevard (députée LR du Doubs), je ne me serais pas présenté. À 11 h 30, je reçois un SMS d'un copain LR qui me prévient que leur candidat sera Ciotti. Et là je me dis, wouah, jamais les députés En Marche ! ne voteront pour lui. Pour eux, Ciotti, c'est l'aile droite de Goebbels. Alors j'ai foncé », plaisante-t-il.

Pour les députés macronistes, il n'y a pas photo : une très grande majorité vote en faveur du parlementaire des

Hauts-de-Seine. « Personne ne nous a avertis de l'erreur que nous étions en train de faire, et pourtant, il y en a deux ou trois qui auraient pu. Donc je me dis qu'on nous a un peu laissés commettre cette erreur de jeunesse », réalise Cendra Motin.

Naïfs, les députés LREM ? Pas tant que ça, si l'on en croit les dires de certains élus présents ce jour-là. Selon plusieurs d'entre eux, quelques macronistes passaient en effet dans les rangs pour donner des consignes de vote à leurs camarades. Ce que confirme Aurore Bergé, qui admet être elle-même allée dans les travées souffler aux nouveaux de voter pour le parlementaire Constructif. « Très sincèrement, on a voulu faire un coup politique. Je n'étais pas la seule et je ne l'aurais d'ailleurs pas fait si on ne m'avait pas fait comprendre que c'était souhaité. Et cela a bien marché puisque les LR étaient complètement déstabilisés et que ça a généré un bordel et une nuit complètement invraisemblables », confie-t-elle.

*

En novembre 2017, quelques mois après ce fâcheux événement, Thierry Solère décide finalement de rejoindre le groupe LREM à l'Assemblée nationale, confirmant les craintes – légitimes, de fait – des Républicains. Dans la foulée, il annonce renoncer à son poste de questeur à la fin de l'année. « J'ai pensé que si je restais questeur, ils allaient hurler donc j'ai tout de suite débranché. De toute façon, la questure, je m'en fichais », nuance-t-il aujourd'hui. Le 16 janvier 2018, Éric Ciotti est élu questeur en l'emportant contre le député de La France Insoumise Ugo Bernalicis. Tout est bien qui finit bien… pour l'opposition.

3
L'idéalisme des premiers jours

La semaine qui suit le second tour des élections législatives est un véritable chamboulement. «Je savais que j'allais devoir négocier ma place à la commission des lois, ma place dans l'hémicycle pour mes longues jambes et mon bureau. Comment ? Grâce à Internet ! Dans la nuit du dimanche au lundi on lit beaucoup de choses», nous confie un néodéputé MoDem. Si certains élus s'étaient renseignés avant ou pendant leur campagne express, d'autres n'avaient pas envisagé commencer leur mandat de député au lendemain de l'élection. Faut-il être présent dès lundi ? Comment annoncer à sa direction que l'on quitte définitivement son travail ? De quelle manière se loger à Paris ? Y a-t-il une façon de s'habiller ? S'acclimater à ce nouveau monde sera-t-il facile ?

Sur ce dernier point, Stéphane Buchou, député LREM de la 3e circonscription de Vendée, reconnaît dans un sourire n'avoir rien anticipé. «Je ne suis arrivé que le jeudi et j'avais vu un peu à la télé l'entrée de certains collègues à l'Assemblée nationale», se souvient-il. À la maison, son épouse et ses enfants le taquinent. «Tu vois, toi aussi tu auras un petit cartable !» S'il essaie de se préparer au mieux, le nouveau député, vierge de tout mandat électif, est vite emporté par ce qu'il qualifie de tourbillon. «Un truc de fou, plaisante-t-il entre deux bouchées au Bourbon. Vous devez jongler avec les sollicitations médiatiques, tout le monde vous appelle, on vous dit que vous êtes quelqu'un d'important…» Lorsqu'il apparaît ce matin-là à l'Assemblée nationale, il est accompagné de sa collègue de la 4e circonscription de Vendée. Tous deux, en voiture, cherchent désespérément une place pour se garer. «Il faisait une chaleur caniculaire! J'étais habillé en jean et je n'avais pas anticipé le truc. J'avais mon costard dans la voiture et il a fallu que je me change sur le trottoir. J'étais dégoulinant de sueur en arrivant.»

*

Quelques jours plus tôt, mardi 20 juin, les caméras de La Chaîne parlementaire LCP suivent les premiers pas du député M'jid El Guerrab. Celui-ci arrive, gare son fameux scooter près du Bourbon et retire son casque. «Je connais un peu la maison, hein, déclare-t-il à la caméra, confiant. J'ai travaillé quelques années au Sénat et je connais donc la machine parlementaire.» Après quelques blagues où il admet volontiers que «cela fait bizarre de s'entendre appeler monsieur le député», il retrouve son prédécesseur Pouria Amirshahi, qui lui rappelle que son rôle, en tant que député, sera de se faire respecter.

Les premiers jours, M'jid El Guerrab se sent fier et heureux. «Je me dis que mon grand-père était porteur d'eau, mon père bûcheron dans le Cantal, et moi je suis député», nous raconte-t-il. Il porte l'écharpe bleu blanc rouge qu'on lui a donnée le jour même. S'il reconnaît quelques visages parmi le personnel de l'Assemblée ou les anciens élus, M'jid El Guerrab rencontre avec appréhension les primo-députés qui font leur entrée au Parlement. «Ils étaient très sympas. Je sentais que beaucoup venaient du monde libéral, des startups, il n'y avait pas vraiment d'ouvriers ou de mécanos. Je rentrais dans une école de commerce, sauf que j'étais exonéré de droits d'inscription car j'étais boursier ! » ironise-t-il dans un rire franc.

Le député avoue même avoir ressenti une sorte de « syndrome de l'imposteur », s'imaginant comme un élève que l'on envoie au tableau alors qu'il n'a pas fait ses devoirs. « Je me sentais à l'aise mais pas comme un poisson dans l'eau. Tu te demandes comment faire, quoi dire, à quel moment, et parfois tu fais des gaffes. Tu fais la bise dans l'hémicycle et il y a trois gars qui te sautent dessus parce que c'est interdit. T'as envie de leur dire ça va, j'ai agressé personne ! » Du moins, pas encore…

Le débutant comprend également qu'il ne faut pas échanger avec un autre député en tournant le dos au président de l'Assemblée nationale. Autant de codes qui figurent dans le règlement, lui-même distribué dans une mallette à chaque parlementaire entrant à l'Assemblée.

Les premières réunions de groupe, où il se retrouve entouré de 300 personnes, lui permettent de cerner ses collègues. « Tu vois les interventions des uns et des autres, les sympas, les revendicatifs, les questions décalées de certains ! Y a aussi l'astuce de dire un truc bidon avec beaucoup d'assurance et les gens te croient », raconte El Guerrab, amusé.

*

La sonnerie qui marque le début, la fin ou la suspension des séances n'a pas manqué de rappeler l'époque du lycée à la députée de la majorité Valérie Oppelt. « On est nombreux, c'est normal qu'il y ait des règles. Même si cela peut paraître étonnant d'interdire de faire la bise, de prendre des photos ou de boire dans l'hémicycle, il y a des symboles importants », tempère-t-elle.

*

La grande majorité des députés que nous avons interrogés est unanime : l'accueil réservé par les fonctionnaires de l'Assemblée aux petits nouveaux est irréprochable. « C'est impressionnant, lance Alexandra Valetta, une autre élue LREM. Tout un tas de personnes donnent l'impression d'être à notre service, c'est assez déstabilisant. » Si troublant que la néoparlementaire comprend pourquoi certains élus, après plusieurs années de mandat, peuvent être « déconnectés » du quotidien des Français.

Mais avec un renouvellement aussi important, difficile pour le personnel de retenir plus de 300 nouveaux noms et visages… « Certains se sont étonnés qu'on ne nous reconnaisse pas. L'Assemblée a été renouvelée à 70 ou 75 %, et on voudrait que le personnel ait ingurgité en aussi peu de temps autant d'informations ? » interroge Stéphane Buchou. Le député nous raconte d'ailleurs qu'un fonctionnaire « exceptionnel » du restaurant de l'Assemblée connaîtrait le nom et la date de naissance de chaque élu. « J'ai eu du mal à me familiariser avec ça. C'est rigolo, car on arrive dans une vieille et belle maison qu'on essaie de dépoussiérer. On a quatre personnes à notre service pour nous donner à boire, on est très nombreux à avoir trouvé ça bizarre au début », sourit Stéphane Buchou, jugeant bon de rappeler qu'il n'est pas né avec « une cuillère en or dans la bouche ». Il ajoute avoir vu beaucoup de surprise dans le regard du personnel face à la bienveillance dont les néodéputés pouvaient faire preuve.

*

Émotion, émerveillement, prise de conscience… Le moment le plus marquant reste sans doute celui de la découverte de l'hémicycle.

Lorsque Bruno Bonnell y entre pour la toute première fois, il en a les larmes aux yeux. « C'est là que j'ai vraiment pris conscience que je faisais partie des quelques centaines de Français, sur 70 millions, à avoir accès à ce lieu. C'était très émouvant. Le poids des responsabilités, je l'ai senti dans l'hémicycle », confie-t-il lorsque nous le rencontrons au restaurant Le Train bleu, à la gare de Lyon, à Paris. Le député de la majorité aime se souvenir de l'image qu'il avait de l'Assemblée nationale avant d'être élu : le bureau de Xavier Bertrand, au 101, rue de l'Université. « Avec sa petite couchette, on aurait dit une chambre d'étudiant. Ça ne donnait pas envie », admet-il en riant.

Les premiers jours, alors qu'ils sont encore classés par ordre alphabétique, Alexandra Valetta (LREM) se retrouve près de Manuel Valls. Dans les couloirs, elle croise Marine Le Pen ou Jean-Luc Mélenchon, qu'elle est plus habituée à voir à la télévision. Un nouveau monde s'ouvre à elle. « L'hémicycle est impressionnant, forcément, mais il paraît quand même plus petit qu'à la télé. Il est écrasé par le décorum, la hauteur sous plafond et le reste. Le poids de l'histoire, aussi », observe-t-elle.

« Moi, je trouve que c'est plus émouvant qu'impressionnant, nuance Annie Chapelier (ex-LREM), l'une de ses collègues. C'est cosy, quand on arrive on se sent bien. Chaque fois que j'y suis, je regarde cet endroit où on se sent chez soi. C'est une réussite lorsqu'on sait qu'il s'agit de la maison du peuple. »

L'émerveillement des premiers jours, comme une lune de miel avant les premiers obstacles…

4

Camping et coworking

L'une des principales difficultés rencontrées par les députés au début de leur mandat, en plus de l'adaptation à ce nouveau monde, est sans doute l'installation dans leur nouveau bureau. Une véritable «bataille», selon Sonia Krimi, élue de la Manche : 577 bureaux pour 577 élus. Pourquoi donc se battre? «Parce que seuls 80 d'entre eux disposent d'un lit, sourit-elle. Donc vous vous battez. J'ai envoyé un message à l'équipe de Richard Ferrand à l'époque, en expliquant mes besoins.» Elle obtient une réponse positive après une semaine. L'ancienne cost-killer (spécialiste de la réduction des coûts), habituée aux hôtels dans le cadre de ses déplacements, ne ressent pas une envie particulière de décorer son espace lorsqu'elle l'obtient enfin. «La seule chose que j'ai dans mon bureau, ce sont les livres. Un peu comme chez moi, il n'y a pas de chichis», résume la Franco-Tunisienne.

Le député de la Vienne (ex-LREM) Jean-Michel Clément, lui, avait déjà un bureau depuis dix ans. Il a tout de même dû déménager, changer le mobilier, les ordinateurs. «Il y a eu un certain temps de latence, mais je n'ai pas le souvenir d'avoir vécu à la rue», tempère-t-il, indiquant néanmoins avoir dormi à l'hôtel en attendant d'entrer dans son nouveau bureau avec couchette. D'après lui, les règles sont simples :

les Parisiens n'ont pas besoin d'avoir de quoi dormir, les autres, oui. Mais avec seulement 18 députés à Paris et 97 en Île-de-France, il reste difficile de contenter tout le monde. «Ça a été la guerre pour certains… Il faut se débrouiller, c'est tout. Ils étaient affamés en 2017, ils voulaient bosser tout de suite, tout changer, courir avant de savoir marcher!» assure-t-il.

*

Au cours de cette période de transition, où les bureaux n'étaient pas tous libérés, certains se rappellent même avoir vu des parlementaires dormir directement sur le sol. «On a accompagné quelques primo-députés à leurs débuts, avec ma collaboratrice. On les a aidés à s'installer, certains dormaient par terre dans les couloirs et c'était un vrai capharnaüm», raconte un élu depuis 2012, qui en a même accueilli quelques-uns dans son bureau un temps. «Quatre cents nouveaux, c'était énorme, la logistique ne pouvait pas suivre, il fallait sortir les anciens et rentrer les nouveaux», complète-t-il.

Philippe Latombe, député du MoDem, confirme ces dires. Lorsqu'il participe à sa première réunion, le lendemain de son arrivée à l'Assemblée à 17 heures, c'est pour auditionner le ministre de l'Intérieur, qui va prolonger l'état d'urgence. «Là, on se retrouve tout seul, sans bureau, c'était l'horreur. C'est vrai que certains couchaient dans les couloirs.» Après trois bonnes semaines, voire un mois, le député de la Vendée se voit attribuer un bureau avec couchette, où il ne peut pas encore entrer, les clefs ayant été perdues. «Il fallait refaire des doubles. Au final, on a récupéré un bureau dans un état…», conclut-il, dépité.

Et même lorsque les députés obtiennent le Graal, le plaisir ne dure qu'un temps. Pour Dimitri Houbron, ex-LREM, le bureau-couchette situé au 3, rue Aristide-Briand, se transforme vite en cauchemar. « Les six premiers mois, je dormais là-bas. Je me suis dit : "Bon ça va, je suis jeune, je traverse la rue et vais me coucher dans le Clic-Clac qu'on déplie." Mais très vite, je me suis rendu compte que je dormais mal et que j'étais épuisé le lendemain. » En cause, notamment, la sonnette qui fait la particularité de ces pièces et qui s'enclenche à chaque suspension de séance, dès qu'il y a un appel au scrutin public. « Donc même les semaines où je n'étais pas forcément obligé d'aller dans l'hémicycle, j'étais réveillé à 1 heure du matin ! Quand ils ont proposé de prendre en charge une partie des frais de logement, j'ai loué un petit appart à vingt minutes à pied. »

Le député Hervé Berville (LREM) fait aussi partie de ceux qui obtiennent un bureau avec couchette. C'est son unique demande en arrivant à l'Assemblée nationale. « Je n'avais pas d'endroit où dormir à Paris, et parfois, je couchais à l'hôtel. Un soir, il n'y avait plus de place et j'ai dû aller dormir chez un ami. Je me suis dit : "T'es député quand même et tu demandes si tu peux aller chez les autres" », raconte-t-il dans un éclat de rire. Comme pendant un road trip, le parlementaire dort à droite à gauche durant quelque temps. Il sait que c'est temporaire. « Franchement, c'était marrant », conclut-il en relativisant.

Pendant ce temps-là, M'jid El Guerrab, par un tour de passe-passe, arrive à obtenir non pas un, mais deux bureaux. « Je fais partie des quelques privilégiés à en avoir deux, se vante le député des Français de l'étranger. Mes deux assistants parlementaires le partagent avec moi, et comme il était question que j'en embauche un troisième et que je prenne un stagiaire, je suis allé me plaindre auprès de mes amis et j'en ai eu un deuxième. » À l'heure où nous écrivons ces lignes, le second bureau ne sert pas, il est vide. Le premier est décoré d'un souvenir du Burkina Faso, de la une du *Petit Journal* avec Philippe Grenier (1865-1944), le premier député musulman de l'histoire de France, et de quelques photos du fils du jeune parlementaire.

*

Cette bataille des bureaux s'est accompagnée d'une ambiance très startup. Hervé Berville se souvient d'avoir travaillé plusieurs semaines dans la salle des conférences, faute d'espace. Et il n'était pas le seul. Paula Forteza (ex-LREM), très impliquée dans la loi confiance en début de mandat, a également dû improviser. «On travaillait toute la journée dans les salles du Palais. Ce n'est pas facile car j'avais aussi mon équipe à mes côtés», souligne la jeune élue. Très vite, les salles du Palais-Bourbon prennent des allures d'espaces de coworking. Au point qu'un ancien député, en ouvrant la porte de la salle des conférences, découvre hébété tout un groupe de jeunes et nouveaux élus, les yeux rivés sur leur écran d'ordinateur portable, en train de pianoter sur leurs claviers. «Les deux ou trois premières semaines, c'était un peu le camping. On zonait beaucoup avec mon collaborateur de Paris. Il y avait des salles dédiées, mais très rapidement on était tellement nombreux que ce n'était pas suffisant», raconte l'ex-LREM Dimitri Houbron, qui se retrouve à bosser, lui, dans la bibliothèque de l'Assemblée. Une expérience qui chamboule, à l'heure où ces nouveaux députés doivent prendre leurs marques et s'adapter à leur nouveau lieu de vie.

5

Naïveté, illusions…
Ils n'avaient pas les codes

Le hasard alphabétique place Bruno Bonnell (LREM) près de Jacques Bompard (non-inscrit). «Il avait été réélu député et pensait avoir trouvé la faille pour rester maire», plaisante-t-il. La séance suivante, les députés sont réunis par groupes de six et Bruno Bonnell rencontre ses collègues pour la première fois. Parmi eux, deux anciens, qui maîtrisent déjà bien les codes. «Nous, on ne connaît rien des règles, on ne sait pas voter, on ne sait pas ce que veut dire un amendement, on ne sait pas quand on peut prendre la parole, on ne sait pas ce qu'est un rappel au règlement, énumère-t-il l'air plutôt assumé. ON NE SAIT RIEN, et on commence à voter le jour même, c'est quand même incroyable, non? C'est génial même!»

Pour Danièle Obono (LFI), la sensation est identique : elle admet que tous les députés de La France Insoumise ont été plongés dans le bain sans préparation, «sans aucun repère». Sauf peut-être Martine Billard, qui avait été députée deux mandats auparavant et qui, les premières semaines, leur explique les rouages de l'Assemblée. «Jean-Luc Mélenchon, lui, avait été sénateur et député européen, mais ce n'est pas le même fonctionnement», commente Danièle Obono tandis qu'on l'interroge dans la salle principale de sa permanence située en plein 18e arrondissement de Paris.

Les premiers temps, les députés doivent donc prendre leurs marques tout en constituant leurs équipes. « Très vite, on a été dans l'organisation des débats sur la loi travail, un très gros texte tout de même, parce qu'elle arrivait quasi aussitôt », se rappelle la parlementaire de La France Insoumise.

*

Pour se mettre dans la peau d'un député, Jean-Marie Fiévet, élu de la 3e circonscription des Deux-Sèvres, avoue avoir tourné en rond et interrogé tout le monde. « On se pose tous les mêmes questions, c'est rassurant. J'avais peur d'être largué, mais en fait on était tous dans le même bateau. »

D'autres députés, de l'opposition notamment, sont témoins de ces premiers pas difficiles. Pour Fabien Di Filippo, élu Les Républicains de la Moselle, cette méconnaissance de l'Assemblée est « flagrante » les premières semaines. « Ils tombaient dans tous les panneaux, dans tous les pièges qu'on leur tendait. Ils découvraient même la procédure parlementaire, ce qui, quand vous êtes dans la majorité ou au perchoir, est très embêtant. Il y a eu beaucoup d'interruptions de séance, beaucoup de ratés, beaucoup de maladresses. Des votes à l'envers, une présidente qui pleure au perchoir, des ministres obligés d'interrompre la séance pour expliquer des choses à leurs troupes », rembobine-t-il, presque gêné de ce qu'il relate.

Pour une grande partie, les députés découvraient ce qu'était l'Assemblée. Un attaché parlementaire nous explique y avoir vu une sorte d'idéalisme, avant une redescente quelque peu brutale. « Il y avait une certaine naïveté chez beaucoup de ceux qui pensaient qu'il suffisait d'appuyer sur un bouton pour que tout aille mieux dans le pays. Ils se sont rapidement rendu compte que rien n'était si simple », note-t-il, ajoutant que si la gauche et la droite avaient échoué, ce n'était certainement pas «par flemme, mais par difficulté».

Cet idéalisme se caractérise par une incompréhension totale de certains codes. «Tous les mardis matin, des réunions de groupe sont organisées : un ministre présente les textes ou réformes à venir. Ce jour-là, c'est Édouard Philippe qui vient prendre la parole. À la fin de la réunion, au moment des questions, j'ai vu un député lever la main, se lever et dire : "J'ai un problème de wifi dans mon bureau." Et ça en s'adressant au Premier ministre», soupire le collaborateur. A-t-on déjà vu un élu de la majorité faire part de ces problèmes d'intendance au chef du gouvernement par le passé ? Sûrement pas.

*

Lorsque nous rencontrons la jeune Paula Forteza (ex-LREM) à la buvette de l'Assemblée nationale, la députée est encore sous le charme du groupe majoritaire dont elle fait partie. Elle replonge dans ses souvenirs, évoque d'abord les démarches administratives que tous les nouveaux ont effectuées à leur arrivée, puis le poids des responsabilités qui leur tombe dessus. «Bien sûr, il y a la crainte de ne pas pouvoir être à la hauteur, car on a beaucoup de choses à apprendre en même temps. Il faut très rapidement s'immerger dans la procédure législative et s'imprégner de tout un langage spécifique», relève la représentante des Français de l'étranger. Paula Forteza décide donc de se jeter à l'eau, avec le risque de commettre des erreurs. Accompagnée par des administrateurs «de très haut niveau» qui la conseillent sur la jurisprudence et les aspects techniques, elle postule pour le premier texte qui arrive à l'Assemblée, la loi confiance. «Le fait de me présenter comme responsable de texte du groupe relevait un peu du saut dans le vide.

Mais, en général, je suis comme ça, fonceuse. J'ai donc appris en m'imposant une obligation de performance pour représenter mes collègues», confie cette trilingue à l'accent chantant. Finalement, le sort sourit à Paula Forteza, nommée responsable du texte de loi sur la transparence de la vie politique.

Mais tout ne se passe pas aussi aisément que prévu. Jean-Michel Clément, alors député de la majorité, loin d'être novice au vu de ses mandats électifs précédents, observe la situation de près. Au cours des débats, Delphine Batho, députée des Deux-Sèvres et ancienne ministre, propose un amendement pour éviter les conflits d'intérêts avec les lobbies en interdisant aux collaborateurs parlementaires d'être salariés d'une entreprise extérieure. «Un amendement de bon sens, quoi ! Il y avait tout le monde, on était en plein mois de juillet. Moi je dis oui, on vote ça ! Je me retourne vers Ferrand, juste derrière moi, et lui dis : "Richard, on vote cet amendement !" Je vois tous les autres petits nouveaux autour de lui qui répondent : "Bah euhhh, on ne nous a pas dit de le voter…"» Jean-Michel Clément s'agace, demande qui est le responsable du texte. Lorsqu'il interpelle Paula Forteza, celle-ci ne sait quoi faire. «Elle se lève, elle devait faire appliquer le règlement qu'elle ne connaissait pas, évidemment. Et c'est Ferrand qui lui a dit de demander une suspension de séance. Ils ne savaient pas où ils habitaient, il fallait voir la panique à bord», grogne encore l'élu, outré. La suspension dure cinq minutes. Une fois tous les députés de la majorité regroupés – sauf lui –, ils reviennent et votent l'amendement. «Ce qu'il s'est passé entre-temps, c'est qu'un député MoDem a dit qu'il voterait cet amendement. Ça a jeté le trouble car il faisait partie de la majorité. L'ensemble est quand même grotesque : on vote un texte sur la transparence et on se demande s'il faut laisser les lobbies rentrer dans la maison !», tacle-t-il, ajoutant que cet épisode représente à ses yeux une «gaffe extraordinaire», symbole de ce qu'il a perçu comme l'immaturité politique et parlementaire de ces nouveaux députés.

*

Des élus de la majorité n'hésitent pas, eux, à déposer de nombreux amendements au moment du vote du budget. Là encore, ceux qui ont un regard extérieur n'y comprennent rien. « Ce n'est pas très habituel de déposer autant d'amendements quand on fait partie de la majorité. Ils essayaient de répondre aux attentes des habitants de leurs circonscriptions, qui leur demandaient de faire avancer des dossiers... Bref, ils voulaient trop bien faire », explique un habitué du Palais-Bourbon.

Si Richard Ferrand tente de les canaliser, les députés ne réalisent pas que cet esprit, disons volontaire, est contraire aux codes de la « vieille politique ». « Ils ont eu le sentiment d'être empêchés de faire de la politique autrement et d'avoir un caporal sur le dos », complète-t-il. Ce qui était probablement un peu vrai.

Thierry Solère, député des Hauts-de-Seine depuis 2012, est à la fois amusé et interpellé d'assister à tout cela. « Ce qui me frappe au démarrage du mandat, c'est la non-compréhension des codes. Ils ne sont pas du tout habités par ceux de la vie politique, ne pensent pas du tout à la suite. Dans l'ancien monde, un député est à peine réélu qu'il songe déjà à sa réélection, eux non », admet l'habitué des arcanes politiques. L'ancien élu local rit aussi de l'ignorance des nouveaux. « Un jour, un jeune parlementaire de la majorité me dit : "Mais qu'est-ce que c'est que le Conseil d'État en fait, ça conseille l'État ?" » Et là, je me suis dit : Mais comment il fait pour voter les lois s'il ne sait pas ce qu'est le Conseil d'État... » Des débutants, des vrais.

6

Des fonctionnaires déboussolés

« Vous avez le droit d'accéder à la salle de presse, à la salle des quatre colonnes. Par contre, il y a des endroits où vous ne pouvez pas aller. Tenez, suivez-moi, je vais vous montrer la buvette des journalistes. » Lorsque vous vous rendez à l'Assemblée nationale en tant que journaliste, mais aussi en tant que visiteur lambda ou député, vous êtes toujours accueilli avec une grande politesse par ceux que l'on nomme les fonctionnaires de l'Assemblée nationale. Surveillants, employés de restaurant, secrétaires administratifs, huissiers ou encore guides : au Palais-Bourbon, ces quelque 1 000 fonctionnaires, tous recrutés sur concours, sont les gardiens de l'institution. Des agents discrets que vous croisez en déambulant dans le bâtiment, et disponibles pour répondre à la moindre question.

Malheureusement pour nous, journalistes, ces fonctionnaires parlent peu, voire jamais à la presse, sauf, bien sûr, pour donner des renseignements d'ordre factuel. Soumis à un devoir de réserve et à une obligation de neutralité politique dans l'exercice de leur fonction, ils n'expriment jamais leurs états d'âme, même contactés de manière moins formelle et détournée. Que pensent-ils des nouveaux députés ? Ont-ils été perturbés par l'arrivée de ces jeunes parlementaires au Palais-Bourbon ?

*

Selon plusieurs habitués des lieux, leur première difficulté a été d'apprendre à les reconnaître. Avec seulement un député sur quatre réélu, l'Assemblée a connu le plus grand renouvellement de l'histoire de la Ve République. Une représentation nationale comptant plus de femmes, plus de jeunes à laquelle les fonctionnaires ont dû s'adapter. « Pour nous reconnaître, ils jouaient avec des cartes où il y avait nos noms et nos photos, se rappelle Florence Granjus, élue LREM des Yvelines. Je les voyais les retourner en disant : "Oui, c'est ça, c'est elle." »

Si, les premiers temps, certains jeunes députés ont été pris pour des collaborateurs parlementaires, les choses sont rapidement rentrées dans l'ordre. « Au bout de quelques semaines à peine, ils connaissaient les noms et prénoms de tous. Ils avaient même repéré Julie, ma collaboratrice, et savaient dans quel bureau la trouver », se remémore Florence Granjus.

Un professionnalisme salué par de nombreux parlementaires au cours de nos entretiens. « Ils sont exceptionnels, note une députée de la majorité. Ils ont une gentillesse et une disponibilité incroyables. »

*

Aussi serviable et dévoué soit-il, le personnel de l'Assemblée nationale a tout de même été chamboulé par cette vague. « Ils ont fait en sorte que tout se passe bien, mais en réalité, ils ont été complètement paumés de voir arriver des gens qui ne se comportaient pas comme les anciens », confie un habitué des couloirs de l'Assemblée nationale.

Un avis corroboré par ce fonctionnaire, au détour d'une discussion pendant l'une de nos visites : « Avec ces nouveaux députés, nous avons été obligés de changer notre manière de travailler. Nous avons dû faire un effort pédagogique beaucoup plus important qu'avant», confie-t-il. Car les apprentis sont très nombreux à ne pas avoir les codes, mais aussi, et surtout, à se poser d'innombrables questions sur le fonctionnement du Parlement. Et comme peu de leurs collègues sont en mesure de leur fournir des réponses, ils se tournent vers les fonctionnaires de l'Assemblée nationale.

Quelques députés avouent avoir abondamment profité des conseils avisés du personnel. Cendra Motin, la dynamique élue de l'Isère, explique : «Ce sont les huissiers de l'Assemblée qui m'ont enseigné le plus de choses. Ils connaissent tous les rouages. Lors des premières semaines, j'ai appris le fonctionnement de cette institution auprès d'eux», relate-t-elle. «Heureusement qu'ils étaient là, abonde Dimitri Houbron. Ils nous ont guidés et répondaient à la moindre de nos questions. C'était agréable d'arriver dans ces conditions.»

*

Ces fonctionnaires ont aussi dû s'habituer au côté «premiers de la classe» des nouveaux. Les premiers mois, de jour comme de nuit, ces derniers ont été plus nombreux que d'habitude à siéger, que ce soit dans l'hémicycle ou en commission. Ce qui a pu causer des problèmes logistiques. «Parfois, ils devaient aller chercher des chaises tant nous étions nombreux. On était là même quand nous n'étions pas compétents sur les textes. Ils nous trouvaient trop sérieux», se rappelle une élue de la majorité.

Finis les cigares dans la cour du Palais-Bourbon, terminés les repas de plusieurs heures autour de bonnes bouteilles de vin, les nouveaux boivent du Coca-Cola, du Perrier, et s'installent n'importe où pour travailler avec leur MacBook. Ils mettent leurs badges, aussi. À l'Assemblée nationale, tout le monde doit en porter de couleurs différentes : les administrateurs, les collaborateurs parlementaires, les journalistes… «Habituellement, ceux qui n'ont pas de badge, ce sont les députés. Mais eux, comme ce sont des gens comme tout le monde, ils avaient décidé de mettre leur badge, c'était très marrant. Et certains le font toujours aujourd'hui», confie en plaisantant un habitué.

Ce souffle d'air frais, s'il a décontenancé le personnel, ne l'a pas pour autant choqué ou démoralisé. Il s'est adapté, comme toujours.

7

Les socialistes de LREM considérés comme des traîtres

Nous ne les avons pas encore évoqués, et pourtant, ils représentent une part non négligeable de l'opposition au Parlement. Lorsque les rares députés du Parti socialiste rescapés de la vague macroniste prennent place dans l'hémicycle en juin 2017, ils ne s'attendent pas à retrouver tant de visages familiers à leurs côtés. Alors qu'eux, désormais, siègent dans l'opposition. Car pour se former, la majorité n'a pas hésité à piocher dans le vivier de candidats PS qui, constatant l'échec de leur parti à la présidentielle, ont franchi le Rubicon et obtenu le soutien de La République en marche. Le mouvement d'Emmanuel Macron, par sa volonté de dépasser les clivages, les a attirés comme des aimants. D'après *Le Parisien*, la majorité présidentielle réunirait d'ailleurs pas moins de 126 élus issus de la gauche – dont le PS, le Parti radical de gauche, les écologistes ou les divers gauche. Parmi eux, 83 auraient même été élus ou auraient eu une activité partisane sous la bannière socialiste…

François André (décédé en février 2020), député de la 3e circonscription d'Ille-et-Vilaine, et Frédéric Barbier, dans le Doubs, ont même été élus sous l'étiquette PS avant… de basculer chez LREM. Lorsque l'information est reprise par *Le Parisien*, fin juin, le parti s'empresse de diffuser un communiqué dans lequel il déclare : « Frédéric Barbier et François André se sont mis d'eux-mêmes hors du Parti socialiste. » Autrement dit, ils ont fait leur choix. Le second, qui était le seul député socialiste en Bretagne, affirme qu'il en accepte les conséquences.

Les premiers jours, alors qu'ils sont encore classés par ordre alphabétique, Boris Vallaud s'installe et balaie l'hémicycle du regard. «Je me dis qu'en fait je vois beaucoup de députés socialistes. Je ne savais pas vraiment qui avait gagné », se souvient-il.

*

Lorsque nous le rencontrons dans une très chic brasserie du 16e arrondissement, le député des Landes ne peut camoufler sa déception. « En réunion de groupe, je me suis vite aperçu que tous ces socialistes étaient en fait des LREM. Ceux-là avaient fait perdre tous leurs copains, ils m'ont écœuré, vraiment écœuré », lâche-t-il, le regard amer.

Jean-Michel Clément en fait partie. Après avoir été conseiller municipal, maire de sa commune puis député dès 2007, le sexagénaire se présente à nouveau dix ans plus tard. Désigné « à 100 % » par les militants socialistes de sa circonscription, il décide, durant la primaire, de ne donner sa signature ni à Benoît Hamon ni à Manuel Valls. « Pas même à Emmanuel Macron, qui n'était pas dans la primaire. Intellectuellement, ça aurait été une trahison», explique-t-il. Après le second tour de l'élection présidentielle, alors qu'il est en campagne pour le PS, le candidat reçoit une invitation de la commission Delevoye. « Un communiqué disant que j'étais investi par Macron, que je pouvais refuser... Je n'avais pas le pistolet sur la tempe. » Pourquoi lui ? Aujourd'hui, le parlementaire estime qu'il avait sans doute été identifié comme quelqu'un faisant « correctement le boulot», car il avait travaillé sur la loi Macron sous la législature précédente. Curieusement, et malgré l'expérience politique dont il dispose, l'idée d'une conquête LREM à travers le territoire national ne lui traverse pas l'esprit. Ou alors en silence. Lorsqu'il reçoit cette fameuse invitation, Jean-Michel Clément admet ne pas savoir quoi faire. Il convoque alors les militants socialistes. « J'ai remis ma candidature entre leurs mains. Ils ont à nouveau voté, il y a eu un débat et il en ressortait que tout le monde m'invitait à accepter l'invitation. » À cet instant, le candidat a trois possibilités : accepter, refuser ou ne pas se présenter. « Ça a été un moment très difficile à vivre… Je me souviens encore de cette soirée. Certains ont parlé d'infidélité, de trahison, mais c'est quoi ? Aucun n'a voté contre, je suis reparti avec un soutien, une légitimité que j'aurais pu perdre », rappelle-t-il, ajoutant qu'il ne croyait pas à un raz-de-marée d'En Marche ! mais plutôt à un gouvernement de coalition.

*

Le chercheur Luc Rouban, politologue au Cevipof (Centre de recherches politiques de Sciences Po), évoque en ces termes la partie de la majorité qui vient du Parti socialiste : « Ces députés se sont ensuite retrouvés piégés dans de drôles de situations, comme pour la réforme des retraites, à devoir entériner une réforme néolibérale, confrontés à un terrain de réformes de droite et non plus ni de gauche ni de droite, comme initialement prévu. » Des situations qui engendrent aujourd'hui un certain nombre de tensions – et de départs. « Les députés de l'UDI ou du MoDem pourront revenir au bercail sans problème, mais ceux du PS sont considérés comme des traîtres. Ils n'ont donc pas d'avenir. Si Emmanuel Macron échoue en 2022, leur carrière politique s'arrêtera là. »

*

Investie par le Parti socialiste, Delphine Bagarry a également fait le choix de rejoindre LREM. L'élue, qui a pourtant une longue histoire avec le PS, était, lorsque nous l'avons rencontrée, députée des Alpes-de-Haute-Provence. Elle a quitté le groupe après l'usage du 49.3 par le gouvernement d'Édouard Philippe afin d'adopter la réforme des retraites. Lors de notre rencontre, quelques mois auparavant, elle nous expliquait pourtant beaucoup aimer la philosophie macroniste. L'idée de se dire « soyons intelligents, arrêtons d'être dans les postures, recherchons un consensus » la fascinait. « Je dénonçais les positions de principe mortifères qu'on avait au PS depuis deux ans. Avec Macron, on avait enfin quelqu'un qui y croyait », souriait-elle, convaincue, lors de notre déjeuner au restaurant de l'Assemblée nationale. Elle nous avait raconté ce qui avait motivé sa décision de passer dans « l'autre camp ». C'est lorsqu'elle avait trouvé un suppléant « non encarté mais engagé de façon citoyenne », qu'elle avait réfléchi à changer d'investiture. « Je me sentais responsable de l'élection, mais ça s'est fait naturellement car beaucoup d'autres que moi l'avaient fait », concluait-elle.

*

Najat Vallaud-Belkacem, l'épouse de Boris Vallaud, ministre de l'Éducation nationale, de l'Enseignement supérieur et de la Recherche sous François Hollande, a été battue par Bruno Bonnell (LREM) au second tour des élections législatives. « Je me suis demandé pourquoi Najat Vallaud-Belkacem n'était pas allée voir Macron, pourquoi elle n'avait pas joué le jeu, résume le député devant nous. Après cinq débats, j'ai compris : elle était dans l'idéologie, elle croyait encore à la gauche. » Et si c'était plutôt par loyauté, par fidélité ? Bruno Bonnell, sévère, la voit « plus cynique que cela », mais répond : « probablement ». Et de rappeler que si Villeurbanne était un territoire gagné pour le PS, présent depuis cinquante ans, sur le fond en réalité tout changeait. À chaque rencontre avec les électeurs, lorsqu'il ouvrait la bouche il entendait dans le premier rang un « Bouuuhhh, il est nul ! ». À ses yeux, son élection est avant tout la victoire d'un changement de paradigme politique. « Des collègues disent que c'est parce qu'on avait Macron sur la photo. Évidemment, mais il faut aussi voir l'écart 60/40 obtenu sur un territoire pourtant profondément socialiste. C'est le discours rassembleur contre le discours diviseur qui a gagné. Le soir de la victoire j'ai envoyé à Najat Vallaud-Belkacem un texto la saluant poliment, elle n'a jamais répondu et je ne lui ai plus jamais parlé. »

Pour Boris Vallaud, certaines défaites sont plus dignes que des victoires. Le nouveau monde qu'il voit naître, sous ses yeux, est loin de lui plaire. « Rien d'autre que de la vilenie, de l'opportunisme, de la trahison… tout ça faisait quand même, au final, très vieux monde. »

8

Bizutage

Pour souhaiter la bienvenue aux nouveaux élus en 2017, les députés plus expérimentés ont parfois usé de taquineries voire de railleries. Patrice Anato (LREM) se souvient que si, du côté de la majorité, la bienveillance était au rendez-vous, « ceux de l'opposition… on sentait qu'ils avaient du plaisir à nous brimer. Ça se décelait dans les regards… Je revois Jean-Christophe Lagarde ou Christian Jacob en train de nous observer avec le sourire en coin, l'air de dire : "Hahaha… t'as encore rien vu, mon petit !" C'était une manière de nous accueillir, une sorte de bizutage ». « On voyait vraiment un clivage, une position entre les vieux et nouveaux députés, ajoute Paula Forteza. Il y a eu du mépris, très clairement. Et puis les styles n'avaient rien à voir : eux étaient très théâtraux, et au début nous n'étions pas du tout armés pour ça. »

*

Dans les couloirs, les briscards font sentir leur supériorité aux nouveaux. Marine Le Pen ne dit pas merci lorsqu'on lui tient la porte, Jean-Luc Mélenchon ne salue personne. « Pour moi ça allait parce que je le connais depuis longtemps et qu'il est presque comme un grand frère, avec une autorité morale», confie M'jid El Guerrab, assis derrière lui dans l'hémicycle. Mais, pour les autres, l'ancien candidat à l'élection présidentielle peut paraître méprisant. «Mélenchon a une posture, il porte à la fois la voix et le geste, d'une manière qui peut confiner à une forme d'arrogance», explique ainsi Jean-Michel Clément. À travers sa personnalité et le personnage qu'il tente d'incarner, il teste et intimide certains novices.

Lorsque Cédric Villani intervient pour la première fois dans l'hémicycle, c'est dans un contexte rocambolesque où les prises de parole sont déchaînées. «La séance était tellement animée que la présidente était partie en larmes et avait été remplacée par Rugy. On était nouveaux, là pour le coup c'était un vrai bizutage de la part de l'opposition qui a critiqué notre "amateurisme"», relève-t-il. L'accusation fait partie du jeu et, avec le recul, le mathématicien estime que les anciens députés n'ont finalement pas été si durs que cela. «Ils auraient pu être plus violents à mon avis.»

Lui-même ne tarde pas à avoir une altercation virtuelle avec Jean-Luc Mélenchon. Le 20 juin, alors que le chef de file du mouvement LFI présente son groupe aux médias à la sortie de l'Assemblée, il déclare que les plus grosses surprises ne vont pas venir de la minorité mais de la «chose majoritaire», parce que certains «ne sont au courant de rien». Et d'attaquer ensuite Cédric Villani : «J'ai vu le matheux, je vais lui expliquer ce qu'est un contrat de travail, il va tomber par terre. Il ne sait pas ce qu'il y a dedans. Il ne sait pas que la journée de 8 heures, c'est 100 ans de lutte. Le gars croit que ça a toujours été comme ça.»

Dans un tweet, le «matheux» lui répond : «Cher Jean-Luc Mélenchon, directeur de l'IHP, j'en ai vu des contrats de travail... mais c'est toujours un plaisir de recevoir des cours particuliers!»

Bizutage? Non, répond Villani. «Quand Mélenchon a eu cette parole malheureuse à mon égard, il s'est tout de suite repenti. Il comprend très vite qu'il fait une bêtise en étant dans le mauvais rôle, et que même dans ses rangs attaquer un intello c'est mauvais », relate-t-il. Les jours qui suivent, le leader de La France Insoumise serait venu lui présenter ses plus plates excuses. Une première fois dans l'hémicycle, et une seconde à la cantine de l'Assemblée : « Monsieur le professeur, je suis vraiment confus. » Excuses acceptées. Les deux sont même devenus bons amis.

*

« Tout cela est de bonne guerre, estime Hervé Berville (LREM). Ils nous bousculent, profitent des moments de faiblesse. On ne leur demande pas d'être gentils avec nous, mais honnêtes. » En revanche, le député de la majorité ne goûte pas le « mépris » des anciens lorsqu'ils affirment que les novices ne sont pas légitimes ou « éphémères ». Et notamment celui des socialistes qui auraient très mal vécu leur arrivée au Parlement et le leur auraient fait sentir. « Les Républicains, pas tant que ça, ils étaient surpris, ils nous prenaient pour des collaborateurs de députés. Je n'oublierai ainsi jamais la tête d'une députée de l'opposition qui nous a vus dans la salle des conférences en train de bosser avec nos ordinateurs : elle ne connaissait personne, ne savait même pas si nous étions députés ou collaborateurs », plaisante-t-il. Florence Granjus, sa collègue, a eu la même impression. « Parfois, on se faisait charrier mais ça n'a pas été bien méchant. Il y a eu des petits frottements, du normal, parce qu'on ne se connaissait pas les uns les autres. Je n'ai pas ressenti d'agressivité mais plutôt de la curiosité de la part des oppositions. » Celle-ci sait aussi faire preuve de pédagogie. Un jour, alors qu'elle lève la main pour poser une question dans l'hémicycle, elle est rappelée à l'ordre par le président de séance, un Républicain : « Il m'a dit que je n'avais pas le droit de reprendre la parole puisque qu'on ne le pouvait quand on s'était déjà exprimé. »

*

Le bizutage n'a pas lieu qu'à l'Assemblée. Il peut également se dérouler en circonscription. C'est ce qu'explique le jeune Dimitri Houbron, élu dans le Nord. Lui évoque une période terrible, où chaque événement auquel il se rendait lui valait les railleries des élus locaux. «Je suis arrivé dans un territoire où les places étaient bien réparties. Où il n'était pas du tout prévu qu'un jeune de 26 ans qui sort de nulle part remporte la circonscription. D'autant plus que je n'avais jamais été élu local, ce qui, pour eux, était une faute majeure. Je m'en suis pris plein la figure. »

« Il n'y connaît rien », « Prenez de bonnes notes, monsieur le député, j'ai beaucoup de remontrances », « Ben je ne vous vois pas écrire, monsieur le député, notez, hein » … Ces phrases ont été prononcées en public par le président de l'agglomération lors de l'inauguration d'une grande festivité à Douai. « L'idée était de m'humilier, mais j'ai un naturel toujours souriant et patient, donc ça me passait un peu au-dessus de la tête. » Le primo-député fait le dos rond, reconnaît qu'il ne maîtrise pas tous les sujets. Il travaille tous les dossiers locaux « intensément » durant les six premiers mois. Et, petit à petit, il gagne la confiance des élus locaux en visitant toutes les communes de la circonscription. Le président d'agglomération n'a plus d'autre choix que de calmer le jeu. «J'ai réussi à inverser la tendance mais ça a pris un an. Un an pour réussir à leur faire comprendre que j'étais au service du territoire. »

9

L'hémicycle ou le berceau des enfantillages

Le lieu est chargé d'histoire et hautement symbolique : c'est là que se fabrique la loi et qu'a lieu le débat parlementaire tant utile à notre démocratie. Pourtant, l'hémicycle est aussi – souvent – le théâtre de débats houleux… voire d'enfantillages.

Une majorité des députés que nous avons interrogés évoquent carrément une cour de récréation. « La première fois que j'ai été en hémicycle pour les questions au gouvernement, j'ai été profondément choquée par l'attitude des députés. Pour moi, la politique n'est pas un jeu. On parle du quotidien des Français », lance Valérie Oppelt, députée LREM de Loire-Atlantique. Alors que les enjeux sont énormes, les élus crient et s'invectivent. « Au-dessus, on a des classes d'élèves qui viennent nous voir. Ce n'est plus du débat, ça devient complètement clanique. » La présence de caméras, selon elle, pousserait certains à vouloir faire du buzz. Les nouveaux députés, qui sont moins dans la réaction frontale que les anciens, finissent tout de même par s'adapter… et à faire de même. « On ne se laisse pas marcher sur les pieds non plus », indique l'élue.

Paula Forteza se souvient d'une période très difficile en début de mandat. « C'était très politique et engagé. Il y avait beaucoup de monde, et aujourd'hui on voit, avec les agendas chargés, que chaque député doit choisir ses sujets ou les textes sur lesquels miser parce que c'est impossible de tout suivre. » Selon l'affluence et l'importance de ceux-ci, l'ambiance dans l'hémicycle fluctue et passe du calme plat aux cris de mécontentement les plus bruyants. «Je n'irai pas jusqu'à parler d'une cour de récréation, mais on va dire que l'ambiance est changeante selon la période, les questions au gouvernement ou les études de textes traditionnels, les députés qui sont dans l'hémicycle, le nombre de présents, l'heure à laquelle le texte est étudié… », énumère Christophe Naegelen (Union des démocrates, libéraux et radicaux).

*

Le déchaînement peut parfois aller loin. Très loin.

Sonia Krimi (LREM) a souvent été « choquée » par la rudesse des échanges au sein de l'enceinte parlementaire. « La violence des propos, les insultes. Je n'arrive toujours pas à m'y faire. Je pense à tout le monde, qu'il s'agisse de mes collègues, des Républicains, de Marine Le Pen. J'ai entendu un élu dire à Mélenchon : "Ta gueule, menteur." Ce n'est pas très beau, hein. » Et de dénoncer aussi des enfantillages, avec des députés qui jouent sur leur téléphone portable lors de leurs permanences dans l'hémicycle, le soir. « Quand je suis en séance de nuit, je regarde les amendements en direct sur mon portable. Mais je ne passe pas mon temps à jouer ! Une fois, en déplacement, un jeune député LREM était assis à côté de moi et jouait à Toon Blast [un jeu de puzzle sur téléphone]. Ça, c'est de l'amateurisme », constate-t-elle avec dépit.

« Moi, je suis incapable de faire deux choses en même temps, lâche Hervé Berville. Donc je suis de temps en temps sur le téléphone pour suivre mon fil Twitter, mais sinon je suis obligé d'écouter.»

Certains, comme Danièle Obono (LFI), n'hésitent pas à se prendre en selfie lorsqu'ils siègent dans l'hémicycle. Paradoxalement, et malgré toutes les règles strictes censées entourer l'institution, d'autres nouvelles habitudes font leur apparition à l'Assemblée avec l'arrivée des primo-députés de 2017. Anne-Laurence Petel ne comprend pas, par exemple, qu'il soit interdit de boire dans l'hémicycle. «Rester des heures comme ça, je ne peux pas... Donc je triche, j'amène ma petite gourde : je la planque, je fais exprès d'ouvrir ma tablette, je me cache et je bois un peu», raconte-t-elle, amusée. Elle nous confie même avoir pensé à ramener un CamelBak, ces petites poches à eau qui se placent dans le dos et qui permettent d'aspirer de l'eau grâce à un tuyau relié lorsque l'on fait un footing ou une randonnée. La nouvelle élue ne manque pas d'imagination.

En séance de nuit, le grignotage prend une place importante. «On apporte à manger, comme du chocolat», poursuit Anne-Laurence Petel. Lorsqu'il est tard, un petit groupe s'échange ces friandises. «En cachette bien sûr. Une fois, on a mis deux carrés de chocolat dans une enveloppe et on l'a envoyée à Richard Ferrand en écrivant "produit de contrebande", raconte-t-elle dans un éclat de rire. C'était juste pour se marrer parce qu'on était là depuis quinze heures pour quatre articles!» Le président de l'Assemblée identifie tout de suite les députés à l'origine de l'envoi. «Il nous a regardés avec un petit sourire narquois en nous faisant comprendre que ça allait. Bon, c'était une entorse au règlement mais il ne nous en a pas voulu.» Jean-Marie Fiévet, député LREM des Deux-Sèvres, observe ce trafic avec bienveillance. «Les jeunes députés... On sait où est la réserve! Les mecs, tu ouvres leur casier, dedans, c'est noir de bonbons. C'est le côté humain et ludique», sourit-il. D'après Hervé Berville, certains sont même connus et réputés pour cela. « Gaël Le Bohec a souvent des Haribo dans sa poche, j'ai mis sur le coup Laurent Nuñez[1], évidemment », conclut-il dans la plaisanterie. Encore un enfantillage, mais cette fois sans conséquences.

1. Il est alors secrétaire d'État auprès du ministre de l'Intérieur Christophe Castaner.

10

Questions au gouvernement : le stress, le flop

Il avait tout écrit, et répété son intervention plusieurs fois. « On a toujours la hantise de se rater, même certains ministres sont encore coupés au bout de deux minutes… c'est quand même dingue après deux ans ! » relève Matthieu Orphelin lors de notre rencontre. Pour sa première question au gouvernement, le député décide de se chronométrer vingt fois afin d'être sûr qu'il ne dépassera pas le temps imparti. « Mon sport, c'est le volley, et il se gagne au dernier point. Quand je défends un amendement, je le joue comme un match, avec la volonté de gagner au dernier moment », sourit-il.

Les questions au gouvernement sont un passage obligé pour tout élu. Un exercice loin d'être facile. « On lui donne une importance d'enfer. Les conditions ne sont pas idéales car on n'entend rien au moment où on s'exprime », note Philippe Latombe (MoDem), qui se demande s'il ne faudrait pas avoir un retour, comme pour les chanteurs en concert. Le « brouhaha » est immense dans un lieu tel que l'hémicycle, et ce, particulièrement lors des questions au gouvernement. Le tout est capté par plusieurs caméras disposées dans tous les angles.

Philippe Latombe pose sa première QAG (question au gouvernement) en octobre, soit quatre mois après son élection. « On avait passé un paquet de textes dans l'hémicycle et j'avais pris la parole plusieurs fois, donc la pression était plus faible. C'est un stress un peu particulier, on ne sait pas comment se positionner car le pupitre est bas », poursuit-il, ajoutant que les plus grands doivent se courber afin d'atteindre le micro. Il note que ses camarades LREM posent beaucoup de questions « marketing », qui ne visent qu'à donner leur accord sur les propos et actions du gouvernement. Du côté de l'opposition, à gauche, on parle de gouvernement des riches, et à droite de terrorisme. « Les questions sont outrancières et tout le monde se fout de la réponse. J'ai essayé de poser une question très technique une fois et perdu la moitié de l'Assemblée car ça ne les intéressait pas. » Du spectacle et un jeu qui ne met pas vraiment en difficulté les ministres, à qui il reste la possibilité de répondre « à côté », résume Philippe Latombe.

*

Delphine Bagarry, elle, a choisi d'écrire ses textes, même si cela reste moins spontané. « Pour l'instant, je préfère, sinon j'oublie la moitié des choses. » Curieusement, elle est moins stressée dans l'hémicycle qu'en réunion de groupe, où elle réalise avoir peur d'être jugée par ceux qui sont en désaccord. C'est le cas lors de la loi asile et immigration de 2018. « Je bafouillais et m'emmêlais les pinceaux », se remémore-t-elle.

D'autres tentent de poser leur question sans lire leurs notes. Jean-Baptiste Djebbari, alors député de la Haute-Vienne, fait parler de lui le 12 juillet 2017, moins d'un mois après son élection. Quelques jours plus tôt, on lui a proposé de poser une question au gouvernement. Il a accepté volontiers, en sous-estimant complètement l'exercice et l'environnement. « Quand vous vous levez, d'abord, c'est impressionnant. Ensuite, c'est une ruche où tout le monde hurle et s'insulte», décrit-il, se souvenant des injures proférées par Jean-Luc Mélenchon à ce moment-là. «Vous n'arrivez pas à être dans une bulle. J'étais un peu entre l'improvisation et la lecture, contraint par le temps. Ce qui se passe vous apparaît comme un cataclysme mondial.» De fait, c'est la catastrophe : Jean-Baptiste Djebbari bute sur chaque mot et n'arrive pas à formuler sa question. Il réalise qu'il est hors temps, que le message ne passera pas, qu'il sera forcément jugé… Le flop est repris partout sur la Toile et les réseaux sociaux. «Jean-Baptiste Djebbari : le (difficile) baptême du feu à l'Assemblée nationale», titre un média. «J'étais là, raconte Patrice Anato (LREM). C'était gênant mais je me suis surtout dit que l'exercice n'était pas si simple que ça. Parce que je le voyais comme quelqu'un de plus sûr de lui. Ce n'était pas sa meilleure prise de parole.»

Avec du recul, Djebbari en sourit. Il estime que le nouveau député, qui ne connaît pas les codes, a le droit de «se planter». «Ce n'est pas agréable, c'est frustrant, c'est un peu humiliant, mais c'est la vie. Comme vous êtes une personnalité publique ça fait le tour des réseaux sociaux, mais ça dure quarante-huit heures Et en vrai, vous ne mourez jamais en politique. Ce genre de moment fait partie de l'apprentissage», confie-t-il, alors qu'il est devenu, depuis, secrétaire d'État en charge des Transports.

Paula Forteza partage cet avis. Si elle n'assiste pas à sa prise de parole ratée, elle la découvre plus tard sur les écrans. «Je trouve que c'est absolument normal que ça arrive. Il faut essayer de se mettre à notre place. Il est très facile de critiquer, mais je crois que ça a montré un côté plus humain des politiques. C'est sain de voir qu'on n'est pas parfait, qu'on apprend.» Dans son cas, les premières prises de parole dans l'hémicycle ont été très impressionnantes. Elle évoque aussi une sensation de vertige, à laquelle il faut s'habituer.

*

Pour certains, les interventions se déroulent sans encombre. C'est le cas de Christophe Naegelen (droite). « De mon côté ça s'est bien passé. La première fois que j'ai pris la parole dans l'hémicycle, c'était sur le plateau de l'orateur parce qu'il s'agissait d'une question de discussion générale. » En cas de QAG plus impressionnante, il relativise : « Si c'est écrit, il suffit de savoir lire, quoi. » Jusqu'à présent, le député continue de lire, mais s'adapte à la complexité des sujets.

Patrice Anato se souvient de sa vie d'avant, lorsqu'il devait animer des réunions d'une centaine de personnes. « Je pensais que ça allait être pareil, mais dans le monde professionnel, on ne vous attend pas au tournant », ironise-t-il, sourire aux lèvres. Sa première QAG, il la rédige et la répète à trois reprises dans son bureau. Il se fait une sorte de « coaching personnel » pour s'autoencourager, préfère s'imaginer à l'une de ces réunions plutôt que de prendre conscience de l'importance du lieu dans lequel il se trouvait. « Quand j'ai prononcé les premiers mots, j'avais le cœur qui battait la chamade. Je me suis senti mieux par la suite. » Pour combattre sa timidité de toujours, il prend des cours de théâtre et fait appel à des coaches. C'est ce qui lui permet, dit-il, de nous regarder dans les yeux lors de notre entretien.

Jean-Baptiste Djebbari, qui ne stresse jamais à la télévision, mais perd ses moyens devant quarante personnes, a décidé de suivre deux formations après sa QAG ratée : « une pour comprendre ce qu'il se passe physiologiquement quand vous stressez, et une avec un média *trainer* ». Force est de constater que les progrès sont là.

Deuxième partie

Des changements

1

Des députés qui suppriment leurs propres avantages

« On parlera enfin des députés non plus pour des soupçons mais pour le travail qu'ils font : la fabrique de la loi, du budget, mais aussi le travail d'évaluation et de contrôle. » Dans une interview accordée au *JDD* fin juillet 2017, François de Rugy, alors président de l'Assemblée nationale, présente son plan de réformes pour « bâtir une Assemblée nouvelle ». Parmi celles-ci, plusieurs concernent les « avantages » octroyés aux députés. La nouvelle majorité, qui prône la moralisation de la vie politique, souhaite faire preuve d'exemplarité en supprimant ses propres privilèges. Et elle désire agir rapidement, dans la foulée de l'élection d'Emmanuel Macron à la présidence de la République.

Lorsqu'ils évoquent leurs premiers pas à l'Assemblée nationale, les députés de la majorité sont nombreux à citer leur passage au bureau « des retraites », dans lequel on leur demande s'ils souhaitent surcotiser afin d'augmenter le montant de leur pension, mais aussi le nombre de leurs annuités, et ainsi obtenir une retraite à taux plein beaucoup plus rapidement que le commun des Français. Tous sont fiers de raconter comment ils ont refusé cet avantage, arguant que, de toute façon, celui-ci serait supprimé dans les mois à venir. « Mon passage dans ce bureau m'a choquée, raconte Alexandra Valetta, élue des Alpes-Maritimes.

On a l'impression d'entrer dans un monde de privilégiés.» Cendra Motin, sa collègue iséroise, abonde: «Quand, dans ce petit bureau, le fonctionnaire de l'Assemblée m'explique les avantages du régime, je lui dis immédiatement que je n'en veux pas, en espérant que les autres députés feront comme moi.»

*

Ce régime spécial, créé par une résolution datant du 23 décembre 1904, fait partie des privilèges qu'Emmanuel Macron souhaite abroger, lui qui en a fait la promesse durant sa campagne présidentielle. Déjà réformé en 2010, ce système permet aux parlementaires d'obtenir une retraite à taux plein au bout de trente et un ans. Avec la réforme proposée, les conditions seront alignées sur celles de la fonction publique. Une petite révolution. Le texte est voté sans trop de heurts quelques semaines plus tard et entre en vigueur le 1er janvier 2018.

«On a changé notre régime de retraite alors qu'on venait à peine d'être élus, se félicite Aurore Bergé, députée des Yvelines. Quelle autre profession aurait accepté de sacrifier un régime aussi avantageux? Pas grand monde, preuve en est en ce moment», lance-t-elle lors de notre rencontre qui se déroule en décembre 2019, au cœur de la contestation sociale contre la réforme des retraites.

*

Et ce n'est pas le seul privilège supprimé par la majorité. L'allocation-chômage des anciens parlementaires a également été alignée sur celle des autres salariés, soit 57 % du salaire journalier pendant vingt-quatre à trente-six mois. Auparavant, après une défaite électorale, l'ancien élu touchait l'équivalent de son indemnité parlementaire de base pendant six mois, avant d'avoir une indemnité dégressive pendant trois mois. Autre changement : les ex-parlementaires ayant siégé pendant au moins trois mandats ne pourront plus prendre le train gratuitement ni se faire rembourser 50 % de leurs dépenses pour six voyages aériens aller-retour par an en métropole, comme auparavant.

Enfin, plus tard au cours du mandat, le bureau de l'Assemblée nationale a annoncé une baisse de l'allocation pour frais funéraires des députés et anciens parlementaires. Ainsi, afin de couvrir leurs obsèques, celles de leur conjoint ou de leurs enfants, les parlementaires bénéficieront éventuellement d'une allocation plafonnée à 2 350 euros, contre 18 255 euros auparavant.

*

Ces mesures ont-elles changé la perception que les Français ont des élus ? Ont-elles vraiment infusé, auprès de la population ?

Pour le sociologue Bruno Cautrès (Cevipof), la réponse est non. « Ces tendances à la transparence, à l'exemplarité, existaient déjà dans la vie politique, introduit-il. Les élus ont pris tout un tas de mesures, mais je ne suis pas du tout sûr que cette différence ait sauté aux yeux des Français. La confiance envers les députés était plus élevée sous François Hollande », conclut le politologue.

Un constat terrible pour ces parlementaires, dont l'un des objectifs était de donner une meilleure image de leur fonction.

2

La mort du député-maire

Votée sous François Hollande, la fin du cumul des mandats n'est entrée en vigueur que le 31 mars 2017, soit quelques mois avant l'arrivée des nouveaux députés à l'Assemblée nationale. Ceux-ci ont donc été les premiers à l'expérimenter.

Dans la mandature précédente, selon un décompte du journal *Libération*, 30 % des députés de l'Assemblée nationale étaient députés-maires : 93 Républicains, soit environ la moitié du groupe parlementaire, et 51 socialistes, soit 18 % d'entre eux. Aujourd'hui, il n'y en a aucun, puisqu'il faut désormais choisir entre son mandat de maire et celui de député. « En plus d'être des nouveaux, les députés élus en 2017 sont les premiers non-cumulards. Et un député non-cumulard, c'est un député à plein temps. Le lundi matin, à 8 h 30, il est devant la porte avec le cartable et la trousse pour travailler. Il faut donc l'occuper, car s'il n'a pas de matière, il va à la buvette, et s'il va à la buvette, il se monte le bourrichon avec les autres et il va sur le plateau de BFM. C'est comme ça que naissent les frondeurs », ironise Thierry Solère, élu des Hauts-de-Seine.

Pour éviter un tel scénario, le Premier ministre, Édouard Philippe, a très vite trouvé la parade. « Dès le début, de très nombreux parlementaires ont été missionnés, sur des sujets divers et variés. Parfois sur deux, trois, voire quatre sujets en même temps. Un chiffre sans commune mesure avec les législatures précédentes», raconte le même. Une information que confirme une parlementaire : «Effectivement, ces missions ont permis d'occuper beaucoup de monde car certains ne savaient pas trop quoi faire d'eux-mêmes. Et puis, ça permettait au gouvernement d'avoir des gens redevables, moyen de se mettre les parlementaires dans la poche», se rappelle-t-elle. Et d'ajouter que les résultats de ces missions n'ont pas toujours été utilisés par le gouvernement : «On a calé beaucoup d'armoires avec les rapports.»

*

Certains parlementaires se réjouissent du non-cumul des mandats.

C'est le cas de Bruno Bonnell, élu du Rhône. Pour lui, «le député-maire était une espèce de baron local qui touchait 5000 euros en tant que député et 2000 euros en tant que maire», lâche-t-il. À ses yeux, député est un travail à plein temps, et il est difficile voire impossible d'exercer le mandat de maire en parallèle.

Tous les parlementaires ne sont pas de cet avis, tant s'en faut. Beaucoup de ceux que nous avons rencontrés regrettent le cumul des mandats. C'est le cas de Patrice Anato, député LREM de Seine-Saint-Denis, pour qui cette décision politique est une erreur : «Un mandat local permet de connaître vraiment les enjeux majeurs et d'avoir une réflexion beaucoup plus étoffée au niveau législatif. En tant qu'élu national, je me retrouve impuissant, coincé, je n'ai pas les moyens d'agir au niveau local», regrette-t-il.

Emmanuelle Ménard, élue de l'Hérault, n'a pas ce genre de problèmes. L'ancienne journaliste profite de sa proximité avec son mari, Robert Ménard, le maire de Béziers, pour approfondir sa connaissance des sujets locaux. À eux deux, ils sont députée-maire. « Nous sommes dans une configuration idéale. S'il n'était pas là, je ne pourrais pas faire le travail que j'effectue. Dès que j'ai un sujet un peu technique, je lui demande conseil », se réjouit l'ancienne rédactrice en chef de Boulevard Voltaire. « À l'Assemblée, sur des sujets techniques, ça saute aux yeux : les seuls qui savent de quoi ils parlent sont ceux qui ont été maires avant, explique-t-elle. Moi, je comble mes lacunes car j'ai cette relation étroite avec mon mari. Nous sommes en train de perdre cette compétence de maire à l'Assemblée et nous allons le regretter. Nous allons avoir des députés hors sol qui ne se posent pas de questions. C'est d'ailleurs ce que veut l'exécutif lorsqu'il ne cesse de dire à ses parlementaires : Vous êtes des élus de la nation, pas des députés de terrain. »

*

La loi, qui interdit aux députés tout mandat exécutif local, les autorise en revanche à être conseillers municipaux, régionaux ou départementaux. Il leur est même paradoxalement possible de cumuler plusieurs mandats : ils peuvent par exemple être conseiller d'agglomération, conseiller municipal et député. Certains ne se sont pas fait prier pour le faire, ce qui suscite quelques jalousies.

Alexandra Valetta, députée En Marche ! des Alpes-Maritimes, pointe une asymétrie entre les moyens de ces parlementaires cumulards et ceux des nouveaux députés : « Certains anciens députés-maires, qui sont restés dans leur conseil municipal, ont des ressources que les autres n'ont pas. D'autres vont avoir le chauffeur du département qui va les emmener où ils veulent, leur secrétaire, leur bureau… Cela fait une sacrée différence avec nous, qui sommes livrés à nous-mêmes, avec nos petits moyens. Ce qui m'embête, c'est que le mandat de député est extraordinaire, mais que j'ai beaucoup moins de possibilités d'actions concrètes que je ne pensais en avoir», déplore-t-elle. Des propos à nuancer : chaque député dispose tout de même d'un peu plus de 10 000 euros mensuels pour payer ses collaborateurs parlementaires, qui peuvent être, selon son souhait, de 1 à 5. L'Assemblée nationale prend également en charge les déplacements en train et en avion de tous ses élus.

*

Quoi qu'il en soit, la mort du député-maire oblige les parlementaires à redéfinir le rôle du député. Pas un seul des plus de 60 élus avec qui nous avons échangé n'a la même définition de son mandat. Chacun essaye de faire à sa manière et s'adapte, au fil du temps. Une tâche, pour beaucoup, loin d'être aisée.

3

«#MeToo» débarque à l'Assemblée

Une ministre sifflée lors des questions au gouvernement pour avoir mis une robe à fleurs, une députée coupée par des caquètements pendant sa prise de parole, une autre ministre félicitée pour le choix de couleur de son tailleur... Dans «l'ancien monde», voilà le genre de scènes sexistes auxquelles on pouvait assister à l'Assemblée nationale. Avec près de 40% de femmes siégeant désormais dans l'hémicycle, le sexisme a-t-il disparu du Palais-Bourbon? Au vu des différents témoignages que nous avons pu recueillir, la réponse est mesurée. Une chose est sûre : des exemples existent encore.

*

Plusieurs événements ont été plus ou moins médiatisés, comme lorsque, en août 2017, un député a imité les cris d'une chèvre lors de la prise de parole d'Alice Thourot dans l'hémicycle, ou encore, quand le député PS Christian Hutin a crié : «Ce n'est pas vrai, ma poule» à la secrétaire d'État Brune Poirson. «De ce que j'ai pu observer, une femme doit encore prouver deux fois plus qu'elle est capable, introduit le député Hervé Berville. Dans l'hémicycle, quand une députée parle, il y a beaucoup plus de brouhaha derrière que lorsque c'est un homme qui prend la parole. Même chose durant les questions au gouvernement : les ministres Brune Poirson ou Marlène Schiappa ont souvent été sifflées ou huées. Certains pensent, sur nos bancs, qu'une femme est plus facilement déstabilisable», accuse-t-il.

*

Comment le sexisme ordinaire se manifeste-t-il à l'Assemblée nationale ?

«Il y a souvent des plaisanteries grivoises, raconte Annie Chapelier, élue du Gard. Il arrive également que certains hommes s'emportent et me disent de me taire ou essayent de m'impressionner, car ils estiment que ma parole n'a pas de crédit. Et cela marche, tant ce genre de comportement m'affecte énormément.»

Anne-Laurence Petel, députée des Bouches-du-Rhône, partage ce triste avis : «Quand il faut réfléchir, on se retrouve entre mecs. S'il y a une femme, on lui coupe la parole. En début de législature, j'ai dû faire un rapport sur le foncier agricole, un milieu très masculin. Je me suis retrouvée à ne pas pouvoir en placer une, à tel point qu'un jour j'ai été obligée de m'imposer physiquement en mettant la main devant mon interlocuteur en lui disant : “Stop, j'aimerais parler” », relate-t-elle.

Même son de cloche pour Alexandra Valetta, députée des Alpes-Maritimes : «Il y a une espèce de mépris, un manque de considération et un paternalisme. On peut entendre ce type de phrase : “Viens, ma petite, je vais t'apprendre le métier, je vais te prendre sous ma protection.” » La présidente de la prestigieuse commission des lois, Yaël Braun-Pivet, estime avoir également subi des attaques sexistes, «surtout en tout début de législature». «Comme je suis dans une posture d'autorité, certains parlementaires me ramenaient parfois au rôle maternel ou à celui de maîtresse d'école, bref, à des rôles féminins qui sont censés marquer l'autorité de la femme sur les élèves ou les enfants», cite-t-elle en exemple.

Valérie Petit, députée du Nord, dénonce, elle aussi, «beaucoup de sexisme» dans le milieu politique. «Je ne passe pas une journée sans entendre des phrases sur mon physique ou mon âge. "Vous êtes charmante, tellement jeune", des remarques qui créent de l'asymétrie avec l'interlocuteur masculin. La détestation des femmes est incroyable… J'ai entendu des "Qu'est-ce qu'elle a à proposer, la blonde?"; "Ah bon, elle est compétente?". J'ai également subi des brutalités physiques : on m'a broyé la main, on m'a bousculée. Et quand je les ai dénoncées, certains m'ont traitée de "pleureuse", une remarque encore une fois sexiste», détaille-t-elle.

La députée des Yvelines, Florence Granjus, a même vécu une scène surréaliste, quelques jours après son élection. Alors qu'elle était en train de régler l'addition après avoir déjeuné au restaurant de l'Assemblée nationale, un ancien député «très connu» est venu la solliciter. «Il m'a dit : "Madame, vous me plaisez, je vous invite à prendre une coupe de champagne dans ma chambre", je lui ai répondu : "Pardon?", et il m'a glissé : "Vous ne savez pas qui je suis?", je l'ai envoyé promener et il m'a dit : "Madame, dans l'ancien monde, vous auriez accepté parce que je suis…", et il m'a dit son nom», raconte-t-elle. Refusant de nous le révéler en raison de sa notoriété, l'élue ajoute : «J'étais sidérée et le monsieur qui m'a encaissée, au restaurant de l'Assemblée, était choqué lui aussi. Le lendemain, le directeur du restaurant est venu s'excuser auprès de moi et m'a dit : "Mais enfin, vous savez qui c'était", en insinuant que sa position lui permettait de me parler comme ça», jure-t-elle, exaspérée.

*

Selon plusieurs parlementaires, le sexisme n'est pas uniquement le fait des députés, mais aussi parfois de certains fonctionnaires. Beaucoup de femmes nous ont raconté avoir été prises longtemps pour des assistantes parlementaires. « En début de législature, pendant des mois, certaines députées étaient systématiquement confondues avec des assistantes par les fonctionnaires de l'Assemblée », assure Danièle Obono, députée de Paris.

Autre anecdote, racontée par Richard Ramos, le député MoDem du Loiret. Lors de son premier repas au restaurant de l'Assemblée nationale avec sa collaboratrice parlementaire, alors qu'ils étaient en train de manger leur dessert, le maître d'hôtel les interpelle. « Il dit à ma collaboratrice : "Vous n'épluchez pas la clémentine de votre député ?" Je lui ai répondu : "Et votre femme, elle vous l'épluche ?" », raconte-t-il, devant l'assistante parlementaire en question. Et de compléter : « Honnêtement, les collaborateurs sont maltraités par le personnel de l'Assemblée nationale, et c'est encore pire quand ce sont de jeunes femmes. »

*

Selon beaucoup d'élus, l'arrivée de nombreuses femmes au Parlement a néanmoins changé les mentalités. « Clairement, il y a moins de sexisme, juge Thierry Solère, député des Hauts-de-Seine. Il y a quelques années, l'Assemblée nationale était une concentration de mâles blancs d'un certain âge qui se croyaient un peu tout permis. Ils ne supportaient pas l'idée qu'une femme ait une position politique supérieure à la leur. Ils disaient "la médecin chef de l'Assemblée, la coiffeuse, les assistantes parlementaires bien roulées, pas de problème pour que ce soient des femmes, mais pas la ministre qui doit m'expliquer ce que je dois faire" », se souvient-il. Des comportements que l'élu ne constate plus aujourd'hui.

Pour Paula Forteza, députée des Français de l'étranger, s'il a pu y avoir en début de mandature « quelques commentaires » et « interpellations sexistes » en plein débat, cela s'est « désormais calmé ». Un constat partagé par Laetitia Avia, élue de Paris : « Le sexisme a diminué avec la nouvelle vague de députés. Les hommes font beaucoup plus attention à leurs comportements », considère-t-elle. Cendra Motin, élue de l'Isère, va plus loin. Pour elle, il y a un « fort tropisme féministe » dans cette nouvelle Assemblée, que ce soit chez les hommes ou chez les femmes. « Quand on veut faire des blagues un peu salaces, un peu *old school*, il vaut mieux qu'on sache à qui on les fait », raconte-t-elle. Selon elle, le mouvement #MeToo, survenu en début de mandat, a « imprégné beaucoup de comportements ». « Le problème, c'est qu'on en est arrivé à une espèce de bien-pensance. Il est de bon ton de ne pas faire de blague ni de commentaire sur le physique. Par exemple, il m'arrive très facilement de faire des compliments à mes collègues femmes ou hommes sur leur tenue vestimentaire, sur le fait que je remarque qu'ils ont été chez le coiffeur ou qu'ils ont changé leurs lunettes. Et je vois très bien que c'est mal vu », raconte-t-elle. Résultat : « Tout le monde se retient de proférer des compliments, je trouve ça dommage », déplore-t-elle.

Le député et ancien pompier Jean-Marie Fiévet dresse le même constat : « Dans mon ancienne profession, on était très joueurs. Ici, il faut faire attention aux blagues que l'on sort. En fonction de la personne qu'on a en face, elle peut être très mal prise. Dans le doute, personnellement, je préfère m'abstenir. »

Certains hommes ont fait les frais de ce que certains qualifient de « féminisme exacerbé ». C'est le cas de Jean-Michel Fauvergue, l'ancien patron du Raid, désormais élu de Seine-et-Marne. Il raconte, avec humour, la petite histoire qui lui a valu quelques remontrances de plusieurs de ses collègues femmes. « Dans la police, on est assez familiers les uns envers les autres. Quand on est commissaire, les secrétaires, on les appelle "ma belle", et elles, elles nous appellent "les boys". Moi, je suis arrivé à l'Assemblée avec cette expression-là. Quand je voyais une collègue, on se claquait la bise et je lui disais : "Salut ma belle, comment ça va ?" Au bout d'un moment deux ou trois sont venues me voir et m'ont dit : "Écoute, Jean-Michel, on t'aime beaucoup, il n'y a aucune offense, mais ne nous appelle plus ma belle" », relate-t-il. Et d'ajouter : « C'est respectable et il n'y a aucun problème avec ça. »

*

Pour beaucoup de députés, désormais, la prudence demeure. Pendant la période #MeToo, des affiches collées dans les ascenseurs de l'Assemblée avertissaient les élus de ce qu'ils risquaient en cas d'agression sexuelle. Depuis, nombre d'hommes font attention aux personnes avec lesquelles ils montent dans l'ascenseur. « À titre personnel, si je vois qu'il n'y a qu'une femme dans l'ascenseur que je m'apprête à prendre, je m'arrête et j'attends le suivant, avoue Dimitri Houbron, député du Nord. La moindre accusation, même non fondée, peut ruiner une carrière. Je préfère donc rester prudent. »

Une chose est sûre : ce qui hier était toléré ne l'est plus aujourd'hui, à l'Assemblée comme ailleurs. Et le bon équilibre reste difficile à trouver pour certains.

4

« L'Assemblée la plus élitiste depuis la fin du XIXe siècle »

Qui sont les nouveaux députés du Palais-Bourbon ? À quoi ressemble cette Assemblée ? Est-elle réellement réinventée ? Pour répondre à cette question, appuyons-nous sur le travail d'Étienne Ollion, sociologue, chargé de recherche au CNRS et spécialiste de l'Assemblée nationale. Il est notamment l'auteur (avec Julien Boelaert et Sébastien Michon) d'un ouvrage intitulé *Métier : député. Enquête sur la professionnalisation de la politique en France*, paru en avril 2017 aux éditions Raisons d'agir, quelques semaines seulement avant l'élection de très nombreux novices. « C'est un livre de synthèse qui résume la situation à cette époque, mais maintenant il est devenu un livre d'histoire tant la situation a considérablement changé », plaisante-t-il en préambule à notre entretien. Le sociologue, qui a fait le tour des plateaux de télévision après l'élection de ces députés débutants, les a suivis dans l'hémicycle au cours de leurs premiers mois et retourne depuis, régulièrement, au Palais-Bourbon pour les voir évoluer et pour échanger avec eux. Passionné, il raconte le bouleversement incroyable qu'a subi l'Assemblée nationale.

*

Parmi les nouveaux députés élus en juin 2017, des distinctions sont à faire. Certains évoquent 55 % de novices concernant les députés LREM, mais, dans les faits, 55 % est la part que les députés LREM représentent parmi le total des députés (315 sur 577). D'après nos calculs, les élus n'ayant jamais siégé à l'Assemblée nationale auparavant représentent 70 % de l'effectif total (404 sur 577), ce qui peut paraître impressionnant. Néanmoins, beaucoup parmi eux avaient déjà eu un mandat électif (maire et conseiller municipal, départemental ou régional). Dès lors, l'Assemblée compte 32 % de députés effectivement vierges de tout mandat électif, ce qui tend à relativiser le taux précédemment mentionné.

«Des personnes novices en politique qui entrent directement à l'Assemblée nationale, premier niveau politique de la scène nationale, c'est extrêmement rare, introduit-il. En 2007, c'était moins de 1 % des élus, en 2012, moins de 5 %. En 2017, on a à peu près 19 % de vrais novices, qui se trouvent principalement dans les rangs de LREM», explique-t-il. Dans ses calculs, le sociologue ne compte pas certains primo-députés, qui n'avaient pas eu de mandat électif auparavant mais qui, par ailleurs, pouvaient être très engagés politiquement. Si l'on ajoute ces parlementaires novices, militants mais exerçant une activité professionnelle n'ayant aucun lien avec la politique, le nombre d'élus issus de la société civile grimpe à plus de 200, selon le chercheur. «La France Insoumise et La République en marche amènent les plus gros bataillons. En proportion, c'est même LFI qui compte le plus puisque, à part Jean-Luc Mélenchon, presque tous avaient un métier à côté», étaye Étienne Ollion, tout en précisant que les Insoumis étaient tous des militants de longue date, qui avaient fait des campagnes, été secrétaires de parti ou eu des responsabilités militantes. Et pour La République en marche? «En tout, je dirais qu'il y a une bonne centaine de députés LREM qui sont de vrais novices. Beaucoup d'autres, que l'on dit de la "société civile", avaient tout de même un bagage : ils avaient été assistants parlementaires, membres de cabinets ou membres d'un exécutif local», nuance-t-il.

*

Autre changement marquant à ses yeux : l'Assemblée nationale est devenue «très CSP+». Ce sigle désigne en France les catégories socio-professionnelles les plus favorisées, comme les chefs d'entreprise, les artisans et commerçants, les cadres, les professions intellectuelles supérieures et professions intermédiaires. «C'est certainement l'Assemblée la plus élitiste depuis la fin du XIXe siècle, commente-t-il. Il n'y a plus d'ouvriers, il n'y a presque plus d'employés, il y a un peu plus d'agriculteurs, mais ce sont de gros agriculteurs. En revanche, on est à des niveaux de cadres et de professions intellectuelles supérieures rarement vus depuis les années 1960. Si vous ajoutez à cela les artisans-commerçants et les chefs d'entreprise, nous avons actuellement une Assemblée d'élite sociale.» Selon lui, c'est un visage de l'hémicycle qui n'avait plus été vu depuis une trentaine d'années : «LREM a fait entrer au Palais-Bourbon des classes supérieures qui, depuis un certain nombre d'années, étaient exclues de la vie politique», expose-t-il. «Il s'agit bien de l'Assemblée la plus élitaire de la Ve République», confirme Luc Rouban, politologue et chercheur au Cevipof Sciences Po.

Et Étienne Ollion de préciser le caractère tout à fait insolite de cette représentation nationale façon Macron : «C'est une Assemblée comme on n'en avait presque jamais vue. Je la compare beaucoup à celle de 1968 où de Gaulle est revenu, rappelé en homme providentiel. On observe la même défaite des sortants et la même arrivée de personnes hors du milieu politique.»

*

Le nombre important de femmes à siéger dans l'hémicycle est également une grande nouveauté. En juin 2017, 224 sont élues, soit 38,8 % des députés du Palais-Bourbon. Un record qui est en grande partie le fait du parti présidentiel. LREM parvient presque à obtenir la parité dans ses rangs, avec 47 % de femmes, devant le MoDem (46 %) et La France Insoumise (41 %), le PS (38 %), le Front national d'alors (25 %), Les Républicains (23 %), le Parti communiste français (20 %) et l'UDI (17 %). «Cela a déjoué les pronostics de beaucoup de gens qui pensaient que les circonscriptions ingagnables seraient réservées aux femmes», commente le chercheur. Au cours de la dernière législature, déjà, un record avait été atteint, avec 155 députées, soit 26,9 % des élus. Mais une telle augmentation n'avait jamais eu lieu.

«C'est la toute première fois que cela arrive. Après la Libération, quelques femmes issues de la Résistance ont été élues, puis il y a un creux et ça s'effondre un peu. Ensuite, le nombre d'élues remonte progressivement jusqu'à ce phénomène massif, lors des dernières législatives», narre Étienne Ollion. Selon le sociologue, ce renouvellement s'est traduit par des comportements qui n'avaient pas forcément été observés auparavant. Comme lorsqu'à leur arrivée beaucoup de nouveaux ne cachaient pas leur fascination, impressionnés par les lieux. «Ils prenaient des photos et demandaient l'autorisation de répondre aux journalistes. Je me rappelle une scène mémorable où j'en avais devant moi qui prenaient des selfies pour immortaliser le moment tandis que Benjamin Griveaux, lui, passait à toute vitesse connaissant les lieux. À cet instant, une différenciation se faisait déjà entre eux», raconte-t-il.

Autre exemple marquant, choisir la commission dans laquelle les nouveaux vont siéger. «D'habitude, les commissions des lois et des finances sont celles que tout le monde veut. Là, elles n'ont pas été prises d'assaut. Les députés voulaient faire du développement durable ou du social. J'en ai vu qui étaient dégoûtés d'être à la commission des lois, alors que, d'ordinaire, les élus mettent plusieurs mandatures avant de pouvoir y accéder », raconte-t-il.

Bref, ces nouveaux élus détonnent, dès le début. Un vent de fraîcheur qui montrera rapidement ses limites.

5
Quelques exemples d'ascension sociale

En 2017, la nouvelle Assemblée nationale a beaucoup fait parler d'elle. Renouvellement, jeunesse, féminisation, inexpérience politique : tels étaient les termes qui décrivaient ces nouveaux élus dans la presse. Mais, si l'on se penche sur les chiffres, nous nous apercevons qu'un élément clé de la représentativité en France échappe à ce renouvellement. A-t-on de nouveaux députés issus des classes populaires, capables de faire taire les discours anti-élites et de mettre fin au reproche incessant sur la déconnexion des élus ?

*

On l'a vu plus haut, la nouvelle Assemblée est très élitiste. Approfondissons la question avec les données de l'Institut Diderot, qui montrent que seuls 4,6 % des députés de cette législature se déclarent employés. « Quant à ceux issus de la population ouvrière, c'est simple : il n'y en a que 1 sur 577 ! » souligne le chercheur Étienne Ollion. En réalité, ils sont deux en comptant Jean Lassalle, député depuis 2002 (et maire de 1977 à 2017). L'autre s'appelle Caroline Fiat, de La France Insoumise, dont l'emploi d'aide-soignante dans un Ehpad correspond au statut d'ouvrier qualifié. Le phénomène s'explique entre autres par la transformation des partis politiques que sont le PC et le PS. Si autrefois ils faisaient grimper leur nombre, le premier a quasiment disparu et le second évolue vers un mouvement attirant d'autres électeurs et élus. Un changement qui frappe le sociologue Étienne Ollion d'entrée de jeu. À titre de comparaison, n'oublions pas que la catégorie « employés » englobe 27,2 % de la population française et celle des ouvriers 20,8 %. Soit près de la moitié des Français. Si le taux d'employés a gagné deux points comparé à la législature précédente (2,6 %), il reste donc très faible.

Arrêtons-nous donc sur quelques exemples d'*ascensions sociales*. Infirmière, ancien décrocheur scolaire, enfant des quartiers populaires ou conseiller clientèle, voici des profils de députés atypiques qui jamais n'auraient pensé un jour devenir parlementaires.

*

Annie Chapelier, l'infirmière au chevet des Français

C'est une baroudeuse au tempérament de fer, le genre de femme à mordre la vie à pleines dents. Avant d'être élue en 2017, Annie Chapelier exerce la profession d'infirmière anesthésiste au CHU de Nîmes, dans le Gard, où elle travaille plus de 45 heures par semaine. Avant l'appel d'Emmanuel Macron aux femmes, le 28 janvier 2017, alors qu'il n'est encore que candidat, Annie Chapelier n'aurait pas cru qu'elle serait un jour représentante de la nation. «Je me suis inscrite à la commission d'investiture dans la foulée en envoyant mon CV d'infirmière anesthésiste. J'ai été sélectionnée car je maîtrisais certains logiciels médico-informatiques», plaisante-t-elle. L'entretien téléphonique qu'elle passe dure deux heures, où elle évoque notamment ses liens avec sa circonscription.

Avant d'être «embauchée» députée, l'infirmière menait un train de vie tranquille tout en exerçant à l'hôpital. Enfin, le terme tranquille est peut-être un peu fort. «J'ai fait deux tours du monde, se réjouit-elle. Une première fois seule, une autre fois avec ma fille qui n'avait encore qu'un an. J'ai vu combien le monde était beau et les gens gentils! Des Boliviens m'ont même sauvé la vie en montagne.» Elle s'installe également à Mayotte quelque temps, admettant avoir toujours été instable sur le plan professionnel. Sa mobilité lui vient sans doute de ses parents qui, lorsqu'elle n'a que trois ans, quittent l'Ontario au Canada pour s'installer dans le village de son enfance, Moussac. Fille d'une ouvrière chez Haribo et d'un ouvrier dans le viticole, elle profite de sa jeunesse pour bouquiner, perchée dans les arbres, développant à la fois un fort attachement au monde paysan et une conscience écologique qui ne la quittent plus.

Mais, parfois, les choses se gâtent. Comme lorsqu'elle élève seule ses deux filles, qu'elle a eues avec deux pères différents, après avoir subi les coups de l'un d'entre eux. Elle doit même batailler lorsque celui-ci obtient la garde de sa fille. Elle confie au *Figaro Madame* «ne s'en sortir financièrement que depuis trois ans», et connaître «la France qui souffre de l'intérieur». Si elle sait d'ores et déjà qu'elle ne fera qu'un seul mandat, elle n'a pas d'idée précise sur ce qu'elle fera ensuite. «Plein de choses. Je vais acheter des terres, planter des oliviers dès maintenant. Je vais le faire plus pour mes enfants que pour moi. La vie est tellement courte, vous imaginez passer une vie à l'Assemblée? Quelle drôle d'idée! Celui que j'ai remplacé n'a jamais travaillé de sa vie», lâche-t-elle. Pour Annie Chapelier, l'essentiel est de vivre la vie que l'on a envie de vivre, tous les jours. Elle se voit déjà faire le tour des Outre-mer en bateau ou partir à cheval faire le tour du monde. Dans quelque temps, c'est certain, elle se tournera vers l'humanitaire.

Adrien Quatennens, un caméléon de l'Assemblée

Il est reconnaissable entre tous. Sa chevelure rousse taillée comme un buisson mais aussi son jeune âge le caractérisent. Adrien Quatennens a 27 ans lorsqu'il est élu député du Nord sous l'étiquette de La France Insoumise. Tout le monde, y compris ses opposants, lui promet déjà un grand avenir en politique grâce à la maturité, à l'ouverture d'esprit et au sens de l'organisation dont il fait preuve. Et pourtant.

Celui qui est devenu, en quelques années, le numéro 2 du mouvement peu après l'échec aux élections européennes de 2019 n'était pas vraiment parti pour être député. Fils d'un cadre d'EDF et d'une mère vendeuse dans un magasin d'optique, le jeune Lillois est issu d'une famille peu politisée. C'est pendant sa scolarité au sein de l'institut La Croix Blanche, un établissement privé de Bondues, qu'il connaît ses premières batailles politiques : il se positionne contre le Contrat de Première Embauche (CPE), proposé par Dominique de Villepin alors Premier ministre, en 2015. Par la suite, il poursuit ses engagements sans être encarté, d'abord auprès des sans-abri, puis au sein de l'organisation altermondialiste Attac (Association pour la taxation des transactions financières et pour l'action citoyenne). À ses débuts dans l'hémicycle, le nouveau visage de l'Assemblée nationale se fait remarquer en se prononçant fermement contre la réforme du code du travail, lancée par la ministre Muriel Pénicaud.

« Vous dites que le problème du code du travail est son épaisseur. Trouvez-vous que l'annuaire est trop épais ? Dans ce cas, quelles pages faut-il arracher ? », lui lance-t-il, avant de l'accuser de « déshonorer sa fonction » lorsqu'elle affirme que «95 % du code du travail n'est fait que pour embêter les entreprises». Il se tourne ensuite vers les députés LREM : «Voulez-vous vraiment que l'histoire retienne que votre marche est d'abord un piétinement d'un siècle de luttes sociales?» Un coup d'éclat pour le benjamin du groupe, qui maîtrise d'emblée l'art de la prise de parole en public, sans une once d'hésitation, avec aplomb.

Les réseaux sociaux s'emballent. Il envahit ensuite les plateaux de télévision, passant de BFM TV à LCP, et devient l'un de ces bons clients régulièrement invités pour réagir à tel propos ou tel projet de loi du gouvernement. «J'avoue que c'est fatigant parfois, mais il est aussi important que l'opposition se fasse entendre», insiste-t-il lorsque nous le rencontrons à un déjeuner au restaurant L'Assemblée, le 3 juillet 2019. Difficile de ne pas remarquer que le reste de son groupe déjeune à une table tout près. Alexis Corbière, Mathilde Panot, Danièle Obono... Il confirme : ce lieu est leur bastion.

L'équipe semble être habituée à ce que leur jeune collègue les délaisse pour répondre aux questions des journalistes. Nous l'interrogeons sur ses relations avec la majorité, avec l'opposition. Rien à signaler. Si les députés LREM sont loin d'être ses meilleurs amis, il préfère malgré tout ne pas faire de distinguo en fonction des groupes, car ce sont les idées et les actes qui priment. C'est sans doute pourquoi il est tant respecté par ses pairs. «J'aime beaucoup Quatennens, nous confie Thierry Solère. Même si vous ne vous connaissez pas, il vous demande comment ça va, il vous parle de plein de sujets...» Julien Aubert (LR) le qualifie quant à lui de belle tête d'affiche. «Je reconnais à Quatennens un vrai talent», complète un cadre du parti LREM. «RoboCop», passe-partout, caméléon... Qui aurait cru que cet ancien conseiller clientèle chez EDF serait comme un poisson dans les eaux de l'Assemblée?

Valérie Petit, la « fille de la cité »

« J'ai fait beaucoup d'études, c'est l'une de mes caractéristiques », lance Valérie Petit lorsque nous la rencontrons au café Le Bourbon. Il suffit de plonger son regard dans le sien pour comprendre que c'est une battante. Coupe au carré, cheveux mi-roux mi-blonds, la quadragénaire nous confie avoir toujours aimé la politique. « Depuis toute petite ! Et je n'ai pas grandi dans un milieu politisé, je suis une fille de la cité ! » Elle grandit à Meaux, en région parisienne, dans une famille modeste qui ne lui inculque pas d'éducation politique. Mais apprend à l'apprécier en regardant la télévision, notamment au moment des législatives. « Ça m'a passionnée de voir les débats, je me souviens de Pasqua qui s'excitait à la télé. J'ai demandé à ma mère ce qu'il fallait faire pour devenir comme eux et elle m'a dit Sciences Po. » Personne dans sa famille n'avait encore fait une école aussi prestigieuse. Le lycée où elle suit sa scolarité, situé en zone d'éducation prioritaire (ZEP), n'offre que 20 % de réussite au baccalauréat.

Elle adore étudier, mais on lui conseille de faire du sport, car ici, c'est la seule façon de s'en sortir. Elle refuse, avant d'être repérée par un professeur qui lui conseille de passer par une classe préparatoire. « J'ai fait ma rentrée dans un lycée du 5e arrondissement à Paris et j'y suis allée comme j'étais. On m'a dit : "On ne prend pas des gens comme vous." » C'est la genèse de son combat contre les discriminations. On lui dit également que ses notes, pourtant très bonnes, ne le sont pas vraiment au vu du niveau de son établissement secondaire d'origine. C'est paradoxalement un décès dans sa famille qui lui ouvre le champ des possibles : un micro-héritage lui permet de se payer une prépa, puis d'intégrer Sciences Po Lille. Elle finit par faire trois grandes écoles, puis obtient un doctorat et reste enseignante-chercheuse dans le domaine scientifique durant quatorze ans. «Je suis devenue spécialiste de deux sujets : le pouvoir et les hommes politiques, ainsi que le féminisme.» Elle s'empare d'autres thèmes comme la responsabilisation des jeunes issus des quartiers populaires, qui, souvent, se mettent des barrières alors qu'ils peuvent être talentueux. Autrement dit, elle leur donne les moyens de croire en eux.

En 2016, un événement personnel bouleverse sa vie. Alors au fin fond de la Chine, elle manque de mourir dans un glissement de terrain. Valérie Petit se retrouve alors dans un temple à repenser sa vie. À l'âge de 40 ans, que veut-elle vraiment faire ? Elle songe à l'écriture et à la politique. À cette époque, Emmanuel Macron commence à créer son mouvement. Elle y voit une fenêtre de tir historique pour que la politique redevienne un levier de transformation de la vie des gens. Convaincue par la méthode, elle se lance. Ses proches, qui l'ont toujours imaginée évoluer dans ce milieu, la soutiennent.

À sa sortie de Sciences Po pourtant, alors qu'elle connaissait son premier engagement politique au sein des Verts et qu'elle accompagnait Daniel Cohn-Bendit dans sa campagne électorale, elle avait eu un aperçu de l'Assemblée nationale qui ne lui avait guère plu. «Ça m'a juste paru être un monde de vieux connards sexistes, quels que soient les groupes. Quand vous êtes une femme de 22 ans qui passe dans les couloirs de l'Assemblée, on vous le fait sentir. Je m'étais dit : "Qu'est-ce que je vais foutre dans un milieu pareil à mon âge ?"», lâche-t-elle avec son franc-parler habituel.

Il lui aura fallu vingt ans de plus et d'innombrables expériences pour franchir le pas. De quoi clouer le bec à ses anciens professeurs, ceux qui l'avaient poussée à faire sport-études «pour s'en sortir».

Aurélien Taché : de l'apprenti plombier au député

C'est un homme politique épanoui que nous rencontrons à la terrasse du café La Dauphine, fin août 2019. Un homme pressé, aussi. Nous pensions avoir une heure en sa compagnie, mais Aurélien Taché nous prévient : « Aïe, j'attends un coup de fil de mon président de groupe. » Il s'éclipse après vingt minutes d'entretien, lorsqu'il voit le nom de Gilles Le Gendre apparaître dans les appels entrants sur son téléphone. Nous sommes un peu vexés, car le jeune député avait annulé plusieurs de nos rendez-vous auparavant. Mais en vingt minutes, le personnage était déjà cerné.

« Je suis très, très heureux, chaque jour je me rends compte que ça a été une chance inouïe [d'être député] », dit-il d'emblée. Avant d'être élu, Aurélien Taché avait déjà une belle expérience. « Je faisais de la politique depuis une dizaine d'années comme militant, j'ai été au Mouvement des jeunes socialistes (MJS), au Parti socialiste puis à l'Unef », détaille ce jeune homme au visage fin, que des fossettes viennent creuser. Né à Niort, il grandit au sein d'une famille issue d'un milieu populaire et tire les enseignements d'un grand-père résistant communiste. Son père est agent public local, sa mère aide-soignante.

Pas vraiment fait pour l'école, qui « ne sert à rien » selon ses déclarations au *Monde* dans un article publié en février 2018, il arrête sa scolarité en classe de troisième. À l'époque déjà, il démontre ses capacités d'adaptation, pouvant à la fois rester sur le parking de la cité à écouter du rap avec ses amis et lire des ouvrages philosophiques dans sa chambre une fois rentré chez lui. Il bascule sur un apprentissage en plomberie, qui ne lui plaît pas franchement, avant d'intégrer l'université de droit public à l'université de Limoges. Sans avoir le baccalauréat, avec une équivalence. L'étudiant développe alors son sens critique et son goût pour la politique, tout en laissant de côté les thèses anarchistes qui avaient bercé son adolescence.

« Après l'Unef à Limoges, j'ai commencé comme collaborateur d'élu chez Jean-Paul Huchon, puis j'ai travaillé au cabinet d'Emmanuelle Cosse et de Sylvia Pinel », se souvient-il. La présidence de l'Unef le rapproche de ce que l'on nomme aujourd'hui « la bande de Poitiers » : Pierre Person, Sacha Houlié, Guillaume Chiche et Stéphane Séjourné. Les trois premiers sont députés LREM, tandis que le dernier devient conseiller du président à l'Élysée. Entre-temps, il passe le concours d'attaché territorial et il est nommé, en 2014, au conseil régional d'Île-de-France en charge de la lutte contre les exclusions.

C'est en 2016 qu'Aurélien Taché quitte le Parti socialiste pour participer à la création du mouvement En Marche !, où il contribue à l'élaboration du programme sur la lutte contre la pauvreté. En s'appropriant certains sujets comme celui-ci, mais surtout la laïcité, Aurélien Taché se fait connaître du grand public. Et devient la « caution sociale » de LREM. Dès septembre 2017, le député du Val-d'Oise se voit chargé d'une mission sur la refonte de la politique d'accueil et d'accompagnement des étrangers en France par le Premier ministre, Édouard Philippe. « La culture d'Emmanuel Macron m'allait bien, même si je veux qu'on se batte pour une société vraiment inclusive, sans discrimination et pas sans immigration, où les libertés publiques sont vraiment respectées et où on se donne réellement les moyens d'appliquer l'égalité des chances », explique-t-il. Il se fera également entendre sur le projet de procréation médicalement assistée pour toutes, qu'il encourage, et dénoncera les propos du ministre de l'Éducation sur le voile, Jean-Michel Blanquer ayant déclaré que ce « n'était pas souhaitable dans notre société ». L'élu a alors regretté que des responsables politiques « s'érigent en théologiens ».

Consacré comme l'une des grandes voix de la majorité avant de la quitter en mai 2020, Aurélien Taché n'en revient toujours pas. « On met une vie parfois à en arriver là et pour moi, ça s'est fait très rapidement grâce à Emmanuel Macron. » Il est vrai que peu d'anciens apprentis plombiers siègent à l'Assemblée.

6

« Amateurisme sain » ou incompétence ?

Alors qu'ils ont été durement taxés d'amateurisme au début de leur mandat, la majorité des députés néophytes que nous avons rencontrés évoquent avant tout une forme d'apprentissage, qu'ils assument plutôt bien. Au restaurant le Casa Germain, tout près de l'Assemblée nationale, Cédric Villani dévore une pizza tandis qu'il se confie sur son expérience de parlementaire. Dans son livre, intitulé *Immersion : de la science au Parlement* (Flammarion, 2019), le mathématicien raconte ses motivations à s'engager en politique, ses débuts, ses envies, ses difficultés. Nous l'interpellons sur cette notion d'amateurisme.

« On ne comprend rien. On doit être à trois endroits différents en même temps, voter sur plein de choses dont on ignore tout, aller en commission où on doit se prononcer avec des instructions contradictoires qui arrivent de partout », se souvient-il. Il y a le recrutement de ses équipes, les premiers conflits, les comptes à boucler. « Et puis ça passe ; petit à petit on trouve ses marques. Le break du mois d'août est salvateur et tout se met en place en septembre. » Durant les six mois qui suivent, le député se voit chargé d'une mission sur les mathématiques, puis d'une autre sur l'intelligence artificielle. Il participe aussi à la rénovation de l'office parlementaire scientifique… « J'ai trouvé ma place, tissé des liens, je me suis saisi de certains sujets. Ça a été une année d'apprentissage. Un apprentissage qui s'est en même temps accompagné de réalisations et de dates qui compteront dans ma vie », nous dit-il d'une voix portante. Cédric Villani parle tellement fort que nos voisins de table, dans ce restaurant où la proximité est de mise compte tenu de la superficie du lieu, nous lancent des regards curieux de temps en temps. « Bonjour ! s'exclame le député sans crier gare. Je suis désolé, je parle fort. Vous allez bien ? » Nous esquissons un sourire en découvrant ce personnage haut en couleur, reconnaissable parmi tous, vêtu de son costume trois-pièces qu'une broche-araignée ne quitte jamais.

*

Celle qui nous parle pour la première fois d'amateurisme « sain », expression qui retient l'attention, n'est autre que Delphine Bagarry. « Oui, les députés issus de la société civile ont fait preuve d'amateurisme. Typiquement, ça s'est vu sur les questeurs ! Il y avait une consigne de vote, on ne le savait pas, on a agi chacun séparément et ils ont fait la gueule. Tant pis, car j'ai trouvé ça génial. Les médias ont dit qu'on avait fait n'importe quoi, mais c'était précisément cela qui était bien ! C'était un amateurisme sain. Avec le temps, on est devenus moins amateurs, les élus se sont mis à rouler plus de façon individuelle, pour se placer, avoir un rapport… et c'est moins sympa », assure la députée des Alpes-de-Haute-Provence.

Sa collègue Sonia Krimi, avec qui le courant passe bien, notamment depuis leur opposition à la loi asile et immigration de 2018, est du même avis. « De l'amateurisme ? L'exigence est trop élevée. Je préfère parler d'une phase d'apprentissage assumée. C'est normal qu'on commette des erreurs au début, qui n'en fait pas ? Oui, on a été des députés en apprentissage à l'Assemblée nationale », confirme-t-elle.

Au départ en tout cas. La députée reconnaît avoir mis six mois à comprendre comment une loi se construit, ce qu'est une question écrite, la différence entre un préfet et un sous-préfet, les compétences de la police, la police aux frontières (Paf), la gendarmerie… «Il est très difficile de savoir qui fait quoi, on n'y connaissait rien. Amateurisme, oui, mais un député amateur peut aussi être un élu présent depuis plusieurs mandats qui ne répond plus aux gens, quelqu'un qui ne prépare pas ses réponses, quelqu'un qui sait faire mais ne fait pas. La différence, c'est que nous, nous ne savions pas», nuance Sonia Krimi, qui estime aujourd'hui voir beaucoup moins d'apprentis députés.

De son côté, la députée de l'opposition Danièle Obono est plus nuancée. Depuis son groupe La France Insoumise, elle aussi observe et apprend durant ses premiers pas à l'Assemblée. «On a tout appris un peu sur le tas. Il y a des moments où on a passé des heures sur des sujets alors qu'on n'aurait pas dû. Mais c'était un passage obligé, assure-t-elle. Lorsqu'on découvre un milieu, il est normal et nécessaire de tester, d'essayer de bousculer les choses. D'autant que l'Assemblée est une institution rigide avec un certain conservatisme.»

Si elle reconnaît volontiers que les députés LFI ont aussi fait preuve d'amateurisme, certains députés de la majorité, comme Guillaume Chiche, refusent d'admettre le terme. Ou préfèrent le relativiser. «On est arrivés en disant qu'il fallait changer les règles, ça aurait été cocasse que nous maîtrisions les règles traditionnelles», se défend le jeune parlementaire.

*

Pour Alexandra Valetta, une formation aurait été nécessaire pour éviter ces accusations d'amateurisme. «Les débuts sont violents parce qu'on se retrouve dans un milieu qu'on ne connaît pas. Il n'y a pas de formation pour être député. Est-ce qu'on a été novices? Oui. Débutants? Oui. Amateurs? On est toujours amateur quand on n'est pas un professionnel», explique-t-elle, jugeant le terme «amateurisme» trop souvent utilisé de façon péjorative. «Je ne suis pas certaine que ceux qui nous ont traités ainsi aient été meilleurs que nous quand ils ont commencé dans leurs propres activités. Mais peut-être cela fait-il tellement longtemps qu'ils sont en poste qu'ils ont oublié.»

Matthieu Orphelin estime que rien n'a été fait pour permettre aux nouveaux élus de la majorité de sortir de cet amateurisme. «C'est l'une des grandes erreurs. Il aurait fallu un mois de formation pour notre méga-groupe de 315!» Il va jusqu'à comparer l'Assemblée à une entreprise qui aurait recruté plus de 300 salariés d'un coup sans leur donner les moyens de s'adapter à la nouvelle structure. «On a besoin d'apprendre à se connaître tous, de découvrir les techniques parlementaires.» Reconnaissant une «vraie inexpérience», voire des loupés, il aurait apprécié une journée avec les députés qui redoublaient, par groupes de dix, ainsi qu'un guide des «dix trucs à savoir» lorsque l'on est élu. «Finalement, c'est quoi l'amateurisme? interroge-t-il. Si l'expérience est de savoir bordéliser les séances comme a pu le faire Jean-Luc Mélenchon et qu'on nous reproche, à nous, de ne pas le faire, ça ne me gêne en rien. L'essentiel est que le fond avance. Et ça a bien avancé, on a voté les textes dans les délais.»

*

Un binôme ancien-nouveau député? Il fallait y penser. Lors de notre entrevue avec François-Michel Lambert, un matin au café qui jouxte le restaurant de l'Assemblée nationale, nous manquons de nous étouffer en buvant notre petit noir lorsque l'élu des Bouches-du-Rhône, qui en est à son second mandat, ose : «Il fallait former des binômes maître-disciple.» Et de comparer la situation à la médecine, assurant que, même après l'obtention d'un diplôme, personne n'est «bombardé» chef de service sans passer par un internat, avec de grands professeurs. «Des personnes qui n'avaient jamais fait de politique ont été élues députés et se sont retrouvées avec des responsabilités, des enjeux majeurs à gérer. Je n'aime pas trop le terme de "disciple" car on l'emploie dans le compagnonnage, mais je trouve intéressant d'arriver à faire bénéficier de son expérience.» Pour illustrer ses propos, François-Michel Lambert évoque l'exemple concret de Jean-Marc Zulesi (LREM), qu'il a pris sous son aile à ses débuts. «Je m'entends très bien avec lui, nous confie le "disciple". Il fait partie de ces députés qui ont déjà eu des mandats auparavant, et je suis conscient que les nouveaux ont eu à apprendre aux côtés des anciens. Je ne vais pas vous mentir, j'avais plein de questions à mon arrivée à l'Assemblée. On a parlé de l'imposer mais moi, je l'ai fait naturellement avec lui.»

Son «maître» trouve la démarche d'autant plus importante qu'il voit et dénonce une sorte de formatage au sein de l'institution. «On est face à une administration qui vise à effacer tout esprit critique, toute capacité à avoir de la déviance. J'ai accompagné certains nouveaux élus que j'ai trouvés intéressants. Jean-Marc Zulesi est jeune, il continuera quand moi je ne serai plus là», philosophe-t-il, s'inscrivant dans une logique de transmission.

Amateurisme sain, apprentissage assumé… Incompétence? Personne, dans les rangs de la majorité, n'est allé jusque-là.

7
L'art oratoire en perdition

Écrire un livre sur les députés et l'Assemblée nationale, c'est aussi passer des heures à suivre les débats dans l'hémicycle et les questions au gouvernement : sur place, pour vivre l'indescriptible ambiance régnant dans ce lieu chargé d'histoire, comme dans sa rédaction, tranquillement installé devant son ordinateur. C'est s'agacer, de temps en temps, en écoutant certaines interventions. C'est aussi être admiratif, parfois, devant la justesse et la pertinence d'une prise de parole. C'est souvent s'ennuyer, bâiller et décrocher totalement, tant les discussions peuvent devenir techniques et incompréhensibles. Alors, oui, il se passe des choses dans l'hémicycle. Les députés se vilipendent, s'insultent. Ils gesticulent, crient, sifflent. Ils applaudissent, se mettent en colère et quittent parfois l'enceinte, dans un jeu d'acteur plus ou moins réussi. Nous devons avouer que nous nous attendions à plus d'envolées lyriques, de grands discours, de belles formules. Certes, on a reconnu le talent oratoire de certains élus et de quelques ministres : quand l'un d'entre nous apprécia la verve de François Ruffin ou Mathilde Panot, l'autre leur préféra l'éloquence d'André Chassaigne ou de Gilbert Collard. Mais combien d'interventions un tant soit peu enthousiasmantes ? Combien de discours passionnants et exaltants, comme on avait pu en entendre de la bouche d'une Christiane Taubira encore députée? Trop peu, à notre goût. Et vraisemblablement moins que dans les précédentes législatures.

*

Pour Julien Aubert, député LR du Vaucluse siégeant dans l'hémicycle depuis 2012 : «Il existe de moins en moins d'orateurs au Parlement, et le langage est beaucoup moins châtié qu'avant. Il y a notamment une multiplication des anglicismes vraiment dommageable. C'est l'un des effets négatifs du rajeunissement des parlementaires : le niveau s'est dégradé», regrette-t-il.

Un avis que partage Charles de Courson, député centriste à l'Assemblée nationale depuis 1993 : «Mis à part Jean-Luc Mélenchon, il n'y a plus de véritables orateurs dans l'hémicycle, plus de parlementaires qui parlent en français avec des discours construits, des références classiques. L'art oratoire s'est perdu au profit du SMS et du mail. C'était déjà le cas dans la précédente législature, et cela s'est accentué avec cette majorité.»

Les députés de La République en marche qui, pour beaucoup, n'avaient pas occupé de fonctions politiques auparavant, admettent volontiers ce manque d'éloquence. «C'est pas mon truc, avoue Valérie Oppelt, députée de Loire-Atlantique. Mais on a voulu une Assemblée nationale qui ressemble aux Français, or il y en a moins qui pratiquent l'art oratoire, l'objectif étant d'agir et non de faire du spectacle avec des joutes... Avant, on disait que les députés ne faisaient rien, et maintenant qu'ils agissent en réformant le pays, on les accuse de ne plus savoir parler!» s'agace-t-elle.

Un ténor de la majorité, quant à lui, regrette un «manque de rhétorique politique» chez les élus. «On ne peut pas avoir de parole forte quand on n'est pas habité par ce qu'on énonce. Nos parlementaires s'embarquent souvent dans des discours trop techniques, il n'y a pas d'âme dans ce qu'ils disent», juge-t-il. Pour lui, la majorité comme l'Assemblée manquent de grands orateurs, «que ce soit dans la posture, dans le verbe et l'incarnation». Sévère, il estime qu'une grande partie des LREM sont «trop bons élèves». «Ce sont des gens qui défendent des positions très pragmatiques et parfois pas bien bandantes. On manque de personnes pleinement convaincues par ce qu'elles font.»

Pour étayer ses propos, le député donne l'exemple de François Ruffin, élu de La France Insoumise qui, selon lui, arrive à avoir «une parole plus performative que les autres parlementaires, Jean-Luc Mélenchon compris». «Il n'a pas un bon phrasé, il bégaye parfois, mais on sent qu'il est habité. Et parce qu'il est habité, on se dit : "Ce type, il ne peut pas nous mentir, il est sincère." Il parle aux gens, à leurs sentiments. Or, nous vivons dans un monde où le ressenti devient une vérité beaucoup plus forte que celle du réel», poursuit-il.

*

Le manque d'incarnation dans la majorité présidentielle a marqué cet habitué du Palais-Bourbon, qui se réjouissait pourtant de voir des «personnes de la société civile» faire leur entrée à l'Assemblée nationale. «Quand on se lance en politique pour changer les choses mais qu'on n'a aucune lecture ou culture politique, c'est difficile. En Marche! a beaucoup souffert de cela. Lorsque des députés polytechniciens peuvent tout expliquer sur un dossier mais n'ont pas de charisme ou ne savent pas en parler, ils passent pour des manches, alors que ce n'est pas le cas», regrette-t-il.

Gilles Carrez, député LR du Val-de-Marne, élu depuis 1993, estime que ce manque d'incarnation est «à l'image de la société». «Nous avons des processus de sélection qui font que des gens plutôt économistes, gestionnaires, arrivent sur le devant de la scène. En 1993, j'étais le seul diplômé de HEC à la commission des finances, maintenant il y en a une dizaine et presque plus d'avocats. En école de commerce ou d'ingénieurs, vous apprenez un discours rationnel, économique. On ne vous apprend pas à faire des envolées lyriques», analyse-t-il. Nostalgique, il se souvient d'une époque – pas si lointaine – où de nombreux députés se lançaient dans des discours «exaltants». «J'ai connu l'Assemblée nationale avec Alain Peyrefitte, qui nous embarquait dans ses envolées lyriques. Patrick Devedjian était aussi excellent. Il y avait des gens intéressants, maintenant il n'y en a plus du tout, à part Jean-Luc Mélenchon, qui lorsqu'il dévie de ses éléments de langage basiques, peut devenir très bon», considère l'élu du Val-de-Marne.

Si les grandes envolées sont de plus en plus rares, la réduction du temps de parole des députés, votée en mai 2019, ne devrait «pas arranger les choses», juge André Chassaigne, député communiste habitué aux joutes oratoires. «Nos interventions sur un texte de loi sont désormais extrêmement limitées. Il y a une volonté de l'exécutif d'écraser le pouvoir parlementaire. Ce qui n'aide pas à prononcer de beaux discours avec des références historiques. Il n'y a pas si longtemps, il existait encore un verbe parlementaire, maintenant, on ne peut s'épanouir comme autrefois», regrette-t-il. Et de conclure : «Les discours qui ont du sens, des perspectives, ne peuvent plus exister. Les grandes envolées d'un Clemenceau, d'un Hugo, d'un Jaurès ou d'un Blum seraient impossibles de nos jours.»

8

Tenue correcte exigée

Le 7 décembre 2017, François Ruffin, député France Insoumise de la Somme, prend la parole face à ses collègues parlementaires. Au bout de quelques secondes, sous le regard médusé de Hugues Renson, président de séance ce jour-là, il retire son pull et poursuit en arborant un maillot de foot vert, celui de l'Olympique Eaucourt (dans la Somme). Pendant près de dix minutes, sans être interrompu, l'élu évoque le travail des bénévoles au sein de ce club de foot amateur, devant un hémicycle très peu garni. Son but : défendre une proposition de loi UDI-Agir qui vise à taxer les gros transferts afin de défendre le sport amateur. Et d'assener au passage un tacle appuyé à Laura Flessel, alors ministre des Sports, présente à la tribune quelques minutes plus tôt, à qui il reproche de ne parler de sport « qu'en termes de compétitivité, comme un trader ». Après l'intervention, Hugues Renson recadre sèchement le député de la Somme :

« Le respect dû à nos débats et à notre assemblée implique une tenue correcte, qui soit digne des lieux comme de la mission qui nous incombe. Je vous demanderai de rester respectueux et de vous tenir à l'avenir éloigné de ces extravagances vestimentaires, qui ne rendent pas hommage au travail que nous devons accomplir dans cet hémicycle. »

Une mise au point limpide approuvée par une grande partie des députés présents. « C'était un comportement ridicule, fustige Julien Aubert, élu LR du Vaucluse. L'étape d'après c'est quoi ? Venir en Batman, en Donald ? Il pourrait aussi arriver en slip par solidarité pour les naturistes. Ce qu'a fait Ruffin, c'est réduire le débat d'idées à un débat d'images. » Qu'importe l'avis de ses collègues députés, l'objectif a été atteint pour l'élu Insoumis : dans les heures qui suivent, la vidéo fait le tour des réseaux sociaux et des chaînes de télévision. Son message est passé, plus que largement. L'épisode vaudra au parlementaire un rappel à l'ordre avec inscription au procès-verbal, mais surtout, une amende de 1 378 euros, prélevés sur son indemnité parlementaire.

*

Ce n'est pas la première fois de l'histoire qu'une personnalité politique se fait remarquer pour sa tenue vestimentaire. En 1981, Jack Lang, alors ministre de la Culture, provoqua l'ire des parlementaires en venant à l'Assemblée nationale vêtu d'une veste à col Mao, dissimulant sa cravate. Mêmes réactions indignées lorsque, en 1997, Patrice Carvalho, député du Parti communiste français, apparut à l'Assemblée nationale en bleu de travail. Quant à l'exemple de François Ruffin en maillot de foot dans l'hémicycle, il est loin d'être le seul attestant d'un changement des habitudes dans les tenues vestimentaires constaté lors de cette législature.

Dès le 20 juin, date d'arrivée des nouveaux députés dans l'hémicycle, certains Insoumis – comme Jean-Luc Mélenchon ou Alexis Corbière – se sont distingués en refusant de porter la cravate, François Ruffin allant plus loin en ôtant sa veste. Et Jean-Luc Mélenchon de lancer : « Il y a eu dans cette Assemblée des sans-culottes, il y aura dorénavant des sans-cravate. »

Un comportement qui n'a pas fait l'unanimité dans l'hémicycle, loin s'en faut. « C'est le lieu où l'on fabrique la loi, on ne peut pas se permettre tout et n'importe quoi, estime Valérie Oppelt, députée La République en marche de Loire-Atlantique. À l'école, les enfants n'ont pas le droit de porter de casquette, par exemple, et on exige d'eux des tenues correctes. On ne peut donc pas donner l'image d'un lieu où on fait ce qu'on veut. » Pourtant, un mois plus tard, le bureau de l'Assemblée nationale, composé majoritairement de députés de la majorité présidentielle, autorise les élus à siéger dans l'hémicycle sans veste ni cravate. « Aucune disposition réglementaire ne fixant la tenue vestimentaire des députés, il n'y a pas lieu d'obliger les hommes au port d'une veste et d'une cravate dans l'hémicycle », précise le compte rendu.

C'est donc dans les premiers jours de cette nouvelle mandature que se sont opérés ces changements : poussés par La France Insoumise et tolérés par la direction de LREM. Un changement que regrette Dimitri Houbron, élu du Nord : « L'hémicycle est le lieu où l'on élabore la loi, un lieu qui a une histoire et qui exige un respect et une certaine prestance. Ce n'est pas un endroit où l'on se donne en spectacle. Nous n'y sommes que de passage. La cravate faisait partie des codes qui me semblaient importants à respecter. »

Regrettée par certains députés macronistes très attachés à la tradition, cette évolution des tenues vestimentaires fait bondir les oppositions de tout bord. « Je suis peut-être vieux jeu, mais pour moi, le port de la cravate, la rigueur vestimentaire symbolisaient le respect de l'institution. La tradition française voulait que les députés aient une certaine tenue, je constate que ce n'est plus le cas. On voit des élus venir avec des chemises fripées, des jeans voire des shorts », regrette André Chassaigne, député communiste du Puy-de-Dôme. Côté républicain, même son de cloche. « C'est lamentable, s'exaspère Julien Aubert. Les gens qui visitent l'Assemblée, surtout quand ils viennent des classes populaires, se font beaux : chemise, veste, et parfois même cravate pour les hommes. Pendant ce temps, des députés viennent complètement débraillés, la chemise en dehors du pantalon, gens qui se disent représentants du peuple mais qui le méprisent en apparaissant vêtus comme s'ils se trouvaient dans leur salon. C'est plus agréable ? Oui, c'est vrai. Moi aussi, si je venais le matin en pyjama et en charentaises je me sentirais plus à l'aise. Mais ce n'est pas une tenue pour l'Assemblée nationale », étrille-t-il.

*

Désormais, si l'on se balade aux alentours de l'Assemblée nationale en été, il n'est donc plus rare de croiser des députés sans veste, voire en tee-shirt-short-baskets. Tel Guillaume Chiche, député des Deux-Sèvres, rencontré un 30 juillet au Bourbon. « Je ne siège pas dans l'hémicycle aujourd'hui, je suis plus à l'aise pour travailler par cette chaleur », se justifie-t-il en un large sourire. Ou encore Lénaïck Adam, plus jeune élu de l'histoire de la Guyane, qui nous confie venir fréquemment en tenue « de jeune » : « Lorsque je ne suis pas en représentation dans l'hémicycle, je peux travailler en jogging, basket, tee-shirt et casquette Jordan. Le personnel de l'Assemblée m'a souvent pris pour un collaborateur parlementaire à cause de cela. »

A-t-on le droit de renier plusieurs siècles de tradition sous prétexte de modernisme ? La jeunesse doit-elle balayer d'un revers l'héritage de pratiques ancestrales ? Christophe Parent, maître de conférences à l'université de Poitiers et spécialiste de la tenue parlementaire, répond sans équivoque : ces pratiques sont inédites. « C'est la première fois qu'une chambre est habillée à l'instar du citoyen commun. Sinon, il faut remonter à la période révolutionnaire, avant 1795, où certains députés arboraient leur tenue professionnelle, comme celle d'agriculteur, ou des tenues ostensiblement débraillées, pour trouver une telle latitude. » La révolution est décidément à la mode.

9

Assistants parlementaires : une valse sans précédent

À l'Assemblée nationale, il arrive régulièrement que des collaborateurs parlementaires soient malmenés par leur député. Et cette législature n'échappe pas à la norme, bien au contraire.

Avant d'expliquer pourquoi, il convient de rappeler qui sont les attachés parlementaires (ou AP). Ces jeunes personnes, souvent diplômées de grandes écoles, travaillent auprès des élus au Palais-Bourbon ou en circonscription. Hommes et femmes, ils participent à la rédaction de propositions de loi ou d'amendements, préparent des notes pour les interventions télévisées, gèrent les réseaux sociaux, répondent aux lettres, représentent leur député dans certaines réunions… Leur rôle est primordial. Le problème ? «Ils sont licenciables du jour au lendemain et à la merci d'un patron qui n'a que faire du droit du travail. Ils ont des conditions de travail particulièrement propices à toutes sortes de dérives», explique le sociologue Étienne Ollion.

*

Lors de cette législature, les députés ont changé de collaborateurs comme jamais cela n'avait été vu auparavant. «Après six mois de mandat, deux cents s'étaient déjà fait jeter. Il y a eu une très grosse épuration», révèle un habitué de l'Assemblée nationale. Un chiffre qui, selon plusieurs de nos sources, pourrait être plus élevé. Et qui n'a pas baissé au fil du temps.

En janvier 2020, Cendra Motin, élue de l'Isère et représentante des parlementaires de la majorité au sein de l'Association de députés-employeurs, nous donna quelques éléments chiffrés : «Il y a un turn-over de malade. Sur les derniers chiffres que j'ai pu consulter, on voit entre 60 et 80 sorties mensuelles, ce qui est monstrueux. Je n'ai pas eu le détail, mais je suis intimement persuadée que c'est au niveau du groupe majoritaire et de La France Insoumise», estime-t-elle. Avec une tendance équivalente jusqu'à la fin de la législature, cela donnerait entre 3600 et 4800 «sorties» d'attachés parlementaires! Un bilan invraisemblable. Plusieurs sources nous ont précisé que ce phénomène s'est manifesté au cours de certaines périodes, avant de se calmer, puis de repartir à la hausse.

Quelles sont les raisons de cet immense turn-over?

*

La première tient au choix des collaborateurs. Beaucoup de députés inexpérimentés ont décidé d'embaucher les personnes qui les avaient accompagnés durant leur campagne. «Souvent, députés et collaborateurs parlementaires étaient des Marcheurs qui avaient fait campagne pour Emmanuel Macron. Ayant tous postulé pour être candidats, celui pris a embarqué les autres dans sa propre équipe de campagne puis en tant que collaborateur. Avec de la frustration car beaucoup ont dû travailler pour quelqu'un en estimant qu'ils auraient pu être à sa place», détaille Jean-Michel Fauvergue, élu de Seine-et-Marne. Un attaché parlementaire, qui a observé le phénomène durant les premiers mois de la législature, confirme en apportant un autre argument :

«Les nouveaux députés pensaient bien faire en prenant des gens qui avaient fait campagne avec eux, des personnes de confiance avec qui ils avaient travaillé. Sauf qu'ils avaient tort : il y a une grande différence entre être sur le terrain pendant une campagne électorale et le métier d'attaché parlementaire. Ils s'en sont rendu compte après.» Pour résumer, un bon militant ne fait pas un bon attaché parlementaire.

Les premiers jours de leur mandat, les élus ont vu affluer des dizaines d'anciens collaborateurs ou diplômés de grandes écoles en quête de travail. «J'ai reçu des centaines de mails de jeunes qui voulaient devenir attachés parlementaires. Il y avait même des assistants d'anciens députés qui, dans l'ascenseur, partout, me sollicitaient», se souvient Richard Ramos, élu MoDem du Loiret, qui a attendu plusieurs semaines avant de faire son choix. Or la plupart des députés ont embauché rapidement leurs attachés parlementaires, devant vite commencer à travailler, si possible aux côtés d'assistants qui pouvaient apporter un plus.

Avec parfois de belles réussites, comme Delphine Bagarry, députée des Alpes-de-Haute-Provence qui a pu apprendre une partie du fonctionnement du Palais-Bourbon grâce à ses AP. «J'aurais souhaité avoir un parrain à qui me référer en arrivant, mais, finalement, ce sont mes collaborateurs qui m'ont aidée. Heureusement qu'ils étaient là», se rappelle-t-elle. Une formule qui n'a pas toujours fonctionné : certains collaborateurs, plus expérimentés que leur député, se sont montrés trop arrogants. Jean-Michel Fauvergue, qui en a vu des exemples, argumente : «Beaucoup de jeunes sortent de Sciences Po, grenouillent partout parce qu'ils veulent faire de la politique, ont des CV de fou, mais se considèrent plus députés que les députés. Au bout de quelques mois, forcément, ils se sont fait shooter. On leur a dit : "Tu vas te calmer."»

Un attaché parlementaire rencontré a vécu cette situation avec une élue de la majorité. Le jeune homme, diplômé d'une grande école, avait travaillé dans un cabinet ministériel avant d'être embauché. «J'avais évolué aux côtés d'un vieux routard de la politique qui m'impressionnait et me suis retrouvé avec une élue complètement perdue, raconte-t-il. Du coup, je me suis permis d'être condescendant avec elle.» Les premiers jours, pour «aider» sa boss toute novice, ce collaborateur lui a expliqué ce qu'elle devait faire, à qui elle devait parler, comment elle devait se tenir. «Je l'ai prise de haut, je ne suis pas resté à ma place car je ne la prenais pas au sérieux. Elle m'a viré au bout de trois semaines», conclut-il en reconnaissant ses torts.

Dans d'autres circonstances, il s'est passé exactement l'inverse : l'attaché parlementaire a fait le choix de s'en aller à cause de l'inexpérience de son député. «J'ai des amis assistants parlementaires dont les députés étaient tellement mauvais qu'ils avaient le sentiment de régresser. Ils ont essayé de pousser leur boss mais rien n'y a fait, alors ils ont jeté l'éponge et trouvé des élus plus compétents», raconte un autre AP.

*

Pour Richard Ramos, le principal problème des novices a été de devenir, du jour au lendemain, chefs d'équipe. «Ces gens n'avaient jamais dirigé, ni dans des collectivités, ni dans des entreprises, et ils se sont retrouvés patrons de l'équivalent d'une TPE. Pas habitués à manager et à travailler en équipe, ils se sont parfois montrés plus intransigeants avec les autres qu'avec eux-mêmes», note-t-il. Une opinion que partage l'ancien chef d'entreprise et élu du Rhône Bruno Bonnell. «Beaucoup de députés ne savent pas manager, tout simplement. Avoir quatre personnes sous ses ordres, ça se gère», résume-t-il.

Des problèmes d'organisation et de gestion d'équipe qui se répercutent sur les attachés parlementaires. L'un d'eux raconte : « Comme ils n'avaient aucune notion de management, ils se sont senti pousser des ailes. Alors, quand ça ne passe pas avec un collaborateur, ils le dégagent. Ou alors, ils essayent de lui faire entendre raison coûte que coûte et, dans ces cas-là, ça passe par du harcèlement », lance-t-il. Un autre abonde : « On reçoit des textos à 5 heures du matin, le week-end. Il y a des attachés parlementaires qui vomissent avant de venir à l'Assemblée, parce qu'ils sont stressés, parce qu'ils savent que leur contrat de collaborateur ne tient à rien. On est de la chair à canon. Du jour au lendemain, on peut se faire jeter sous n'importe quel prétexte. »

*

Lors de nos entretiens à l'Assemblée nationale, de nombreuses sources nous ont parlé du harcèlement des collaborateurs parlementaires. Au cours de cette législature, plusieurs affaires sont d'ailleurs sorties dans la presse, comme celle de Lenaïck Adam, le député de Guyane, accusé de harcèlement moral par une ex-collaboratrice. « Nous avons simplement eu une aventure, je n'ai rien fait de mal, se défend l'intéressé. Elle a voulu se venger quand je n'ai pas souhaité aller plus loin », raconte-t-il lors de notre rencontre dans son bureau du 101, rue de l'Université. La procédure engagée contre lui pour harcèlement a finalement été classée sans suite par le Parquet de Paris.

Florence Granjus, députée LREM des Yvelines, a été accusée, elle, par deux de ses anciens attachés parlementaires. Ses conseillers, désormais mariés, l'ont attaquée pour licenciement abusif et harcèlement moral. D'autres déclarations d'ex-salariés de Pôle Emploi, où Florence Granjus travaillait avant de devenir députée, seront ajoutées au dossier. Les témoignages, publiés par le magazine *Capital*, semblent éloquents. Lors de notre rencontre, nous avons évoqué ces accusations sous l'œil de l'une de ses collaboratrices parlementaires. Une question que l'élue a peu goûtée. « Mes collaborateurs sont très bien payés, ils font partie des gens les mieux payés de l'Assemblée nationale. Eh bien oui, j'ai des exigences, et quand on a ce type d'exigences, ça veut dire que, derrière, il faut que l'équipe bosse », a-t-elle répondu, après avoir expliqué qu'elle attendait impatiemment la décision de justice vu le dossier qu'elle avait constitué. Et d'expliquer : « Mes collaboratrices ne travaillent pas la nuit. Le matin, c'est 9 heures. Quand elles arrivent à 9 h 10, je fais la gueule. Mais à 18 heures, elles sont toutes parties », justifie-t-elle en prenant à témoin sa jeune attachée de presse, qui acquiesce timidement de la tête. Une plainte pour diffamation a d'ailleurs été déposée auprès de la greffe du Tribunal de grande instance de Paris par la députée. À l'heure où nous écrivons ces lignes, aucune des affaires la concernant n'a été classée.

*

C'est l'un des attachés parlementaires rencontrés qui nous a offert la meilleure conclusion. « Certains députés ont changé plus de dix fois d'attachés parlementaires depuis le début de leur mandat. Vous trouvez ça normal ? Vous pensez que ce sont les AP le problème ? La vérité, c'est que, désormais, nous connaissons la liste des élus avec qui il ne faut pas travailler. Des gens qui n'avaient jamais managé et qui se sont découvert un pouvoir bien trop important pour eux. »

Troisième partie

La République en marche… arrière

1

Laetitia Avia : accusée, contestée, mais toujours soutenue

Dès les premiers mois de notre enquête, notre attention s'est portée sur une députée de la majorité qui a fait parler d'elle : Laetitia Avia. Le 23 juin 2017, quelques jours seulement après son élection, la jeune parlementaire prend un taxi et termine sa course aux alentours de 23 h 30. Alors qu'elle souhaite payer par carte bancaire, le chauffeur lui indique que le terminal ne fonctionne pas et propose de la déposer à proximité d'un distributeur d'argent. Un scénario qui ne plaît pas à l'élue macroniste, qui aurait refusé de régler la note et mordu son interlocuteur. Le rapport de police précise que, lors de l'altercation, la jeune femme aurait vite mis en avant son identité et sa fonction. L'affaire est révélée par *Le Canard enchaîné* le 5 juillet. Dans la foulée, Laetitia Avia dément avoir mordu le chauffeur dans une publication postée sur son compte Facebook.

*

L'épisode – fâcheux – ne la contraint pas à quitter le groupe, comme M'jid El Guerrab après son coup de casque. Au contraire, la trentenaire se voit attribuer des responsabilités au sein du parti et de son groupe parlementaire. En novembre de la même année, l'élue de la 8e circonscription de Paris devient membre du bureau exécutif de LREM (elle en sera même présidente début 2018), chargée de la communication et porte-parole du parti. Intrigués par le personnage, nous tentons d'obtenir une entrevue, mais nos nombreux mails restent sans réponse. Alors, en février 2019, nous décidons de nous rendre à une réunion publique à laquelle elle participe, et qui se tient dans une école du 12e arrondissement de Paris, dans le cadre du grand débat national initié par le chef de l'État suite à la crise des « gilets jaunes ».

Après lui avoir expliqué l'objet de notre demande, Laetitia Avia nous donne une réponse positive : l'interview aura lieu prochainement. En dix secondes, elle lève la main, claque des doigts pour appeler son attaché parlementaire et s'exclame, en nous désignant de son autre main : « Go pour leur donner ma carte ! » Son regard nous suggère de rejoindre son collaborateur, qui cherche le précieux sésame et sollicite plus de détails concernant notre projet. Nous saluons la députée et lui disons « à bientôt », sans imaginer que nous sommes encore loin de la rencontrer. Car les semaines passent et, malgré des relances, aucune réponse ni date ne viennent.

Entre-temps, un député de l'opposition nous met sur une piste inattendue : celle de plusieurs attachés parlementaires qui auraient évoqué le « harcèlement » qu'ils subiraient au quotidien de la part de leur supérieure hiérarchique, Laetitia Avia. Des propos que nous confirma un élu de la majorité. « C'est une colérique, une caractérielle. Une fois, je l'ai vue à la cafétéria de l'Assemblée nationale avec l'un de ses collaborateurs. Il ramenait un dossier où il semblait manquer un document et elle l'a envoyé bouler comme un chien. »

En décembre 2019, soit près d'un an après notre première tentative, nous passons un énième appel. Et tombons sur un nouvel attaché parlementaire. À notre surprise, un rendez-vous est proposé dix jours plus tard. Nous en avons la confirmation la veille par SMS. Nous rencontrons Laetitia Avia un jour de manifestation contre la réforme des retraites, dans le 12e arrondissement de Paris.

*

Attablés au café Le Cosy, nous l'attendons et en profitons pour revoir les points que nous souhaitons aborder. L'élue a du retard. Finalement, au bout d'une demi-heure elle pénètre dans le café. Elle nous salue, s'installe, commande un thé. Puis juge bon de préciser : « Je suis venue ici pour vous dire les choses sincèrement. » Tant mieux. C'est lorsque nous évoquons les écarts de sensibilités, l'aile gauche de l'Assemblée nationale et les députés pouvant être identifiés comme des frondeurs que nous lançons notre question sur « l'affaire du taxi ».

— En parlant d'identification, est-ce qu'on ne vous a pas identifiée, au début de votre mandat, comme étant celle qui avait mordu un chauffeur de taxi ? On aimerait aborder cette question avec vous, si vous êtes d'accord.

— Vraiment ? Vous êtes journaliste ?

Ses traits se durcissent, ses yeux s'écarquillent. La députée approche son visage du nôtre, sans crier gare, comme pour nous impressionner. Une sensation de proximité dont n'importe qui se passerait lors d'un entretien aussi formel. Nous ne reculons pas.

— Aucun vrai journaliste ne m'a posé la question, reprend-elle. Une fois, la question m'a été posée parce que je l'avais autorisée dans l'émission des « Grandes Gueules », mais je crois que personne n'avait osé, parce qu'il y a des sujets avec lesquels on ne rigole pas. Vous pourriez me demander si j'ai été agressée, mais me poser la question dans ce sens-là, comme certains petits fouille-merde ont pu essayer de le faire, je ne trouve pas que ce soit la qualité d'un journaliste.

Avec ces quelques phrases, Laetitia Avia remet une nouvelle fois en doute nos compétences. Nous ne nous offusquons pas et tentons de nous faire comprendre.

— On fait notre travail. On est venu pour aborder tous les sujets avec vous et ça fait partie de votre début de mandat. Vous en avez même ri lors d'une réunion en déclarant à vos collègues : « Vous connaissez mon mordant. »

Une information révélée par un autre député, présent ce jour-là.

— Je sais de quoi vous parlez, oui. Mais je l'ai dit dans un autre sens et dans une réunion très interne. Ce n'est pas un sujet avec lequel je plaisante, jamais.

Nous lui proposons de passer au thème suivant, puisqu'elle refuse d'en parler.

— Non non, si vous voulez aborder la question autrement... D'ailleurs, il y a eu un certain nombre de révélations ces derniers temps sur des viols dans des taxis.

— Bien, alors parlons-en. Que s'est-il passé ce jour-là ? Vous avez été agressée ?

Sa tête remue du haut vers le bas, en signe d'acquiescement. La pression est redescendue d'un cran et la distance entre nous paraît à nouveau normale. «J'ai été séquestrée, j'ai ouvert la fenêtre et appelé au secours, raconte-t-elle calmement. J'ai en effet griffé cette personne, peut-être même que je l'ai giflée. Non, je ne vois pas comment j'aurais pu la mordre en étant à l'arrière de la voiture. On a dit l'oreille, la cuisse selon les différents articles, car bien sûr une femme noire qui se défend est considérée comme un animal. Ce que je vois, c'est que j'ai été victime d'une agression et que personne n'en parle», explique-t-elle.

Plus tard, lors de la même entrevue, nous évoquons ses pratiques managériales, en lui citant les accusations de « harcèlement » dont elle est l'objet de la part de certains collaborateurs. Immédiatement, Laetitia Avia semble tenter une diversion. « Du harcèlement, moi ? Je suis une femme et suis hétérosexuelle. Je ne vois pas comment je pourrais harceler mes équipes. » Nous rectifions, et précisons que nous ne parlons pas de harcèlement sexuel mais moral. « Ah pardon ! Alors ça, je vais vous dire, c'est la tarte à la crème des contentieux prudhommaux. Harcèlement, burn out... Ce n'est tellement pas qualifié juridiquement que c'est facile de porter ces accusations-là. » Nous lui faisons comprendre que nous avons eu des accusations de cet ordre la concernant. Laetitia Avia, gênée, demande alors à savoir de qui il s'agit, car elle n'a pas connaissance de tels reproches. Elle lève les yeux au ciel, faisant mine de réfléchir.

Et finit par s'exclamer : « Ben non, mais dites-moi ! » Elle bafouille, puis contourne la question en évoquant ses responsabilités. « Il n'est pas un seul collaborateur [qui est parti] qui ne m'ait demandé si je pouvais le placer à tel endroit, aussi parce que j'ai une voix influente. Je le fais, hein, mais je donne toujours leurs qualités et leurs défauts. Après, bien sûr qu'il y a des moments où mes collaborateurs actuels, avec qui ça se passe bien, viennent bosser avec la boule au ventre. Vu les responsabilités que j'ai, encore heureux qu'ils ne prennent pas les choses à la légère. »

*

Interrogé sur la place de Laetitia Avia au sein du groupe, un député LREM lui reconnaît une influence au sein de la majorité. « Elle a une voix qui porte, mais elle manque de rondeur. Quand on n'est pas d'accord avec elle sur un point, on a tendance à se faire écraser. Il vaut mieux ne pas aller à l'encontre de ce qu'elle dit, sinon on s'en prend plein la figure. »

Pendant la crise du coronavirus, Mediapart a publié deux articles évoquant les abus et humiliations qu'auraient subis des (ex-) attachés parlementaires de la députée LREM, qui ont porté plainte pour « harcèlement moral » auprès du procureur de la République de Paris. L'élue a, quant à elle, déposé plainte pour diffamation contre David Perrotin, auteur de l'article publié sur Mediapart, mais pas contre le journal en ligne. Et a été largement soutenue par le gouvernement, par l'intermédiaire de Sibeth Ndiaye alors porte-parole, et par le parti, *via* Stanislas Guerini.

2

Les godillots en action

Durant les premiers mois de leur mandat, les députés LREM ont reçu nombre de critiques. Parmi les expressions qui revenaient pour les qualifier, le mot «godillot» arrive en tête. Comme le souligne un article du *Nouvel Obs*, le terme a été récupéré par la sphère politique à la fin des années 1950, alors que le général de Gaulle réapparaît et que les députés de son bord lui vouent un soutien inconditionnel. L'expression fait la une du *Canard enchaîné*, qui va jusqu'à publier un «dictionnaire des godillots», le député affublé devenant le symbole de la ringardise et de l'obéissance aveugle, selon l'historien Antoine de Baecque, auteur de *Les Godillots : Manifeste pour une histoire marchée* (Anamosa, 2017). En clair, un godillot est un élu dépourvu de tout sens critique qui vote aveuglément les lois.

*

Aujourd'hui, c'est l'expression préférée de l'opposition pour qualifier la majorité en place. Elle est aussi largement reprise par les médias. André Chassaigne, député communiste, explique pourquoi elle va aux élus LREM à merveille. «Ils sont arrivés sans culture politique ni beaucoup d'esprit critique. Ils se retrouvent du jour au lendemain députés sur une planète qui n'est pas la leur et sont devenus, de fait, les intestins silencieux de la bouche élyséenne», introduit-il. À l'en croire, les députés En Marche! ne sont là que pour digérer tout ce qui est dit par Emmanuel Macron. En un mot : voter. Et ils n'ont pas la «digestion très critique», juge le charismatique parlementaire communiste.

Un avis partagé par la députée de l'Hérault Emmanuelle Ménard. «La plupart d'entre eux sont des godillots, oui, juge-t-elle. Mais c'est normal… Quand vous avez des velléités d'indépendance d'esprit, il vous arrive au mieux un pan sur le bec, au pire, une Agnès Thill dégagée vite fait bien fait.»

*

Sonia Krimi, députée LREM de la Manche, explique pourquoi ce mot leur a collé à la peau, particulièrement en début de mandature. «On voyait des textes passer, on n'avait même pas le temps de lire, de regarder de plus près, on ignorait qu'il y avait une commission ensuite, on ne savait pas ce qu'était une question orale, une question écrite. Et il y avait ces faux nouveaux qui nous avaient aidés à voter les lois au début. C'est pour ça que le terme nous a collé à la peau.»

Les élus En Marche! ont gagné leurs circonscriptions avec un programme et devaient suivre le chef. «On leur demandait de voter en levant la main, ils ne connaissaient pas les textes et ne se posaient aucune question, explique Philippe Latombe au MoDem. Le meilleur exemple reste la loi de programmation de justice : on s'est battus pour dire que ce qu'ils faisaient n'était pas constitutionnel, et le Conseil constitutionnel nous a donné raison. Au bout du compte, ils nous ont dit : "On savait que ça ne passerait pas, mais il fallait suivre le groupe pour des raisons de cohésion."»

M'jid El Guerrab, qui ne tarde pas à quitter ledit groupe, s'avoue choqué par certaines méthodes. « On votait des trucs qu'on nous donnait une heure avant ! Dans le système politique actuel, un député de la majorité ne peut donc qu'être un godillot », affirme-t-il sans détour. À ses yeux, l'exécutif écrase le Parlement, lui dit à quel moment il peut voter et uniquement s'il donne son aval. « L'autre option, c'est d'être dans l'opposition mais alors tu ne pèses rien non plus. J'ai appris qu'il y a un État à l'intérieur de l'État qui s'appelle Bercy et qui décide de tout. Voilà tes marges de manœuvre en tant que député », lâche-t-il, désabusé. Un constat amer.

*

D'autres élus de la majorité vivent mieux la situation, assumant leur loyauté envers Emmanuel Macron et le groupe LREM.

C'est le cas d'Alexandra Valetta, élue dans les Alpes-Maritimes, qui estime avoir joué franc jeu avec son électorat dès le départ. « J'ai été élue en expliquant aux gens que s'ils votaient pour moi, je mettrais en application le programme du président de la République, rappelle-t-elle. Ce n'est pas être béni-oui-oui, c'est juste faire son job. » Sa collègue Anne-Laurence Petel est du même avis, elle qui trouve le terme de godillot « irrespectueux » et a mal vécu d'être qualifiée ainsi. « Quand on est arrivé, on nous a accusés de ça, délit de jeunesse et d'inexpérience. Inexpérience parlementaire, certes, inexpérience professionnelle, non. Lorsqu'on parlait de godillots, c'était donc à la fois méchant et irrespectueux. » Ce qui ne l'empêche pas de reconnaître que, sur les six premiers mois, cette inexpérience s'est accompagnée d'une volonté d'être conformes aux attentes de l'exécutif. Et d'en arriver à vouloir trop en faire. « C'est vrai qu'on a pu voter ensemble, d'une même voix, sans se poser de questions. En même temps, il ne faut pas que chacun essaye de négocier son truc. On est obligé d'avoir un esprit de groupe, de corps. C'est une majorité. Entre être godillot et être loyal à sa majorité, il y a quand même une marge. »

Dans l'esprit de Laetitia Avia aussi, la majorité doit servir à faire bloc. La députée de Paris se rassure en pointant qu'ils ne sont pas les seuls. « Beaucoup de mes collègues ont été affectés d'entendre ça, mais la vérité c'est que tous ceux qui le disent l'ont été par le passé. Et les frondeurs, on sait ce qu'ils sont devenus », lance-t-elle avec un sourire sarcastique. Pour elle, peu importe puisqu'elle a « une voix et un poids » lui permettant de ne pas déposer d'amendements en dehors des textes où elle a été rapporteuse. « Je fais le travail en amont avec les cabinets ministériels de sorte que, quand le texte est voté, il corresponde à ce que je veux. Certains diront godillot, je répondrai bonne négociatrice. »

Patrice Anato, député LREM de la Seine-Saint-Denis, évoque les mêmes marchandages de coulisses. Et l'expression godillot l'amuse. « Lorsque nous venons dans l'hémicycle et que nous votons tous pour un texte, c'est qu'on a déjà discuté et choisi la ligne de la majorité dans la salle Victor-Hugo. Pour la loi Pacte, par exemple, on a fait des balayages », souligne-t-il, rappelant que les élus LREM se sont engagés sur un projet, après concertation. Si quarante personnes sont contre et soixante pour, tout le monde finit par voter pour. « Ça m'est arrivé sur la suppression de la réserve parlementaire : j'ai dû voter pour, alors que j'aurais préféré la mise en place d'un collège de contrôleurs hétérogènes. »

*

Contrairement aux députés que nous venons de citer, d'autres ont su taper du poing sur la table pour imposer leurs idées. C'est le cas de Matthieu Orphelin, qui estime avoir vu un syndrome du bon élève chez beaucoup en début de mandat. « Il y en avait qui avaient le syndrome du débutant et d'autres qui n'ont jamais compris ce que signifie être député. Chez un certain nombre, très minoritaire, c'était un mélange de tout, avec l'impression que s'ils bougeaient une oreille ils se montraient déloyaux envers Macron », relève-t-il. Sa première râlerie s'exprime au moment de l'annonce de la baisse de l'APL (Aide personnalisée au logement). Une décision prise « n'importe comment », selon lui, et qu'il ne tarde pas à contester dans un tweet qu'il travaille quatre heures durant. Le message est repris dans les journaux télévisés le jour même. « Stéphane Séjourné a confié qu'Emmanuel Macron lui-même était contre cette mesure, rappelle-t-il. C'était contraire à ce qu'on voulait faire. »

Christophe Naegelen, député de l'opposition (divers droite), estime que c'est dans la logique des choses. À l'en croire, les primo-députés LREM ont été godillots au début, parce qu'ils ne savaient pas d'où ils venaient et où ils se rendaient. « Quand vous ignorez où vous allez, vous écoutez ceux qui connaissent et suivez. Ils ont été élus sur une vague parce que Emmanuel Macron a été élu deux mois plus tôt. Ils ont donc suivi les directives du Président, celui grâce à qui ils ont eu la chance d'être désignés. »

« Le côté godillot était assez vrai au début, confirme Richard Ramos, député du MoDem. Dans les premiers temps, vous vous taisez et apprenez le métier. Ça l'est un peu moins aujourd'hui, et le jour où il y aura un redécoupage, ce ne le sera plus du tout. Le jour où on leur dira que leur circonscription n'existe plus, ce sera compliqué. Ils seront libres et deviendront revanchards », prévient-il.

Lorsque nous rencontrons François-Michel Lambert, il a quitté le groupe LREM. Et nous explique qu'avant notre entrevue il prenait justement le petit déjeuner avec une élue de la majorité. « Elle m'a dit qu'ils ne servaient qu'à être des presse-bouton. Il y en a beaucoup d'autres comme ça. Je crois qu'on n'a jamais vu autant de députés de la majorité aller à l'étranger. On a certes une présence technique mais plus du tout politique, et certains ne veulent même plus venir ici, surtout ceux qui ont un bagage politique et se sentent coincés», constate-t-il, tirant la sonnette d'alarme.

Les députés LREM ont-ils été plus godillots que leurs opposants ou leurs prédécesseurs ? «Ça a toujours été le cas sous la Ve République. Les députés traditionnels savaient pourquoi ils étaient godillots. Les nouveaux ne savent pas pourquoi ils le sont. Si Emmanuel Macron avait compris qu'il était élu pour restaurer la souveraineté de la nation à Versailles en 2017, les nouveaux, eux, ont pensé qu'ils étaient là parce qu'ils incarnaient le nouveau monde», décrypte le politologue Stéphane Rozès, qui y voit un problème de compréhension culturelle.

*

L'argument «société civile» qui viendrait expliquer la position de godillot ne convainc plus. Danièle Obono, élue LFI, est dubitative. «Il y a peut-être de ça mais on pourrait dire que nous aussi. On a beaucoup entendu la fable de la société civile chez LREM, alors que plus de la moitié sont issus du PS dont ils furent militants, adhérents ou élus. Donc il est faux de dire qu'ils n'avaient aucune expérience et qu'ils débarquaient ! » martèle la parlementaire Insoumise, qui estime que ses collègues et elle n'ont pas été aussi suiveurs que les membres de la majorité. Et d'aimer à rappeler qu'eux aussi ont dû apprendre sur le tas et sur le tard, mais qu'ils ne se sont pas toujours comportés de la même manière.

Pour Patrice Anato, le terme doit au fond s'appliquer à tout le monde ou à personne. «Regardez La France Insoumise, ils sont 17 et je mets ma main à couper qu'ils ne sont pas d'accord sur les mêmes sujets. Un Ruffin et un Quatennens ne sont pas d'accord sur tout. Pourtant, dans l'hémicycle, ils votent tous pareil. Pourquoi ça ne s'applique qu'à nous ?» interroge-t-il. Serait-ce donc seulement un argument de discrédit politique, utile à l'opposition pour remettre en doute le travail de la majorité ? «Je crois que tous les partis fonctionnent de la même façon, avec une certaine discipline de groupe. Le PS l'a été au début, jusqu'à ce qu'il y ait les frondeurs. Les mêmes personnes qui nous traitent de godillots fonctionnent, elles, avec une certaine discipline. L'opposition de droite comme de gauche a des amendements de groupe, des consignes de vote», grogne Paula Forteza, députée des Français de l'étranger, pour qui l'argument n'a pas de poids.

Mais peut-on comparer de tels groupes lorsqu'on réalise que le nombre des députés passe du simple au centuple ? Faut-il, dans un groupe majoritaire, laisser s'exprimer les différences ? Ou les censurer afin de donner l'illusion d'une unité ? Au risque de pousser certains vers la sortie ?

3

Le couac du congé parental en cas de décès d'un enfant

C'est l'un des couacs les plus importants de cette législature, par son ampleur, sa durée et ses répercussions. Et il est symptomatique des rapports qu'entretiennent les députés de la majorité avec l'exécutif.

*

Tout commence le 30 janvier 2020, en pleine campagne pour les élections municipales. En ce jeudi, dans un hémicycle clairsemé, Guy Bricout, député du groupe UDI, Agir et indépendants, prend la parole pour défendre sa proposition de loi. L'idée est simple : faire passer de cinq à douze jours les congés accordés aux parents en cas de décès d'un enfant.

« Faire le deuil d'un enfant prend des années, voire toute une vie, lance le député du Nord, qui a lui-même vécu ce drame. Je ne demande que douze jours pour que, une fois la série de formalités passée, l'épreuve des obsèques traversée, la proche famille repartie, les parents aient tout juste quelques jours pour faire le point sur eux-mêmes et déterminer s'ils sont, ou non, en mesure de reprendre le travail. Franchement, est-ce trop demander ? »

La proposition, qui avait été adoptée en commission des Affaires sociales quelques jours plus tôt, avait ensuite été modifiée par deux amendements : le premier autorisant le parent à poser des RTT (réduction du temps de travail) et des jours de congé en plus des cinq autorisés, le second prévoyant un don de RTT par les collègues du parent. Mais l'allongement du congé à douze jours avait disparu. «Je déplore que ma proposition de loi ait ainsi été vidée de son contenu», explique-t-il devant ses collègues parlementaires, en les exhortant à voter le texte initial.

Que ce soit sur les bancs des Républicains ou des Insoumis, la proposition est accueillie avec enthousiasme. Les députés de la majorité, eux, sont plus mitigés. Sereine Mauborgne, élue LREM qui a également travaillé sur le sujet, prend à son tour la parole pour proposer son amendement – celui-là même qui avait amendé le texte de Guy Bricout en commission –, amendement qui propose le «don de RTT» entre collègues de travail. Elle en profite pour évoquer la proposition de loi du député UDI et lance cette phrase : «Il est un peu facile de s'acheter de la générosité à bon prix sur le dos des entreprises.»

Il n'en faut pas plus pour enflammer l'hémicycle. «C'est indécent», lance Constance Le Grip, députée LR des Hauts-de-Seine. «C'est un scandale», enchérit Meyer Habib, député UDI des Français de l'étranger. «Vous ne parlez pas avec le cœur, vous parlez avec le portefeuille», abonde François Ruffin, député LFI de la Somme. Et de poursuivre, un peu plus tard : «Quand a été déposée cette proposition de loi de notre collègue de droite [...], je pensais que ça passerait comme une lettre à la poste, qu'il n'y aurait pas de droite, pas de gauche, qu'on n'en serait pas là à se diviser, à se déchirer.»

Finalement, après des débats très animés, la proposition de Guy Bricout est rejetée, et l'amendement de Sereine Mauborgne est adopté.

*

Sur les réseaux sociaux, alors que les députés quittent l'hémicycle, l'intervention de Sereine Mauborgne tourne déjà en boucle. Vite reprise par la presse nationale pour illustrer le refus des députés macronistes de voter la proposition de Guy Bricout. Ce qui provoque un véritable tollé. À gauche, à droite, au centre : tout le monde condamne ce vote et reproche aux élus de la majorité présidentielle leur manque d'humanité. Sur Twitter, l'ancienne présidente du Medef, Laurence Parisot, lance même : « Le Medef s'honorerait à demander un nouveau vote de cette proposition. » Un tweet auquel l'actuel président de l'organisation, Geoffroy Roux de Bézieux, répond : « C'est une évidence, et c'est lancé. »

Sereine Mauborgne, qui a prononcé la fameuse phrase, est au cœur de la polémique. « Ce que je voulais dire, c'est que ce n'est pas aux entreprises de payer mais à l'État, se défend-elle aujourd'hui. Je ne vois pas pourquoi un coiffeur qui a trois employés devrait payer douze jours de congé à son salarié qui vient de perdre un enfant. » Qu'importent ses explications, la députée macroniste, ancienne infirmière libérale, est clouée au pilori sur les réseaux sociaux.

L'affaire prend tellement d'ampleur que le président de la République lui-même est obligé d'intervenir, en demandant au gouvernement et à sa majorité de « faire preuve d'humanité ». Certains ministres, sous couvert d'anonymat, n'hésitent pas à critiquer vertement les élus. Comme ce membre du gouvernement qui, dans *Le Parisien*, explique que les parlementaires passent pour des « cons » qui « ne savent pas faire le boulot ». Ce à quoi Aurore Bergé répond : « Les "cons", ce sont les députés qui ont juste été loyaux à l'égard du gouvernement. » Ambiance.

*

La passe d'armes dure quelques jours et réveille tous les malaises qui existent entre l'exécutif et sa majorité. Car les députés le jurent : consigne leur avait été donnée par le ministère du Travail de ne pas voter l'amendement de Guy Bricout. « Le moment était significatif car les députés de la majorité présidentielle se sont très vite rendu compte de la bêtise qu'ils faisaient, mais ils n'ont pas osé aller contre les consignes. C'est révélateur de leur soumission excessive à l'exécutif », juge Gilles Carrez, élu LR du Val-de-Marne. Pour Agnès Thill, ancienne LREM exclue du groupe après ses propos polémiques sur la procréation médicalement assistée (PMA), les parlementaires de la majorité ont fait preuve d'un « panurgisme incroyable et d'une servilité jusqu'à l'absurde ». Et d'assener : « Il y a chez ces personnes une plasticité des convictions, un renoncement, un abandon de la conscience individuelle [...] Pourquoi obéit-on ? questionne-t-elle en s'incluant dans le lot. On a un vrai souci. Cela me fait penser aux effets de masse. Individuellement, une grande partie de ces parlementaires sont des gens très bien, mais collectivement, ils perdent leur liberté et sont capables de faire des choses incroyablement stupides. »

Lorsqu'il se souvient des débats survenus dans l'hémicycle ce jour-là, Guy Bricout, l'auteur de la fameuse proposition, décrit des élus « d'une grande froideur, tant dans leurs propos que dans leur vote ». « En fait, ils n'ont pas compris que lorsqu'il y a une question qui touche à l'humain, au cœur, il ne faut pas obéir aux ordres. Cette fois-là, ils ont tenu une position technocratique et ça leur a été fatal », résume-t-il.

Et même si, depuis, après un aller-retour avec le Sénat, la loi a été votée, l'opinion publique ne retiendra probablement qu'une chose : les députés macronistes ont refusé d'allonger le congé accordé aux parents après le décès de leur enfant, car cela pénaliserait les entreprises. Une séquence dont l'exécutif, à peine sorti de plusieurs semaines de mobilisation contre la réforme des retraites, se serait passé.

Mais dont il est à moitié coupable. « Évidemment, nous avions des consignes, avoue un député de la majorité, et je savais très bien que nous allions au casse-pipe avec cette histoire. On s'est fait piéger comme des bleus. »

*

Sereine Mauborgne abonde : « Pour moi, la boulette est surtout du côté du gouvernement, qui n'a absolument pas compris les enjeux du sujet. Quant à nous, parlementaires, nous nous sommes retrouvés dans un piège qui s'est refermé de manière inexorable. Personnellement, j'ai été le bon petit soldat dont la tête s'est empalée sur le billot. »

Insultée de toutes parts pendant plusieurs jours, la parlementaire a immédiatement pris la décision de se barricader : « J'ai eu une attitude immédiate de repli : je n'ai répondu à aucun journaliste, je n'ai plus ouvert mes réseaux sociaux. J'ai tout de suite compris que ce que nous avions fait était une énorme connerie et que ça allait très mal se passer. »

Car l'infirmière, qui a longtemps travaillé dans un service de cancérologie infantile, a connu la douleur et la peine de parents endeuillés par le décès d'un enfant. Elle sait donc l'immense charge émotionnelle du texte. Même si elle ne prononce pas le mot, on comprend aisément la grande injustice qu'elle ressent à avoir été le symbole du manque d'humanité de La République en marche. « C'est le jeu politique et je l'accepte. En revanche, cela a énormément secoué ma famille, mes enfants », déplore-t-elle. La quadragénaire l'avoue volontiers, elle a « manqué de clairvoyance ». Et de conclure : « Tout de même, il y a souvent des choses bien plus graves que celles que j'ai dites qui sont prononcées dans cet hémicycle. Mais bon, le flingage des jeunes députés LREM était de bon ton… »

4

S'abstenir ou s'absenter quand on tient à sa place

Richard Ferrand les avait prévenus : il ne voulait pas revivre l'épisode de la législature précédente, où les frondeurs avaient en partie ruiné le quinquennat Hollande. Pour éviter toute division au sein de son groupe LREM, le président de celui-ci aurait, à en croire plusieurs députés, imposé une « caporalisation » (fait de les soumettre à un régime autoritaire).

Et, force est de constater que, de manière générale, depuis le début de la mandature, les consignes ont plutôt été respectées. Tous les députés LREM nous le confirment : s'ils sont d'accord avec une majorité d'un texte et qu'une petite partie leur déplaît, ils votent pour. Parce qu'il s'agit de préserver le groupe avant tout, en faisant preuve de « loyauté ».

*

Lorsque Jean-Michel Clément, député de la Vienne et avocat, refuse de voter la loi asile et immigration en 2018, il se heurte à la fermeté de Richard Ferrand. « Il m'a dit qu'il avait besoin de tenir ses troupes et qu'en faisant un pas de côté je n'allais pas l'aider en ce sens. Je lui ai répondu que ma ligne de pensée n'avait pas changé, que j'étais déjà contre la déchéance de la nationalité et que cette loi asile et immigration était inique.» Et d'ajouter – en souriant – qu'il faut toujours interpréter les silences : «On a l'habitude de dire que, quand on ne veut pas voter un texte, on va satisfaire un besoin naturel... On s'absente. En ce qui concerne ceux qui ne donnent pas de délégation, il y a forcément une explication mais on ignore ce qu'ils pensent.»

S'absenter est donc la première étape vers l'expression d'un désaccord. Celui qui s'abstient va plus loin et fait preuve d'un peu plus de courage. Celui qui vote contre s'exprime pleinement. Avant de partir, le député aborde le sujet avec ses collègues Sonia Krimi, Delphine Bagarry et Stella Dupont, qui sont elles-mêmes hésitantes concernant la loi Collomb. Elles se sont finalement abstenues.

«Je n'ai pas été recadré, non. Ils ont un peu abdiqué pour moi», raconte Matthieu Orphelin, qui s'est abstenu sur la même loi asile et immigration. Il est également l'auteur d'un amendement controversé sur l'interdiction du glyphosate – herbicide classé cancérogène probable – finalement rejeté par l'Assemblée nationale. Ce qu'il vit à l'époque comme un gâchis de l'intelligence collective et une erreur de stratégie politique. «Un ministre m'a dit une fois qu'il pouvait s'occuper de ma réélection, mais moi je m'en fous. Ils n'ont jamais voulu comprendre qu'un député qui s'abstient ou votre contre un texte, ce n'est pas grave quand on est 315.»

Lorsque nous évoquons ces quelques cas avec Danièle Obono, l'élue de La France Insoumise avoue attendre bien plus.

— Ça fait du bien d'avoir des députés comme Sonia Krimi ou Delphine Bagarry au sein de la majorité ?

— Euuuh, ces députés-là ne vont jamais jusqu'au bout... parce que, pour la plupart d'entre eux, le geste le plus fort qu'ils aient fait a été de s'abstenir sur tel ou tel texte. Mais c'est vrai que ça entame l'espèce de consensus de la majorité. C'est utile au débat.

— Certains s'absentent quand ils ne veulent pas voter une loi ?

— Pour certains débats oui, ils vont trouver d'autres choses à faire afin de ne pas être là.

*

Ce que confirment plusieurs députés de la majorité. « Je n'ai jamais voté contre. Là où je ne voulais pas voter, je ne me trouvais pas dans l'hémicycle. Et je ne suis pas le seul. » Patrice Anato évoque la loi asile et immigration, qui l'a lui aussi beaucoup perturbé. Pour Jean-Marie Fiévet, c'est la majorité qui l'emporte – c'est le cas de le dire. « On vote sur le texte et pas sur les articles. On vote donc pour toute la loi. Si 80 % nous convient, on votera aussi pour les 20 % qui ne nous vont pas. Dans ces cas-là je me tais », précise-t-il. Il l'a vécu plus particulièrement lors de la réforme de la fonction publique, texte à ses yeux manquant de souffle.

Bizarrement, nous retrouvons le propos chez Valérie Petit, mot pour mot, chiffre pour chiffre. « Je n'ai pas voté sur le glyphosate car je pense qu'on aurait pu aller plus loin. Il y a des lois qui m'ont coûté, comme celle anticasseurs que je n'aurais pas votée en temps normal. Mais je l'ai fait pas loyauté. De même sur asile et immigration où je n'étais pas très à l'aise. Je fais du 80/20 : si je suis d'accord avec 80 % de ce que fait ce gouvernement, ça me va », soupire-t-elle, rappelant tout de même qu'elle est une femme libre.

Selon Charles de Courson, député depuis 1993 (UDI/AI), l'autocensure des députés LREM commence à s'estomper. Il observe l'apparition de minorités qui disent « non, on ne peut pas voter ça ». Concernant la loi anticasseurs, lui-même n'a pas hésité à intervenir en séance pour dire à Christophe Castaner, alors ministre de l'Intérieur, « qu'il se croyait sous le gouvernement de Vichy ». « La présidente de la commission des lois m'a dit que j'avais raison, et beaucoup se sont abstenus. Plus on avance, plus ils commencent à avoir des interrogations», assure-t-il. Si le rôle du Parlement est de servir de contre-pouvoir, il constate que cela ne fonctionnait pas au début de cette mandature… Et précise : «Aujourd'hui encore, quand les députés du MoDem votent contre, ça ne passe pas.» Richard Ramos, député centriste, est plus nuancé. Lui non plus n'a pas voté la loi asile et immigration, préférant s'abstenir, et dit : «Ma ligne de conduite est de toujours voter en conscience avec une limite subtile : ne pas mettre mon groupe en total danger. Si je voulais voter contre cette loi au départ, j'ai vu que mon groupe passait des amendements allant dans le sens des migrants et je me suis abstenu.» Sur le glyphosate en revanche, il s'est positionné contre et a été le seul à voter pour l'amendement de Matthieu Orphelin, visant à inscrire la sortie du glyphosate à l'horizon 2021 dans la loi.

5

Une majorité sans chapelle

Au Parti socialiste, il y eut les strauss-kahniens, les aubrystes, les fabiusiens, les hollandais, voire les ségolénistes. À l'UMP, il y avait les «humanistes» de Jean-Pierre Raffarin, la «droite populaire» de Thierry Mariani, la «droite moderne» de Luc Chatel, la «droite sociale» de Laurent Wauquiez, ou la «droite forte», de Brice Hortefeux. Les courants font partie intégrante de l'histoire des partis : ils leur permettent d'animer le débat interne, de se renouveler et de faire vivre la diversité. Au Parlement, ils donnent la possibilité aux élus de la majorité de se réunir pour peser et faire passer des messages à l'exécutif. À La République en marche, mouvement très jeune, les courants, en revanche, n'existent pas.

«D'habitude, à l'Assemblée, les députés d'un même groupe sont réunis au sein de "chapelles". Le chef de chapelle est le parlementaire le plus influent, les autres membres sont des "petits" députés. Quand ces derniers veulent pousser un sujet, une loi, ils essayent de convaincre le chef de chapelle, qui se fait ensuite leur porte-parole auprès de l'exécutif. Mais dans cette mandature, il n'y a absolument aucune chapelle structurée, chaque député doit donc se débrouiller. Et certains parlementaires sont beaucoup plus influents que d'autres, ce qui est une vraie source de tension», explique un habitué du Palais-Bourbon.

Aux yeux de Guillaume Chiche, député LREM des Deux-Sèvres au moment de notre rencontre et ancien membre du Parti socialiste, cette absence de courants est une bonne chose. «Se constituer en courant, toutes les semaines, c'est déjà construire les conditions pour devenir minoritaire. Personne n'arrivera jamais à réunir 150 députés et à créer une majorité relative. Pour moi, il faut plutôt que chacun étende ses sphères d'influence afin de convaincre la majorité parlementaire», introduit-il. Ce qu'il estime avoir fait lorsque, pendant des semaines, il a poussé pour que l'ouverture de la procréation médicalement assistée (PMA) aux couples lesbiens et aux femmes célibataires soit rapidement votée. «J'ai énormément mobilisé mes collègues parlementaires sur le rappel de l'engagement présidentiel. Cette réforme, c'était la réforme sociétale du quinquennat et il fallait qu'elle soit menée. J'ai fait de la sensibilisation, en expliquant pourquoi j'étais en faveur de la PMA pour toutes. Puis, j'ai poussé auprès de l'exécutif en délivrant des notes de contexte au ministre en charge, à Matignon, à l'Élysée, au président de l'Assemblée nationale ou au président de groupe», détaille-t-il. L'ancien socialiste s'est aussi énormément servi des médias pour marteler son message : télévisions, presse écrite, radios, rien n'a été laissé au hasard. «Quand on répète quelque chose dans les médias plusieurs fois, cela a un certain écho et essaime dans l'opinion. Les ministres eux-mêmes sont obligés d'y apporter une réponse médiatico-politique. Il ne faut pas avoir peur de créer un rapport de force, tout en gardant une loyauté sans faille envers le président de la République.»

Pour Chiche, le rapport de force aurait été moins efficace conduit par un «clan structuré». «Si nous avions mené ce travail de conviction en disant : "On pèse cinquante personnes et on exige que la réforme de la PMA se fasse maintenant", ça aurait été le meilleur moyen pour que les deux cent cinquante autres députés nous disent : "Non, ce n'est pas une bonne idée, et en plus, vous êtes minoritaires." Cela aurait été la meilleure manière de perdre. »

Une très grande majorité des députés est sur la même longueur d'onde que lui : pas question de créer des courants, cela ferait beaucoup trop « ancien monde ». « Dans une interview accordée au magazine *Le 1*, Jean-Luc Mélenchon disait de La France Insoumise qu'elle était un "mouvement gazeux", où certaines molécules proches s'éloignent par la suite. Je pense que c'est exactement la même chose à La République en marche : certains députés vont se rapprocher sur un sujet, et sur un autre thème, auront des avis diamétralement opposés », témoigne un habitué de l'Assemblée nationale.

*

Pourtant, plusieurs tentatives ont été engagées par des députés de la majorité pour créer des clans.

Brigitte Bourguignon, ex-socialiste et élue du Pas-de-Calais, avait par exemple lancé en 2018 un « cercle de réflexion » autour du « progrès social » qui réunissait une trentaine de parlementaires. Lorsqu'il était encore dans le groupe majoritaire, Aurélien Taché avait, lui, créé une boucle Telegram appelée « Refondation » afin de regrouper l'aile gauche de la majorité, ainsi qu'Hypérion, un « laboratoire d'idées » pour « produire des propositions de gauche qui alimenteront Emmanuel Macron et la majorité ». « "Refondation" réunit une cinquantaine de parlementaires… On s'est retrouvé sur l'âge légal de départ à la retraite, sur les questions d'immigration, d'écologie… Nous essayons de pousser des positions qui sont fidèles à l'ADN progressiste qui est le nôtre », résume l'élu du Val-d'Oise.

Pour cet ancien du Parti socialiste, LREM «devrait avoir des courants». «Nous devons politiser notre débat interne et le faire sanctionner par des votes. C'est clairement ce qu'il nous manque aujourd'hui. Personnellement, je serais favorable à ce que les Marcheurs puissent se prononcer sur telle ou telle orientation, que ce soit dans les instances locales ou nationales», indique-t-il. À son avis, En Marche! doit reconnaître «le pluralisme existant dans la majorité» afin que les «sensibilités puissent s'exprimer». «Si on ne le fait pas dans le parti, ça se fera à l'extérieur, et si ça ne se fait pas à l'extérieur parce qu'on écrase tout, les Français n'auront plus d'autre choix que de mettre au pouvoir notre opposition, ce qui pourrait faire le lit du Rassemblement national», argue Taché.

Mais l'idée de créer des courants est loin de faire l'unanimité parmi les députés de La République en marche. «Chaque fois que, dans cette mandature, un député a essayé de lancer un "courant", ça a raté, et quasiment personne n'a suivi. La vérité, c'est qu'une grande majorité des parlementaires de la majorité n'ont pas envie de s'enfermer dans un clan», note un observateur. «Ces tentatives ont toujours été le fait de députés qui se considèrent comme l'aile gauche de LREM. Je trouve que c'est dommage et ça n'a aucun sens. L'aile droite ne se considère pas comme l'aile droite mais juste comme un membre de la majorité. Certains ont réussi à effacer le logiciel, d'autres restent sur les vieux modèles», glisse Dimitri Houbron, député du Nord et ancien militant à l'UMP.

Pour le patron du groupe LREM à l'Assemblée, Gilles Le Gendre – il l'était encore lors de notre rencontre –, Christophe Castaner a été élu à ce poste en septembre 2020 –, aucun clan n'a jamais vraiment existé dans la majorité. «Il y a, à l'évidence, une aile gauche et une aile droite. Mais ce sont plutôt des nuages tout ça, qui se font et se défont. Se dire "de gauche", c'est se poser dans un logiciel qu'on a voulu mettre au rebut. Et c'est plus compliqué : parmi ceux qui seront intransigeants sur les questions migratoires avec une optique assez idéaliste, il y a par exemple de vrais libéraux économiques qui n'ont pas hésité un instant à supprimer l'ISF », plaide-t-il.

*

En réalité, s'il n'existe pas de chapelle au sein de la majorité, il y a, en revanche, des petits groupes, qui se font et se défont au gré du travail parlementaire et des sujets d'actualité. « Quand nous voulons peser sur certains sujets, faire pression, nous nous regroupons sur des boucles Telegram et réfléchissons aux meilleurs moyens pour le faire », explique une élue. Lorsque la polémique sur le port du voile en sortie scolaire a éclaté, des passes d'armes (par médias interposés) ont eu lieu entre Aurélien Taché et le ministre de l'Éducation nationale, Jean-Michel Blanquer. Certains parlementaires ont alors commencé à se réunir pour mettre en avant leur vision de la laïcité. « Nous voulions défendre le ministre, attaqué injustement, et mettre sur la table cette question de la laïcité, taboue chez LREM. Aurélien Taché s'exprime en ce moment trois fois par jour dans les médias sur la laïcité et nous ne sommes pas du tout sur la même ligne que lui. Il croit qu'il parle au nom du groupe mais il ne parle qu'au sien. Nous voulions trouver un moyen de faire entendre notre voix », explique une élue. Alors, pendant cette période, une vingtaine de parlementaires, parmi lesquels Aurore Bergé (Yvelines), Jean-Baptiste Moreau (Creuse), Anne-Christine Lang (Paris), Thomas Mesnier (Charente) ou Francis Chouat (Essonne) se sont regroupés pour réfléchir, échanger et essayer de faire porter leur voix au sein de la majorité.

Afin d'éviter que ces groupes ne soient trop nombreux, LREM a souhaité resserrer ses rangs. « Beaucoup de parlementaires avaient l'impression qu'on ne les impliquait pas dans la rédaction des textes et commençaient à vouloir se regrouper en chapelles pour peser plus. Gilles Le Gendre a resserré les boulons en leur donnant l'occasion de participer collectivement aux projets de loi», raconte ce familier de l'Assemblée nationale. Fin 2019 des «groupes d'animation politique» regroupant des élus (souvent entre 30 et 50) ont donc été créés afin de débattre sur des thèmes comme les retraites, la bioéthique ou l'égalité femmes/hommes. «Les patrons du groupe ont remarqué qu'il y avait une inflation d'amendements de la part des députés de la majorité, avec de fortes divergences, alors ils ont décidé de créer ces rassemblements pour les faire débattre entre spécialistes d'un sujet avant qu'un texte ne soit à l'ordre du jour», explique un autre habitué. Et les élus de la majorité adhèrent. «Nous travaillons sur des sujets, nous épluchons des rapports, nous communiquons avec les cabinets ministériels. Deux personnes animent chaque groupe et nous débattons de ce que nous voulons pousser, privilégier, expose Cendra Motin, députée de l'Isère. Nous nous préparons pour que, dans les réformes qui arrivent, un certain nombre de choses soient portées par le groupe majoritaire et par des députés qui ont travaillé la question.» À l'en croire, ces groupes sont un moyen pour LREM de «défier les ministres» en les forçant à faire quelques concessions.

*

Après trois ans de mandat, la majorité a – pour l'instant – réussi à éviter la grande fronde, celle qui avait tant desservi les socialistes dans le mandat précédent. Richard Ferrand puis Gilles Le Gendre y ont veillé, de manière différente. «La présidence du groupe à l'Assemblée a tout fait pour que n'apparaissent pas des tendances et des sensibilités au sein de la majorité. Pour l'instant, c'est plutôt réussi», analyse le politologue Bruno Cautrès. Et Gilles Le Gendre de répondre : « Il n'y a pas de risque de fronde. La fronde nécessite une forme d'organisation, une volonté sécessionniste. Il y a, dans ce groupe, une diversité d'origines géographiques, politiques, sociologiques, professionnelles qui fait que le chef de ce groupe-là ne peut vivre qu'avec un seul objectif qui est le rassemblement et l'unité », croit-il savoir lorsque nous le rencontrons en juillet 2019.

« La fronde fait peur aux députés LREM car cela leur rappelle la précédente législature, qui a été catastrophique. Qui dit fronde dit : vous êtes contre Macron. Et ça, les députés LREM ne peuvent pas l'être, car le Président est le seul lien qui les unit. Après Macron, ces gens-là ne seront plus ensemble », commente un habitué du Palais-Bourbon à la même période. Et pourtant… seulement quelques mois après ces déclarations, Paula Forteza et Matthieu Orphelin, ex-LREM, commencent à réfléchir à la création d'un groupe parlementaire à la gauche de la majorité. Il naîtra finalement en mai 2020 et sera composé de nombre d'anciens marcheurs.

6

Emmanuel Macron : le gourou et ses fidèles

«Exceptionnel», «incroyable», «hors normes», «brillantissime» : pour exprimer les qualités de leur mentor, les députés LREM ne manquent pas de superlatifs. Au cours de nos rencontres, étalées sur plus d'un an, nous avons été surpris de découvrir le degré d'admiration, voire d'adoration qu'ils portent à Emmanuel Macron. À la simple évocation du nom du président de la République, presque tous partaient dans une description dithyrambique de ses qualités. Un assistant parlementaire, présent à l'Assemblée nationale depuis le début de la mandature, nous a raconté une anecdote éloquente. «Au début, je passais des entretiens avec différents députés. Chaque fois, ils me disaient "quand j'ai vu Macron" comme s'ils racontaient "quand j'ai vu la Vierge". Ils avaient une véritable fascination pour la personne du chef de l'État. Et ce n'était pas juste une adhésion à des idées ou une reconnaissance pour avoir été investis, leur admiration se rapprochait d'un phénomène religieux ou spirituel. Ils donnaient l'impression d'éprouver quelque chose de surnaturel», détaille-t-il.

Un ressenti que nous-mêmes avons eu à leur contact. En voici quelques exemples.

« Il me laisse sans voix. C'est quelqu'un d'une très grande intelligence, doté d'une mémoire phénoménale. Il nous connaît tous. Avant d'être élue, je ne l'avais jamais rencontré, eh bien, je peux aujourd'hui lui envoyer un texto et il le lira ; il les lit tous, à n'importe quelle heure du jour ou de la nuit. »

« C'est un type au-dessus du lot, comme il y en a peu dans les siècles. Il est d'une grande intelligence, supérieure. Peut-être que sa difficulté, c'est qu'il pense pouvoir diriger la France seul tellement il est brillant. »

« Il a une mémoire incroyable des gens. Il sait qui est qui, qui fait quoi. Les quelques fois où je l'ai vu, il m'a reconnue. C'est assez exceptionnel. »

« S'il y avait un courant qui s'appelait 100 % Macron, j'en serais la fondatrice. Je ne connais rien d'autre. »

« C'est quelque chose qui le dépasse réellement. Il a une mission pour le pays, et il s'épuisera jusqu'à son dernier souffle car il l'aime viscéralement. J'en suis intimement persuadée. »

« Je l'adore, c'est le meilleur d'entre nous. Mais les gens le haïssent. Tu grilles un feu rouge, c'est à cause de Macron, ta femme te trompe, c'est pareil. Les gens sont complètement fous. »

*

Limitons-nous à ces propos, même si nous aurions aisément pu remplir plusieurs pages encore. Toujours est-il que, lorsqu'il s'agit d'évoquer leur chef, chaque député LREM a sa petite histoire, son anecdote marquante. Comme cet élu qui, avant l'élection d'Emmanuel Macron, le rencontre pour lui donner des conseils programmatiques. « Nous avions un rendez-vous qui devait durer une demi-heure et qui a duré plus de deux heures. À la fin de la discussion, il est arrivé à m'expliquer mon fonds de commerce, alors qu'il n'y connaissait rien quelques heures auparavant, c'est dire l'intelligence extrême et l'analyse qu'il a. J'ai vraiment vu en lui un leader », se remémore-t-il. Ou cette autre macroniste qui raconte une rencontre lors d'une réunion sur les municipales en ces termes : « Le Président avait invité des maires et des parlementaires pour parler des problématiques de nos départements. La discussion partait dans tous les sens, je me suis dit : "Comment va-t-il arriver à tirer quoi que ce soit de tout ce qui vient de se dire ?" Quand il a fait la synthèse, j'étais scotchée. Comment y arrive-t-il ? Quel logiciel a-t-il dans le cerveau pour extraire quelque chose de clair et limpide d'une telle discussion ? »

*

Au cours de leur mandat, ces députés continuent à puiser en Emmanuel Macron une source infinie de motivation. L'exemple de sa visite à la Maison de l'Amérique latine, le 24 juillet 2018, en est l'illustration.

Nous sommes au moment le plus difficile de l'affaire Benalla, et le chef de l'État rend une visite surprise à ses ouailles, leur lançant notamment cette formule désormais célèbre : « Le seul responsable, c'est moi, et moi seul. S'ils veulent un responsable, il est devant vous, qu'ils viennent le chercher. » Ovation. Sourires. Et grand bol d'air. « Ils n'étaient pas bien avant ce discours, mais, revenus, je les ai vus métamorphosés. Ce jour-là, il a relancé la machine et tous sont retournés au combat », se rappelle une députée de l'opposition.

En février 2020, dans une autre période très difficile pour la majorité, engluée dans la polémique du vote contre l'allongement du congé parental pour enfant décédé, Emmanuel Macron convie une nouvelle fois ses troupes à une séance d'explication et de remobilisation. Le résultat est le même : les parlementaires ressortent ravis, revigorés, remotivés. Agnès Thill, ancienne macroniste désormais députée non-inscrite, confirme : « En fait, on est hypnotisés par le discours de Macron. Il tient les gens par la parole. Dès qu'il y a un petit coup de mou, il réunit les 300 députés, fait un petit cocktail dînatoire et, hop, requinque tout le monde », lâche-t-elle dans un sourire.

*

Cette admiration sans bornes amuse l'opposition, qui se laisse volontiers aller à des moqueries. « Macron, c'est la cause de leur engagement. Ils ne se sont pas engagés sur un programme, mais pour un gourou. Lui les méprise souverainement, mais sa distance accroît son prestige. C'est le prophète, ils en ont une vision quasi religieuse », ironise par exemple Julien Aubert, député Les Républicains du Vaucluse. « C'est le gourou, abonde Emmanuelle Ménard, non-inscrite de l'Hérault. Il est charismatique, ce monsieur… Personnellement, durant les meetings où il était complètement exalté, je l'ai trouvé ridicule et l'ai presque pris pour un fou, mais sur eux, ça marche. Ils sont complètement séduits. » François-Michel Lambert, qui a quitté le groupe en cours de parcours, évoque, lui, des députés maraboutés par le chef de l'État et dépourvus du moindre sens critique. Cela dit, même parmi les députés ayant quitté la « secte », le magnétisme fonctionne. Ceux-ci critiquent volontiers le fonctionnement du parti, les ministres, les autres députés, l'exécutif dans sa globalité, mais épargnent presque toujours le président de la République. Emmanuel Macron, leur Roi-Soleil !

7

Joachim Son-Forget : le pire député de l'histoire ?

« Avec le pot de maquillage que vous mettez sur la tête, vous incarnez plus que jamais ce que vous tentez maladroitement de caricaturer. Vous le sentez, l'amalgame violent, maintenant ? »

Nous sommes le 23 décembre 2018. Alors que tous les parlementaires profitent de leurs vacances, Joachim Son-Forget, 35 ans, député des Français établis en Suisse et au Liechtenstein, publie ce tweet incendiaire à l'intention de la sénatrice écologiste Esther Benbassa. Pour illustrer ce qu'il vient de dire, il tweete une cinquantaine de photos de la sénatrice du Val-de-Marne. La polémique est immédiate : des centaines d'internautes s'insurgent, l'accusant du sexisme et appelant à ce qu'il soit sanctionné. Les médias s'emparent immédiatement du sujet, et le député Son-Forget, inconnu du grand public quelques heures auparavant, devient, l'espace de plusieurs jours, l'attraction des sites d'actualité. Gilles Le Gendre, président du groupe LREM à l'Assemblée nationale, réagit immédiatement sur Twitter : « Le bureau du groupe parlementaire se désolidarise de notre collègue à la suite de ses propos inadmissibles. Aucune controverse politique ne justifie de verser dans le sexisme et la vulgarité. »

*

Malgré cet avertissement on ne peut plus clair, le député persiste et signe.

Cinq jours plus tard, en pleine nuit, il poste près d'une centaine de tweets complètement abracadabrants. Parmi eux, la photo d'une peluche de blaireau, une vidéo de lui en train de tirer avec un sniper, ou encore des photomontages de lui en personnage de dessin animé ou en joueur de foot. Lunaire. Le lendemain, la sentence tombe : son cas sera étudié le 14 janvier, lors de la prochaine réunion du bureau du groupe.

Mais l'élu n'attendra pas le verdict : il annonce sa décision de quitter le groupe parlementaire dès le 29 décembre, tout en précisant qu'il continuera de soutenir le président de la République, Emmanuel Macron. Dans la foulée, il lance un parti politique dont le nom, «Je suis français et européen» (JSFee), est tiré des initiales de son nom. Un clin d'œil à Emmanuel Macron dont les initiales, EM, inspirèrent celles de son mouvement, En Marche !.

*

Depuis, Joachim Son-Forget est en roue libre. Le mot est même faible tant l'élu se donne en spectacle, sans aucune limite.

Sur Twitter, pas un jour ne passe sans que Son-Forget poste une nouvelle pitrerie. Une fois il se filme en plein combat de sabre laser, le lendemain se prend en photo avec des armes à feu, et quelque temps plus tard publie ses exploits en soirée karaoké. À plusieurs reprises, il ose même demander à des jeunes femmes de lui envoyer des « nudes » (des photos d'elles dénudées) … publiquement. Début 2019, il sort aussi un clip en duo avec le rappeur Doc Gynéco, dans lequel il chante l'identité française. On le voit aussi s'afficher avec

Alexandre Benalla, en compagnie de qui il partage volontiers une chicha ou un verre de vin.

Un comportement qui ulcère nombre de ses anciens camarades d'En Marche!. «Devenir chroniqueur chez Hanouna, faire des clips de rap avec Doc Gynéco… C'est quoi la prochaine étape? Jouer dans un film porno? Joachim est devenu la marionnette de son propre spectacle. Il est prêt à faire tout et n'importe quoi pour que l'on parle de lui, mais je ne pense pas qu'il ait été élu pour faire le guignol», houspille Jean-Baptiste Djebbari, député LREM de la Haute-Vienne et désormais ministre délégué aux Transports.

Pourtant, Son-Forget s'était illustré positivement au début de son mandat. Travailleur, très pointu sur certains sujets, le radiologue avait rapidement su se faire respecter par ses collègues députés. «Il est brillantissime. C'est un jeune homme qui parle albanais, coréen, anglais, russe et allemand. Il est également claveciniste et médecin. Une vraie tronche. Quelqu'un d'agréable et sympathique», vantait par exemple Annie Chapelier. Alors, que s'est-il passé?

Né à Séoul et abandonné dans la rue alors qu'il avait quelques mois, Son-Forget a été recueilli dans un orphelinat de la capitale sud-coréenne avant d'être adopté par un couple de Français. À Dijon, Paris et Lausanne, le jeune homme effectue de brillantes études. Il est un symbole de la méritocratie républicaine. Selon ses anciens camarades, ses premiers pas dans l'hémicycle sont à l'image de son parcours : exemplaires.

L'un de ses anciens attachés parlementaires confirme : «Il travaillait énormément. Il lisait plein de rapports, prenait beaucoup de rendez-vous, c'était très intense. Il voulait être en ligne directe avec les gens : que ce soit sur les réseaux sociaux, où il tweetait tout lui-même et ne voulait mettre aucun filtre, ou dans son travail en circonscription, où il recevait souvent des électeurs dans son appartement en Suisse.»

Parmi ses principaux faits d'armes, la rédaction début 2018 d'une proposition de résolution européenne appelant les autorités françaises à lutter contre la pratique de la pêche électrique en mer du Nord. Où il dénonce « une pratique hors d'âge et dangereuse » qui « menace la quantité de poissons et le bon fonctionnement des écosystèmes marins ». Le travail plaît puisqu'il se voit nommé rapporteur de cette proposition portée par son groupe politique et le MoDem, qu'il défend devant la commission des affaires économiques comme dans l'hémicycle. Le texte est adopté à l'unanimité par 162 voix. Une belle réussite pour Joachim Son-Forget, dont nombre de camarades LREM saluent alors le travail.

Et puis, peu à peu, la belle ascension se détraque. En octobre 2018, lorsque Christophe Castaner est nommé ministre de l'Intérieur, le député des Français établis en Suisse et au Liechtenstein déclare sa candidature à la tête du parti. Mais il est loin d'être favori : face à lui, il y a Stanislas Guerini, député de Paris, proche d'Emmanuel Macron, en bonne position. Qui est élu nouveau délégué général de La République en marche avec 82 % des suffrages. Une claque. Pire, Son-Forget, qui souhaitait au minimum intégrer le bureau exécutif du parti, n'entre pas dans les plans de Guerini et n'obtient rien. Et, quelques semaines après cette défaite, surviennent les fameux tweets. Coïncidence ou conséquence directe ?

Cendra Motin, députée de l'Isère, avance une piste. « Je pense que nous avons commis une erreur : nous n'avons pas su l'intégrer ni prendre en compte sa spécificité. Nous ne lui avons pas confié assez de travail. C'est quelqu'un qui voulait qu'on lui donne des missions, des responsabilités. On avait un cerveau brillant à disposition et Joachim aurait eu sa place dans le bureau exécutif, mais il a été méprisé, vraiment », juge-t-elle.

N'empêche qu'entre-temps l'ancien bon élève a complètement explosé en vol, donnant raison à ceux lui ayant refusé les responsabilités qu'il réclamait.

Autre conséquence : Son-Forget est désormais régulièrement cité par les oppositions quand il s'agit de tacler l'amateurisme d'En Marche!. Julien Aubert, des Républicains, évoque, scandalisé, son cas : pour lui, il a « dépassé les frontières du réel ». « C'est quasiment de la folie. Je trouve inquiétant qu'un parti politique puisse recruter et donner des responsabilités à une telle personne, et ce, pour ensuite se distancier de toute responsabilité lorsque celle-ci pète un câble. Au moment des faits, c'est comme si on les avait pris en flagrant délit de péché mortel. » À l'en croire, cette affaire a montré le côté hypocrite de LREM, qui parle d'une « grande famille » unie derrière le président de la République, famille qui n'hésite pas à « enlever de l'album de famille » la photo de celui qui fait un pas de côté.

*

En février 2020, en direct de l'émission « Touche pas à mon poste ! », présentée par Cyril Hanouna, Joachim Son-Forget annonce – sans blaguer – sa candidature à l'élection présidentielle de 2022. « Aujourd'hui, je te le dis Cyril, que je serai candidat à la présidentielle de 2022, parce que j'ai un projet présidentiel à construire, à proposer aux Français », débute-t-il. Et de poursuivre : « Et on va le faire avec Alexandre [Benalla], on va le faire avec plein de monde, avec le parti Valeur absolue qu'on a créé. » S'ensuit un échange invraisemblable entre le député et Cyril Hanouna, au cours duquel les deux hommes se renvoient la balle pour savoir lequel des deux sera le candidat. Ubuesque.

Quelques jours plus tard, il fait encore parler de lui en étant le premier à partager sur les réseaux sociaux le lien du site « porno-politique » lancé par l'activiste russe

Piotr Pavlenski, site sur lequel on peut voir des vidéos intimes supposées de Benjamin Griveaux.

« J'espère que ces vidéos sexuelles affligeantes incriminant Benjamin Griveaux et une jeune femme seront démenties par l'intéressé et son équipe car une telle diffamation serait extrêmement grave dans la campagne pour Paris », tweete-t-il, en n'oubliant pas de glisser le lien vers les vidéos en question. Dans les minutes qui suivent, les vidéos deviennent virales, et Joachim Son-Forget, au compte très suivi, n'y est pas pour rien. Dès le lendemain, Benjamin Griveaux jette l'éponge, remplacé dans l'urgence par Agnès Buzyn. Et le calvaire de LREM aux municipales parisiennes débute.

Son-Forget, lui, poursuit ses bouffonneries : il publie sur Twitter des photos avec illusions d'optique faisant croire à des sexes d'hommes ou de femmes, s'amuse à tweeter des images de lui torse nu sur son lit. Bref, la routine pour l'élu devenu le guignol de l'Assemblée nationale. Pendant la première vague de coronavirus, le député n'arrête pas son cirque. Tous les jours, il tweete frénétiquement son avis sur tout et n'importe quoi tandis que des milliers de personnes sont en train de mourir en France, et ce, alors qu'il est médecin et élu de la nation. Des photomontages de l'infectiologue Didier Raoult aux vidéos TikTok de lui en train de s'amuser avec un fusil, tout y passe, une fois encore.

*

Tout au long de l'élaboration de cet ouvrage, nous avons essayé de contacter Joachim Son-Forget. Nous voulions le rencontrer, lui donner la possibilité de commenter ces faits. Après tout, peut-être a-t-il une explication logique à ce comportement inadapté. En vain. Seuls deux textos, après une ultime relance, nous sont parvenus :

«Je ne suis pas intéressé par des livres sur moi, et encore moins en commun avec des gens pour lesquels je n'ai aucune estime : j'écris mon livre, moi. Je ne comprends pas votre insistance c'est désagréable.»

«L'intégralité des journalistes politiques parisiens ou presque écrivant des ouvrages à charge ou pour nuire, cette atmosphère ne m'intéresse absolument pas.»

Comme si Joachim Son-Forget avait eu besoin des journalistes parisiens pour se nuire, lui qui s'est plus fait remarquer pour son comportement grotesque sur les réseaux sociaux que pour son travail de parlementaire.

8

Pourquoi de telles erreurs de casting chez LREM ?

Il y a les erreurs flagrantes, que la majorité n'a pas pu cacher, qui l'ont éclaboussée, abîmée voire emportée dans une tourmente. On peut citer Joachim Son-Forget, la plus voyante, la plus retentissante, la plus invraisemblable, dont nous venons de parler. Également évoquer celle de M'jid El Guerrab, la plus rapide, la plus violente, la plus grave, pénalement répréhensible. On peut ajouter le cas Sébastien Nadot, député exclu après avoir voté contre le budget fin 2018 et qui s'est fait remarquer en brandissant une banderole « La France tue au Yémen » dans l'hémicycle. Ou celui de Stéphane Trompille, condamné pour harcèlement sexuel et licenciement nul d'une ancienne collaboratrice parlementaire. Doit-on y ajouter Laetitia Avia qui, selon différents témoignages, aurait fait subir de difficiles épreuves à ses attachés parlementaires – ce qu'elle récuse ?

Il y a aussi les personnalités dont l'attitude ouvre le débat sur la définition de l'expression « erreur de casting ». Sonia Krimi, qui n'a cessé d'être sur le fil du rasoir, tantôt en enfilant un gilet jaune, tantôt en affichant son opposition frontale avec le gouvernement, en fait-elle partie ? *Quid* d'Agnès Thill, dont les déclarations tonitruantes contre la PMA ont mis son groupe en difficulté à de nombreuses reprises ? Claire O'Petit, pour ses multiples déclarations polémiques, comme celles sur les APL ou sur Mayotte, devait-elle intégrer ce «groupe»? Et que dire de ceux qui ont quitté le groupe en cours de route, pour des divergences d'opinions, des conflits avec le parti ou d'autres raisons diffuses?

Des erreurs de casting? «Manifestement oui. S'ils estiment s'être trompés en rejoignant LREM, alors c'est nous qui nous sommes trompés en les choisissant», reconnaît un cadre du mouvement.

Mais il y a encore – et surtout – les erreurs invisibles, indétectables car discrètes, qui, selon plusieurs membres de la majorité, seraient bien plus nombreuses qu'on ne l'imagine.

*

Pour Bruno Cautrès, politologue et chercheur au Cevipof, «il y a eu en effet quelques grosses erreurs de casting» dans la sélection de ceux qui sont devenus parlementaires de la majorité. «Je pense évidemment aux députés des Français de l'étranger comme Son-Forget ou El Guerrab, qui ont commis de graves erreurs en se donnant en spectacle sur les réseaux sociaux ou en se montrant violents. Mais ils ne sont pas les seuls : un certain nombre ont eu du mal à investir le rôle de député car ils n'étaient pas prêts à le devenir.» Pour le chercheur, le fait que les élections législatives suivent de très près la présidentielle est un facteur qui a joué dans ces mauvais choix : «Il suffisait d'avoir l'étiquette Macron pour être élu. Certains candidats ont appris qu'ils l'étaient à la télévision par hasard et, du jour au lendemain, se sont retrouvés projetés dans un univers auquel ils n'étaient pas du tout préparés.»

Un avis partagé par Stéphane Rozès, politologue et enseignant à Sciences Po et HEC : «Il suffisait de mettre un âne à côté de la photo de Macron pour qu'il se fasse élire. Tous ces députés sortent de nulle part. Certains avaient certes une carrière prestigieuse, exemplaire ou prometteuse, mais pas pour la chose politique. Ils n'avaient pas fait leurs armes. »

*

Le mode de sélection des députés de la majorité, grande innovation de La République en marche, fut pour beaucoup dans certains choix hasardeux. Le processus mis en place par la commission nationale d'investiture (CNI) du parti, dirigée par Jean-Paul Delevoye, était inédit. Pour déposer sa candidature, la procédure était simple : il suffisait d'être adhérent En Marche !, d'avoir un casier judiciaire vierge et de signer un document engageant à voter les lois et textes qui permettront à Emmanuel Macron de mettre son programme à exécution. Ensuite, comme pour postuler au sein d'une entreprise, s'ajoutaient : un CV, une lettre de motivation et quelques recommandations, si possible. « Pour la lettre de motivation, nous avions une série de questions sur la vision de notre territoire, la politique nationale, notre façon de travailler. Puis, nous devions raconter notre histoire et parler de nos motivations », se rappelle Valérie Oppelt, députée de Loire-Atlantique.

Le nombre de personnes qui se prêtent au jeu est énorme. Selon un cadre du parti, 25 000 candidatures ont été recensées par LREM sur l'ensemble du territoire. Durant plusieurs semaines, alors que la campagne présidentielle d'Emmanuel Macron battait son plein, une petite équipe s'est réunie pour trier les postulants et dénicher les futurs candidats.

Dans cette bande, se trouvait notamment Pierre Person, macroniste, ancien strauss-kahnien du PS et membre de la fameuse bande de Poitiers, jeune homme qui avait notamment cofondé le collectif « Les Jeunes avec Macron » en 2015, premier mouvement de soutien lorsque celui-ci lançait « En Marche ! », avant de rejoindre l'équipe de campagne du candidat lors de l'élection présidentielle en tant que conseiller politique. En coulisse, c'est lui, entouré d'une petite équipe, qui triait les candidatures de ceux appelés à devenir les candidats LREM aux législatives. Numéro 2 du parti présidentiel – Pierre Person occupait encore ses fonctions au sein du mouvement au moment de notre rencontre –, le député de Paris raconte le fonctionnement inédit de cette commission nationale d'investiture. « La journée ne s'arrêtait jamais, on travaillait tous les soirs jusqu'à 3 ou 4 heures du matin. Notre but était de sélectionner les meilleurs candidats et de s'assurer que la promesse originelle d'Emmanuel Macron, celle du renouvellement, soit pleinement effective », raconte-t-il. Au début, ils ne sont que deux ou trois pour faire ces choix, puis, rapidement, l'équipe s'agrandit jusqu'à atteindre une quinzaine de jeunes. « Des bénévoles ont eu des rôles très importants. Parfois, c'était eux qui disaient "go" ou "no go" sur des candidats. Bien entendu, je regardais et la commission repassait dessus », se rappelle-t-il. Parfois, le petit groupe se rendait compte que certains candidats sélectionnés n'avaient pas bien compris ce qu'impliquerait une candidature : « Certains ne savaient même pas ce qu'était le rôle d'un député ; d'autres disaient : "Je viendrai une fois par semaine à l'Assemblée, je ne vais pas lâcher mon job" ; d'autres annonçaient : "Par contre entre les deux tours je suis en croisière" », se remémore le jeune député, tout sourires. Alors, il fallait réajuster, se replonger dans les dossiers, trouver d'autres postulants.

D'après Pierre Person, une première sélection se faisait sur les dossiers envoyés. « On essayait de trouver des profils un peu divergents de ceux habituels, même s'il était impossible d'avoir un ratio similaire à la population française. On regardait les CV, les lettres de motivation, on cherchait les politiques aussi. Pour les identifier, on avait demandé de répondre à des questions spécifiques sur leur circonscription. Du coup, on détectait s'ils avaient ou non une lecture politique du terrain. » Plusieurs dossiers par circonscription étaient sélectionnés, puis soumis à la commission, qui choisissait les deux ou trois profils les plus intéressants. Débutaient alors les entretiens téléphoniques. Pendant plusieurs semaines, l'équipe appelle chaque candidat et l'interroge : profil, carrière professionnelle, vision politique. En somme, une bande de jeunes – très jeunes – dont cette campagne est la première expérience « professionnelle », auditionne des candidats parfois très expérimentés !

C'est par exemple Ambroise Méjean, diplômé de la grande école de commerce HEC âgé d'à peine plus de 20 ans qui interroge Anne-Laurence Petel, aspirante à l'investiture dans les Bouches-du-Rhône. « Il voulait cerner si j'avais une idée de ma future équipe de campagne, si j'avais déjà pensé à la façon de la conduire. Tout ça afin de tester la solidité de ma candidature et ma capacité à, ensuite, mener un combat qui serait très court », se rappelle la quinquagénaire. « Notre petite équipe était constituée de juniors, de gens qui n'étaient pas très madrés politiquement, reconnaît Person. Il y avait des mecs sortis de grande école ou de fac qui faisaient passer des entretiens à des cadres du top management. Jean-René Cazeneuve, directeur général adjoint de Bouygues Telecom avant de devenir député, a, par exemple, eu un entretien téléphonique avec un gamin de 25 ans. » Des échanges qui duraient entre une heure et une heure et demie, après lesquels les recruteurs mettaient des notes à chaque candidat selon différents critères. « Sur les plus de 300 élus LREM, je pense qu'au moins 250 ont dû passer un entretien téléphonique », juge Person.

La procédure de sélection avait-elle ses limites ? « Bien sûr, il y a eu des erreurs de casting », convient-il, mais, selon lui, elles restent « à la marge ». « Si je devais chiffrer, je dirais que 50 personnes sur 300 ne savent pas ce qu'elles font là et qu'une centaine sont un peu perdues. En revanche, 150 de nos députés sont bons, et 50 très bons. » D'après le jeune parlementaire, certains élus manquent de « sens politique et stratégique » : « Vous ne faites pas un politique de quelqu'un issu de la société civile qui s'est réveillé à l'âge de 45 ans en pensant : "Je veux avoir un mandat" », estime-t-il. Tout en déclarant n'avoir « aucun regret » : « De toute façon, il fallait faire avec ces gens, puisqu'en termes de personnel politique, on n'avait pas les moyens. »

Quatrième partie

Les oppositions

1

Un mépris des oppositions

« Mépris ». Le mot est revenu très souvent au cours de nos entretiens avec les députés des différentes oppositions. Socialistes, communistes, Républicains, et même MoDem : tous les groupes présents à l'Assemblée nationale s'accordent à dire que le gouvernement et le groupe majoritaire ne travaillent pas avec les autres forces du Palais-Bourbon. Amendements ou propositions de lois systématiquement rejetés, refus de dialogue ou de collaboration, manque d'écoute et de démocratie : les griefs contre la majorité sont nombreux. Comme d'habitude ?

*

Pas vraiment. Si l'on en croit de nombreux élus ayant été en minorité au Parlement avant cette législature, ce serait « pire qu'avant ». « La République en marche fonctionne en vase clos : il y a l'exécutif, et la majorité, qui est à sa botte. Les autres députés ne comptent pas. Personnellement, je n'ai aucun contact avec l'exécutif », assène Gilles Carrez, élu Les Républicains du Val-de-Marne depuis 1993. Le parlementaire qui, au cours de sa carrière, s'est trouvé dans la majorité comme dans l'opposition, est un habitué du Palais-Bourbon. Lui qui raconte volontiers ses souvenirs regrette vivement le temps où les oppositions « étaient respectées » par le pouvoir exécutif. Sous Nicolas Sarkozy par exemple, lorsqu'il était rapporteur du budget, il se souvient s'être rendu à « toutes les réunions importantes avec les ministres » en compagnie de Didier Migaud, le président de la commission des finances, alors que celui-ci faisait partie du Parti socialiste. Il se remémore également de réunions de travail en compagnie de ministres de droite et de députés communistes. « Il y avait un dialogue, les députés étaient considérés. Tout cela est désormais loin derrière nous. Aujourd'hui, c'est comme si on n'existait pas », déplore-t-il.

Son collègue Claude de Ganay, député LR du Loiret, s'est vu élire pour la première fois à l'Assemblée nationale sous François Hollande : il a donc toujours été dans l'opposition. Et lui aussi est formel : il a bien mieux réussi à collaborer avec la précédente majorité qu'avec celle-ci. Loquace, le chaleureux parlementaire expose en détail tous les textes sur lesquels il a pu travailler lors de la législature précédente. « J'ai posé trois propositions de loi, dont une contre les pédophiles récidivistes. À l'époque, Najat Vallaud-Belkacem, ministre de l'Éducation nationale, et Christiane Taubira, ministre de la Justice, préparaient un texte général sur tous ces problèmes, et notamment sur la communication des données entre les deux ministères. Mon texte a été intégré dans la loi, j'en ai été très fier. J'ai même eu les félicitations des deux ministres dans l'hémicycle, alors que je suis de droite », se remémore-t-il en un sourire. Et de poursuivre : « En un mandat, j'ai réussi à faire voter deux textes importants, ce qui est plutôt pas mal quand vous êtes dans l'opposition. Aujourd'hui, je ne peux pas. Je ne sers à rien, je suis inutile. Nous subissons le rouleau compresseur En Marche !. » D'après lui, l'exécutif a « une telle phobie des frondeurs » qu'il a imposé « une espèce d'hégémonie » : « Nous n'avons pas la possibilité d'avoir de vrais débats », juge-t-il.

Un « irrespect » ressenti par le député communiste André Chassaigne, élu à l'Assemblée nationale depuis 2002 et président du groupe de la gauche démocrate et républicaine depuis 2012. « Nous vivons un mandat inédit. J'ai connu la droite au pouvoir, j'ai connu les socialistes au pouvoir ; dans les deux cas, il y a toujours eu du respect. Là, apparaît un mépris systématique des oppositions. Avant, si vous présentiez un amendement de bon sens, il était voté sans problème. Aujourd'hui, la majorité le récupère à son compte et le propose. C'est désespérant. » En colère après le gouvernement, l'élu vit ce mandat comme « une blessure ». « J'ai le souvenir d'une période – pas si lointaine – où l'on pouvait laisser des traces en amendant un texte. Aujourd'hui, ils estiment qu'il n'y a qu'eux. Il n'y a plus aucun équilibre démocratique et les oppositions sont très remontées », lance-t-il.

Même les députés du MoDem, alliés de LREM pourtant, se plaignent d'être laissés de côté et peu respectés par le parti présidentiel. « Les parlementaires LREM ont l'impression qu'ils ont les mêmes compétences que le président de la République. Leur arrogance est, selon moi, leur talon d'Achille », attaque Richard Ramos, élu centriste du Loiret. À l'en croire, son groupe serait constamment « maltraité » à l'Assemblée nationale. « Au sein des Commissions, ils se distribuent les responsabilités entre eux : présidents, “whip” (coordinateur du groupe en commission), chargés de mission, rapporteur… Lorsque l'on propose des amendements, c'est très souvent compliqué pour nous, et quand on demande une commission d'enquête, on nous la pique pour la donner à quelqu'un de LREM. »

*

Ces accusations sont-elles justifiées ? La République en marche méprise-t-elle plus que de coutume les autres partis? Pour Bruno Cautrès, politologue, chercheur au CNRS et au Cevipof (Centre de recherche de Sciences Po), ce qui était un peu vrai en début de mandat l'est moins aujourd'hui. « La rhétorique de l'ancien monde était très forte de la part des nouveaux élus de la majorité. Ils avaient le sentiment que rien n'avait été fait avant par les autres formations politiques. Mais, progressivement, en apprenant le métier de député, en découvrant la sincérité d'autres parlementaires, cette rhétorique a été gommée », estime-t-il.

Selon Tangui Morlier, fondateur de NosDeputes.fr qui suit, toutes les semaines, les débats à l'Assemblée nationale, il y a eu une « réelle impression que l'exécutif était moins attentif aux oppositions que les précédents gouvernements », ce qui a eu pour conséquence « une mise sous tension très forte » des séquences publiques. Ainsi, « les débats montent très rapidement dans les tours, ce qui oblige souvent le président de séance à devoir limiter les échanges », témoigne-t-il. D'après lui, la nomination de Richard Ferrand à la présidence de l'Assemblée nationale n'a « pas aidé » à éteindre ces tensions. « Il se vit plus comme un chef de la majorité que comme un défenseur de l'ensemble des parlementaires. Sous la précédente mandature, Claude Bartolone était très respectueux du droit de l'opposition. Pendant le vote de la loi sur le mariage pour tous, il avait d'ailleurs été salué par les présidents des groupes d'opposition pour son ouverture. »

Pour aller au-delà de ces témoignages, nous avons comparé les statistiques de l'actuelle mandature avec celles de la dernière législature. Et le résultat paraît moins significatif que ne le laissaient présager les propos très forts tenus par les députés de l'opposition. Lorsqu'on compare le taux d'amendements proposés par ces derniers et finalement adoptés avec celui de la précédente mandature, on découvre des chiffres sensiblement similaires, voire plus flatteurs pour l'actuelle majorité. Sous François Hollande, seuls 2,51 %

des amendements avancés par l'opposition ont été acceptés, contre 3,76 % dans cette législature (à l'heure où nous écrivons ces lignes, soit au début 2020). Certes, il reste très bas et loin de tenir la promesse d'ouverture d'Emmanuel Macron, mais au moins ne diminue-t-il pas par rapport au précédent mandat. Et si l'on retient juste le groupe majoritaire, à savoir LREM pour cette législature et le groupe socialiste pour la précédente, les chiffres s'avèrent encore plus serrés : 6,44 % des amendements proposés par d'autres groupes ont été adoptés sous Emmanuel Macron, 6,08 % sous François Hollande !

Si la différence ne se fait pas sur les amendements, elle ne se fait pas plus sur les propositions de lois. Après presque trois années de mandat, seules quatre propositions émanant de groupes d'opposition ont été votées, soit le même chiffre que sous le quinquennat Hollande à la même période. Durant la législature précédente, un total de onze propositions de lois venant d'un groupe d'opposition avaient été adoptées, dont une majorité en deuxième partie de mandat. Si mépris il y a, il ne semble donc pas nouveau.

2

La pratique du *name and shame* récupérée par François Ruffin

Jeudi 11 octobre 2018, à l'Assemblée nationale. Le député de La France Insoumise, François Ruffin, laisse éclater sa colère dans un hémicycle à moitié plein.

« Vous n'avez pas honte ? Honte de votre paresse, honte de votre sectarisme ? »

Le député de la Somme s'adresse au groupe majoritaire et fait alors référence à une proposition de loi, déposée par le député LR Aurélien Pradié, visant à élever le statut des femmes accompagnant les élèves handicapés.

« Vous, les Marcheurs, aucun, aucun amendement ! Vous êtes 300 et aucun amendement. Vous n'avez même pas participé aux échanges. Vous vous êtes contentés, en groupe et en troupeau, de voter contre, contre, contre, contre, de lever la main en cadence comme des Playmobil [terme utilisé pour qualifier les députés « godillots », qui votent sans esprit critique et se contentent de lever la main] ! Mais aujourd'hui, dans cet hémicycle, c'est pire encore. Vous allez voter une motion de rejet préalable. La discussion n'aura même pas lieu sur un point aussi important. Vous empêchez carrément le débat, vous l'interdisez. J'espère que le pays ne vous pardonnera pas. Nous demandons un scrutin public, les noms des votants seront publics, je les publierai sur ma page Facebook et je ne serai pas le seul. Ils circuleront à travers la France, et ce vote, j'en suis convaincu, vous collera à la peau comme une infamie ! »

Ce dernier mot résonne dans l'hémicycle. Certains de ses collègues Insoumis, comme Mathilde Panot ou Bastien Lachaud, applaudissent. Chez les députés LREM, quelques-uns remuent la tête pour signifier combien ils sont choqués par la diatribe, d'autres font la moue. La vidéo de la scène devient virale et atteint plus d'un million de vues sur la page Facebook du député. « Chose promise, chose due », annonce François Ruffin après avoir retranscrit la phrase choc concluant son intervention. Les noms des 70 députés ayant voté la motion de rejet préalable et empêchant tout dialogue sont énumérés. Il ne s'agit pas de délation, précise-t-il, juste « d'informer » les citoyens sur les choix de leurs élus.

*

Cette pratique porte un nom : il s'agit du *name and shame* (en français : « nommer et couvrir de honte »). Si celle-ci a gagné notre vocabulaire depuis deux ans, elle trouve ses origines dans les pays anglo-saxons sur un sujet précis, à savoir la protection de l'environnement. Fortement utilisée par les militants écologistes, à l'instar de l'organisation Greenpeace, par exemple, la méthode a pour but de mettre la pression sur les banques et grandes entreprises aux activités jugées douteuses. Depuis 2017 et l'arrivée d'Emmanuel Macron au pouvoir, le *name and shame* a été récupéré par certains membres du gouvernement d'Édouard Philippe. Marlène Schiappa l'utilise dans sa lutte en faveur de l'égalité des sexes au sein du milieu professionnel, ayant fait afficher par exemple, sur la porte massive du secrétariat d'État à l'égalité entre les femmes et les hommes, le nom de deux entreprises faisant partie des dernières de la classe au sujet de la féminisation des instances dirigeantes.

«Je n'aime pas du tout ça, assène le député PS Boris Vallaud. Chacun peut être pris à ce genre de jeu. Ces méthodes me paraissent violentes et sans réplique possible.» Lui-même en a fait les frais sur les réseaux sociaux. C'était lors de la première lecture de la loi sur l'interdiction du glyphosate, en mai 2018. Rappelé à l'ordre de cette manière, il explique qu'il n'était pas dans l'hémicycle mais en circonscription. «La discussion est arrivée à 4 heures du matin et on essaie d'avoir une moyenne de quatre à cinq députés présents pour tenir les discussions», détaille-t-il, contraint de se justifier face à Agir pour l'environnement, qui avait créé une page indiquant ce «qu'a voté votre député» afin d'interpeller ceux-ci par mail, tandis que des médias comme *L'Obs* relayaient la liste des élus ayant voté contre. Eux et les absents – seuls 85 députés étaient présents – ont été pris à partie sur les réseaux sociaux et par mail.

Lorsque François Ruffin s'empare de la pratique, c'est aux députés LREM de faire l'objet d'insultes et de menaces. Adrien Taquet profite alors de la séance de questions au gouvernement suivante pour dénoncer les «propos et comportements irresponsables de certains membres de l'Assemblée». Ses collègues se lèvent pour l'applaudir, tandis que les LFI le huent. Richard Ferrand, quant à lui, souhaite aux nouveaux la bienvenue en politique. Adrien Taquet sera enfariné et arrosé de ketchup un mois plus tard, à Toulouse, par des militants opposés à la loi Elan (sur le handicap). Pour Marc Fesneau, alors député MoDem du Loir-et-Cher et aujourd'hui secrétaire d'État chargé des relations avec le Parlement (nous l'avons interrogé lorsqu'il occupait cette deuxième fonction), il y a beaucoup de théâtralisation dans les méthodes de La France Insoumise. «C'est de la mise en accusation et de la contribution à la vindicte populaire, regrette-t-il. Je trouve qu'une grande partie du groupe LFI utilise dans l'enceinte démocratique parlementaire des méthodes qui sont celles de l'insurrection et de la déstabilisation du système. Au fond est-ce qu'ils pensent que la démocratie parlementaire est utile ? Je ne le crois pas. »

Élise Fajgeles, députée LREM suppléante de Benjamin Griveaux, se dit choquée d'une pratique qui, à ses yeux, ne respecte pas la fonction. « C'est une façon de jeter en pâture les députés et de pousser les gens à les attaquer personnellement. » Un cadre du même parti et Julien Aubert (LR) y voient carrément du populisme. « Ça fait mal aux individus concernés. François Ruffin a une façon d'entrevoir son mandat un peu mouvementiste. Il fait de la politique de manière totalement différente de Mélenchon », constate le premier. Et le second d'ajouter : « C'est scandaleux, du populisme pur. Cette gauche a modernisé les méthodes de la terreur. La rue fait pression sur l'Assemblée, et c'est comme ça que l'on finit par voter n'importe comment. » Emmanuelle Ménard, députée de l'Hérault, estime l'utilisation du *name and shame* prétentieuse. « Il est qui, Ruffin, pour faire ça ? C'est délicat, un député qui rend publics les noms de ceux qui ont voté pour ou contre. Des associations existent, des sites sont ouverts à tous les citoyens… tout le monde peut donc voir ce qu'a voté son député. C'est se poser en donneur de leçons et je n'aime pas ça. »

*

Ce que ces élus oublient de dire, c'est que les premiers à avoir fait usage du *name and shame* appartiennent au gouvernement. À l'heure même où les députés de la majorité devaient affronter un flot d'insultes concernant la loi sur l'interdiction du glyphosate, un hashtag (mot-clé) faisait son apparition sur le réseau social Twitter : #BalanceTonMaire. Et c'était Gérald Darmanin, ministre de l'Action et des Comptes publics, qui le mettait en œuvre, rendant publique une liste identifiant les maires ayant augmenté la taxe d'habitation contre l'avis du gouvernement. Des militants LREM, mais aussi des députés, poussaient ce hashtag que l'Association des maires de France (AMF) qualifia de campagne de « dénigrement irresponsable ». Patrick Kanner, président du groupe socialiste au Sénat et conseiller départemental, s'empressa d'ailleurs de tweeter : « La campagne #BalanceTonMaire est une démarche qui fait honte à notre démocratie. Elle fait souffler un vent de populisme et l'élu républicain que je suis ne peut le supporter. J'apporte tout mon soutien aux élus locaux qui œuvrent quotidiennement pour l'intérêt général. »

Les arroseurs arrosés. « C'est le retour de bâton d'une majorité qui passe son temps à faire la morale aux autres », conclut Boris Vallaud. L'arme du gouvernement s'est retournée contre lui et, surtout, contre ses propres élus.

3

Des Insoumis à l'Assemblée

«Je suis assise derrière eux dans l'hémicycle et je trouve qu'ils font beaucoup de bruit», souffle une députée de la majorité. C'est le moins que l'on puisse dire. Le style que se sont façonné les députés LFI est reconnaissable entre tous : huées, cris de colère, départs groupés... Ils sont seulement 18, pourtant, rapidement, ils sont devenus l'opposition la plus visible et audible.

Aux premiers instants, ces élèves indisciplinés ont su attirer les regards et les caméras, d'une manière sacrément organisée. Étienne Ollion, sociologue spécialiste de l'Assemblée, se trouvait au Palais-Bourbon lors de la rentrée officielle des élus. Et se souvient de l'arrivée des membres de La France Insoumise. «C'est un jour de haute attention médiatique. Où les députés arrivent individuellement. Où les parlementaires connus comme Villani ou Griveaux répondent aux questions des journalistes. Mais pendant ce temps, les députés Insoumis, eux, se sont retrouvés devant le Bourbon. Une fois réunis, ils ont fait une entrée en masse, extrêmement lente, dans l'enceinte de l'Assemblée nationale. Normalement, une minute suffit pour traverser la cour de l'Assemblée nationale, là, ça leur en a pris quinze!» S'est ensuivi un jeu d'acteurs dont le seul objectif était d'attirer l'attention sur eux. «Ils ont posé pendant quelques minutes sur les marches, discutaient, faisaient des blagues. Ils passaient leur temps à chercher les brebis égarées : “Où est Ruffin ?”, “Clémentine est-elle avec nous ?”… Puis ils ont traversé la salle des pas perdus extrêmement lentement jusqu'à ce que les journalistes ne puissent plus les suivre. C'était une véritable démonstration de force et de cohésion », se souvient le sociologue.

*

Dès le départ, les Insoumis ont donc imprimé leur marque, en dehors comme à l'intérieur de l'hémicycle. Boris Vallaud (PS) nous explique avoir peu de rapports avec eux, sauf lorsqu'ils se croisent en commission, ou lorsqu'ils se retrouvent dans la nécessité de déposer des recours communs au Conseil constitutionnel. « Leur comportement dans l'hémicycle ? Ils ont une façon bien à eux de faire, qui n'est pas la mienne. Il y a une forme d'outrance verbale ou comportementale parfois, mais aussi du talent chez pas mal d'entre eux », note-t-il. « Un Mélenchon est une bête de scène, à l'instar de Jacob, Lagarde ou Collard. Ce sont des orateurs, la politique est toute leur vie ! Mais je me dis que Mélenchon doit s'ennuyer ici », abonde Philippe Latombe, député du MoDem. L'attachée parlementaire de ce dernier évoque un personnage souvent en colère, qu'elle voit fulminer quand elle passe dans les couloirs et l'aperçoit en réunion de travail. « C'est vraiment quelque chose à voir », plaisante-t-elle.

Et il n'est pas le seul à être en colère. Patrice Anato, l'un des trois députés LREM de la Seine-Saint-Denis, territoire conquis par six députés LFI, nous décrit avec amusement Danièle Obono. S'il ne se passe pas grand-chose entre eux sur le département, les deux se croisent forcément à l'Assemblée. « Elle m'étonne. Par exemple, dans l'hémicycle elle donne l'impression d'une personne hautaine, qui sait mieux que tout le monde, qui se croit au-dessus du lot, détaille-t-il, ajoutant qu'en dehors ils se saluent toujours cordialement. Mais en privé, c'est quelqu'un de super cool! Je pourrais l'avoir comme amie. Je crois qu'elle joue un rôle, elle aussi. Corbière, on dirait qu'il est toujours un peu fâché», ajoute-t-il.

Anne-Laurence Petel (LREM), qui s'est rapprochée de Bénédicte Taurine (LFI) au cours du mandat, estime que les fortes personnalités de La France Insoumise affaiblissent celles des autres, plus discrètes, moins guerrières. «Ils ont beau n'être que dix-huit, les personnalités très fortes de Mélenchon, Quatennens, Ruffin et Obono – qui a plutôt un comportement masculin et agressif – étouffent complètement des personnes comme Bénédicte. Elle m'a raconté qu'en circonscription les LFI lui demandent d'être plus rentre-dedans, mais qu'elle refuse d'être comme ça», raconte la parlementaire de la majorité. Une posture qui empêcherait Bénédicte Taurine d'exister au sein de La France Insoumise.

*

Le groupe maîtrise l'art d'attirer l'attention, usant d'une théâtralisation ingénieuse dans un lieu comme l'hémicycle, dont la configuration permet une «certaine liberté d'interpeller», selon Danièle Obono.

On se souvient, entre autres, d'un épisode qui a marqué les esprits. Le 26 juillet 2017, Jean-Luc Mélenchon et Alexis Corbière apportent pâtes, sauce tomate et boîtes de conserve dans l'hémicycle pour protester contre la baisse de cinq euros des APL (Aide personnalisée au logement). Les images font le tour des chaînes d'information et se voient abondamment reprises sur les réseaux sociaux. Christian Jacob, le président des Républicains, est alors hors de lui, considérant que les députés LFI «testent» la présidence de l'Assemblée et que «la permissivité est sans limites».

Régulièrement, lors des questions au gouvernement, le groupe LFI se fait remarquer en quittant ostensiblement la salle. Clémentine Autain est coupée avant d'avoir pu finir de poser sa question en avril 2018 ? Tout le monde sort. La réponse de Christophe Castaner, ministre de l'Intérieur, concernant les violences policières, leur déplaît ? Tout le monde sort. La ministre du Travail, Muriel Pénicaud, défend son bilan après qu'Éric Coquerel l'a critiquée ? Tout le monde sort. Nous pourrions continuer ainsi.

Autre façon de marquer le mécontentement pour les députés Insoumis : se lancer dans une pluie de huées, accompagnées de signes de la main qui rabrouent le gouvernement et sa majorité. « Pendant les premiers mois, on testait les interlocuteurs qu'on avait en face de nous, mais il y avait, en partie, une volonté de convaincre la majorité. L'idée était aussi de s'adresser aux gens qui écoutent. Et si c'est médiatisé ensuite, tant mieux », admet Danièle Obono.

Pour riposter, les ministres ont appris à leur répondre. La différence entre les débuts et le milieu du quinquennat est surprenante : passifs et presque désabusés face à une telle attitude au début – à l'exception peut-être de Gérald Darmanin –, les ministres n'hésitent plus, aujourd'hui, à leur rendre la pareille, se lançant dans des joutes verbales et les rappelant à leurs propres inactions. Pour le plus grand bonheur des élus de la majorité, qui applaudissent de concert.

*

« Les LFI ne sont pas là pour le bon fonctionnement de l'institution, ce n'est pas un parti de gouvernement qui agit en responsabilité, déplore la présidente de la commission des lois Yaël Braun-Pivet. Ils ne sont pas dans une logique de travail parlementaire, mais de happening permanent. C'est ce qu'ils ont choisi et on ne peut le leur reprocher : heureusement, la loi ne s'écrit pas sur les réseaux sociaux ! »

Car les questions des uns et des autres sont souvent reprises de manière virale sur ces derniers. Mathilde Panot, députée LFI du Val-de-Marne, en maîtrise l'art et la manière. Ugo Bernalicis, élu LFI du Nord, aussi. Leurs visages juvéniles et leur franc-parler doivent jouer dans la diffusion de masse qui peut être faite de leurs vidéos. Bernalicis, qui permet de faire connaître la commission des lois, souvent méconnue du grand public, use de sa repartie et va jusqu'à remettre à sa place Nicole Belloubet, la ministre de la Justice, dans une vidéo publiée sur YouTube.

Danièle Obono reconnaît sans sourciller que cette communication relève d'une tactique. « Ce qui est sûr, c'est qu'on a tous appris à améliorer nos prises de parole. Ça s'est fait sur le tard et avec les sensibilités des uns et des autres, mais on a développé une stratégie permettant d'avoir des interventions qui sortent du format classique du débat parlementaire », confie-t-elle. De fait, les discussions au cours des premières semaines de la mandature comme l'étude des grands textes de la première année leur ont permis de peaufiner leur façon de prendre la parole. Avec comme objectif que les débats parlementaires ne soient pas en chambre, mais « ouverts sur le monde et la société », précise Obono. Aussi, lorsque les députés LFI interviennent, ce n'est pas pour être « dans le ronron » : « On privilégie le débat politique et le désaccord doit être clairement exprimé, donc on assume la confrontation. Effectivement, c'est une stratégie politique. »

Autre façon de se faire remarquer – souvent reprochée : appeler régulièrement aux manifestations et aux grèves. « Sans oublier les pétitions, ajoute Jean-Michel Clément. Il y a un temps pour tout, et moi je n'en signe aucune. Ça ne sert pas autant qu'ils le pensent la cause qu'ils prétendent défendre. J'ai peur même que ce ne soit contre-productif. » Si la manière reste critiquable, on ne peut réfuter le fait que LFI a démocratisé l'institution, notamment auprès des plus jeunes sensibles à l'image et aux réseaux sociaux.

*

Mais le comportement, le style, les prises de parole des élus Insoumis, agacent. Pire, ils insupportent. Beaucoup, dans la majorité comme dans les rangs de la droite, y voient un manque de respect envers l'institution qu'est le Parlement.

« On ne peut absolument rien construire avec eux, c'est invivable, commente Gilles Carrez (LR). Et j'en veux beaucoup aux médias de les inviter si souvent, de leur donner tant de visibilité. Ce sont des personnes virulentes, qui ne disent que des choses extrêmes, font des attaques personnelles. À leurs yeux, ils sont le bien, le reste c'est le mal ; tout est manichéen. » Le député du Val-de-Marne n'a jamais ressenti une aussi grande impossibilité de dialogue avec des parlementaires d'un autre bord. « Pendant longtemps, j'ai très bien travaillé avec des élus socialistes et communistes, sur différents sujets. Quand vous êtes élu local, on sait travailler avec tout le monde, être pragmatique. Mais avec eux, impossible : ils sont dans l'idéologie. Jamais ils n'arrêtent un instant, c'est comme une secte. Leur côté obsessionnel fait qu'il n'y a jamais de relâche, même quand les caméras ne sont pas là », fustige-t-il. Et d'ajouter : « Je suis très heureux de n'avoir pas eu à supporter ces gens-là durant les vingt-cinq années précédentes. »

Un point de vue que ne contredit pas l'ancienne infirmière Annie Chapelier, arrivée à l'Assemblée nationale en 2017. « Leur violence un peu déplacée et parfois improductive m'épuise. En plus, on les voit partout à la télévision, comme si l'Assemblée nationale se résumait à La France Insoumise. Si les médias étaient plus malins, ils comprendraient qu'il existe une opposition constructive au sein même du groupe majoritaire », déplore-t-elle.

Certains estiment que le comportement des Insoumis au cours de la législature a participé à la défiance que les Français ont envers le pouvoir et la politique. « Nous sommes dans un dégagisme permanent, auquel les Insoumis participent beaucoup », juge Élise Fajgeles (LREM), qui dénonce une « culture du dénigrement du travail alimentant le populisme ». À ses yeux, la « mauvaise foi » et la « provocation continuelle » sont leur credo.

*

Si l'on a le droit de critiquer le style, les insultes voire les outrances des Insoumis du Palais-Bourbon, on ne peut leur dénier une qualité : l'implication. Dans l'hémicycle comme en commission, leur présence est assidue. « Ce sont les meilleurs en termes de statistiques, avance le sociologue Étienne Ollion. Ayant compris qu'ils n'étaient pas nombreux et n'auraient aucun impact sur l'écriture de la loi, ils ont opté pour une stratégie d'hyperinvestissement. Et de saisir toutes les occasions pour parler politique tout en entrant dans des détails techniques, ce qui irrite énormément LREM », décrypte-t-il.

Une analyse que confirme Tangui Morlier, fondateur du site NosDeputes.fr. « Ils sont très investis au sein du Parlement car leur objectif est de devenir une force d'opposition crédible », expose-t-il. D'après les données publiées sur ce site, les députés LFI sont « très bien organisés malgré leur faible nombre » et parviennent à « être investis sur tous les projets de loi ». Une stratégie qui a « beaucoup agacé » les élus LREM : « Ils ont dû passer des heures à écouter Mélenchon, Obono ou Ruffin faire des discours politiques qui ne les intéressaient pas, avec lesquels ils avaient peu d'empathie », note-t-il.

*

Au bout du compte, cette stratégie a-t-elle porté ses fruits ? Les Insoumis ont-ils prouvé qu'ils représentaient une véritable force d'opposition ? Au vu de leurs résultats aux élections européennes et municipales, la réponse est non. « Avec leur logique insurrectionnelle et jusqu'au-boutiste, ils se sont heurtés à un plafond de verre électoral, juge le politologue Luc Rouban. Leurs thématiques ne peuvent être porteuses tout le temps, comme on le voit avec l'épidémie du coronavirus, où leur voix ne porte pas. » Pour lui, ils ont fait « le maximum de ce qu'ils pouvaient faire » sur le plan électoral, « ont été très associés aux "gilets jaunes" ou aux grèves sur la réforme des retraites », alors qu'il n'est pas certain que ça leur apporte grand-chose. « En période de troubles sanitaires, beaucoup de Français n'aiment pas les excès, la radicalité. Ils sont bruyants, mais à mon sens au détriment de leur performance électorale ».

4

Ruffin, le trublion de La France Insoumise

François Ruffin, le très médiatique député de la Somme, est l'un des trublions les plus redoutables de La France Insoumise. Au cours de cette législature, le réalisateur de *Merci Patron!* (2016) et fondateur du journal *Fakir* n'a cessé de faire parler de lui. En bien comme en mal.

Celui qui se considère comme un «journaliste-député» n'a fait aucun cadeau à la majorité, en multipliant les attaques, avec des pratiques pas toujours conventionnelles. Comme lorsqu'il publie sur les réseaux sociaux une vidéo dans la cour du Palais-Bourbon destinée à montrer les véhicules des ministres dont le moteur tourne pendant les séances de questions au gouvernement, en pleine canicule. «Je fais mon Yann Barthès dans la cour de l'Assemblée», se targue-t-il avant d'alpaguer des ministres, plutôt gênés, sur leur empreinte écologique. Ou lorsqu'il interpelle Emmanuel Macron de manière agressive, lors du déplacement du président de la République sur l'ancien site de Whirlpool, à Amiens, sa circonscription. «Vous grandiriez l'État à admettre que vous avez merdé, à la limite pas vous personnellement, mais pendant qu'ici rien ne se produisait, que c'était la catastrophe, que tout le monde pouvait voir que ça allait dans le mur, il y avait des signaux envoyés à l'extérieur et on n'a pas eu de réponse», lance-t-il au chef de l'État avant de hausser le ton et de crier à sa collègue députée Barbara Pompili (LREM) : « On peut dire que je suis un gros bourrin, en revanche, qu'on ne mette pas en cause ma sincérité. » Ou encore, lorsqu'il refuse l'invitation à déjeuner lancée par Emmanuel Macron, qui avait convié deux cents élus des Hauts-de-France à discuter autour d'un repas, préférant organiser un pique-nique champêtre dans les jardins des Champs-Élysées en compagnie de certains habitants de sa circonscription.

*

François Ruffin, il faut le reconnaître, sait faire parler de lui. Et si ses outrances lui ont souvent valu des remontrances et plusieurs sanctions financières à l'Assemblée nationale, le député de la Somme n'en a que faire.

Redouté par la majorité, il est apprécié par une partie de la droite, qui lui reconnaît un certain talent. « Il a un style plutôt original et de vraies convictions, même si ce ne sont pas les miennes. Et il faut admettre que les combats qu'il porte correspondent aux attentes des citoyens de sa circonscription. Un jour, je l'espère, on s'affrontera directement », loue Fabien Di Filippo, député LR de Moselle. Le centriste Richard Ramos, qui s'entend très bien avec lui, n'apprécie pas « la façon dont on le caricature » : « Ce que j'aime chez lui, c'est qu'il parle au peuple. C'est ça faire de la politique. Alors oui, je suis d'accord, il a des outrances, il est démagogue. Mais c'est un intellectuel tourmenté, très tourmenté. » En dégustant son repas à la terrasse de la brasserie Le Minipalais, l'élu se remémore une anecdote qui l'a marqué : « C'était à la fête de l'Huma, Ruffin débattait sur scène avec un socialiste et d'autres personnes. Ce jour-là, il n'était pas très bon, un peu fatigué et trop intello. Très étanche à tous les bouquins politiques qu'il lisait à cette période, il avait tenu un discours très complexe. Malgré ça, à la fin, tout le monde s'était levé pour l'applaudir.» Et d'ajouter: «Quand il parle, il se passe quelque chose, il est le Podemos français. C'est un bourgeois qui lutte contre sa bourgeoisie, un animal très dur, très méfiant, un chat indomptable.»

*

Reste que sa personnalité est loin de faire l'unanimité. Pour de nombreux députés, François Ruffin symbolise l'hystérisation des débats à l'Assemblée nationale et au sein de la société française.

Installée à une table de la brasserie Le Bourbon, Valérie Petit, députée LREM du Nord, n'y va pas par quatre chemins : «C'est un guignol. Il fait honte à la fonction de député. Il est d'un cynisme... Je n'aime pas du tout la façon dont il parle du peuple comme un petit actionnaire parle de son portefeuille d'actions.» François Ruffin est installé à la table située juste derrière nous et nous le faisons remarquer à la députée, qui poursuit son argumentaire – «Je m'en fous» : pour elle, il est «indigne». Elle va même plus loin, estimant qu'il est «la honte des classes populaires qui sont prises en otage et instrumentalisées dans son discours». Et de se prendre en exemple, elle, petite fille de la cité, affirmant ne pas se sentir représentée par un tel personnage, ajoutant : «C'est quelqu'un à qui on ne peut pas parler, un dingue, un malade. Il ne vit que pour lui.»

Jean-Michel Clément, ancien socialiste qui a quitté le groupe LREM en cours de route, est d'accord avec une telle analyse. «Ruffin est un metteur en scène, un acteur. Il fait des choses qui ne servent pas la fonction qu'il représente», accuse-t-il. S'il paraît très actif, grâce à ses coups de gueule à l'Assemblée nationale et ses vidéos partagées sur Twitter, le député-journaliste serait, à en croire certains de ses collègues, loin d'être un bon élève. Pour Guillaume Chiche (LREM), lorsque François Ruffin a fait sa proposition de loi sur la reconnaissance de l'épuisement professionnel comme maladie, « la qualité n'était pas au rendez-vous ». « J'aurais été le premier à voter pour et nous aurions tous été heureux d'avoir un texte qui permettait d'inscrire le burn out comme maladie professionnelle. Sauf que Ruffin a préféré faire de la communication au lieu de travailler sur le fond. Sa proposition de loi était bâclée, en trois ou quatre pages. Elle était irrecevable, inexploitable. » Un avis que partage Anne-Laurence Petel (LREM) qui, comme François Ruffin, fait partie de la commission des affaires économiques : « Il y a des périodes où il déserte complètement la commission. Il fait comme Fillon lorsqu'il était parlementaire : il signe, et il repart. Ou alors, il vient, pose une question et s'en va », assure-t-elle.

*

Le député de la Somme, dont le cas peut faire débat dans les autres partis, n'est en tout cas pas apprécié des parlementaires de la majorité. « Il se gargarise à longueur de temps d'être un élu, passe son temps à se filmer dans les couloirs de l'Assemblée, à faire des clips de ses interventions à la tribune, à faire du cirque lors des questions au gouvernement, à dénigrer les institutions, à s'attaquer aux députés en tant que personnes », dénonce ainsi Élise Fajgeles (LREM).

À la simple évocation de son nom, ses confrères En Marche ! changent d'expression : ils grimacent, soufflent ou lèvent les yeux au ciel. « C'est quelqu'un qui ne joue que pour sa gueule et pour ses bouquins, dont il nous livre une lecture dès qu'il veut bien être présent. Le genre de personne qui parle de révolution verte et rouge mais ne vient que deux heures aux débats sur le gaspillage. Il n'a aucune conviction et d'ambition que personnelle », blâme Cendra Motin (LREM).

Milieu droit dans l'équipe de football de l'Assemblée nationale, François Ruffin n'arrive même pas à se faire apprécier de ses collègues hors de l'hémicycle. « Quand on va jouer au foot, tout se passe dans une bonne ambiance, mais Ruffin est l'un des rares qui n'est pas du tout amical. On sent une colère permanente chez lui, même là, comme s'il y avait quelque chose qui n'allait pas », témoigne Dimitri Houbron, député du Nord. « Il n'est pas mauvais sur le terrain, mais pas très sympa », complète Hervé Berville (LREM), milieu gauche de l'équipe. Pierre-Henri Dumont (LR) confirme : « Le foot, c'est bon enfant, sympa, dans le vestiaire, on partage une bière. L'ambiance est bonne, même si on ne prend que des raclées. En revanche, Ruffin est le plus perso de la bande. La première fois qu'il est venu, il est arrivé et a distribué son livre à tout le monde. Franchement, c'était pas l'ambiance… » Une chose est sûre, partout le député de la Somme fait parler de lui.

Cinquième partie

Un quinquennat difficile

1

Des débuts tambour battant

Remettre la France en marche : telle était la promesse du candidat Macron. Une fois installé à l'Élysée, le Président a très vite mis en route une grande partie des réformes annoncées au cours de sa campagne. Lutte contre le terrorisme, confiance dans l'action publique, modification du code du travail, moralisation de la vie politique : les premiers mois de son mandat ont été l'occasion de lancer un nombre important de chantiers.

« Le quinquennat Macron a commencé à un vif tempo de réformes comparé à celui de François Hollande, même s'il l'était moins que celui de Nicolas Sarkozy. Les députés ont dû apprendre tout en avançant à un rythme soutenu et en siégeant la nuit durant de très longues sessions », décrypte le sociologue Bruno Cautrès du Cevipof. Ce qui n'a pas été de tout repos pour les nouveaux élus, qui, en plus de la méconnaissance du mandat et de la logistique complexe des premières semaines, ont dû légiférer au pas de charge.

Annie Chapelier, députée du Gard, résume les difficultés rencontrées par nombre de nouveaux parlementaires : « La campagne présidentielle et les législatives avaient été intenses, mais cela s'est accentué à l'arrivée au Palais-Bourbon. La cadence imposée a été effrénée, et je regrette qu'on ait utilisé notre candeur et notre investissement et qu'on nous ait contraints à un rythme de travail inhumain», juge-t-elle. Dimitri Houbron, élu du Nord, abonde : «On était pressés comme des citrons, avec un nombre incroyable de textes à voter, à un rythme fou. Le gouvernement avançait en rouleau compresseur, rendant notre rôle mineur.» Jean-Baptiste Djebbari, alors député de la Haute-Vienne et désormais secrétaire d'État en charge des Transports, estime même avoir été «broyé» par cette frénésie.

*

Le tempo imposé a également éprouvé les élus de l'opposition. Danièle Obono, députée parisienne de La France Insoumise, avoue avoir ressenti un «épuisement» après les six premiers mois de son mandat. Principale raison de cette fatigue : au cours de certaines périodes, les parlementaires ont dû siéger jour et nuit, et parfois même le week-end.

«C'était un rythme qui n'avait ni queue ni tête, un non-sens absolu. Certains collègues ressemblaient à des morts vivants. Il m'arrivait de ne dormir qu'une dizaine d'heures par semaine... On terminait à 5 heures du matin, à quarante dans l'hémicycle pour voter des trucs qui ne servaient à rien», confirme Annie Chapelier. Et de reprendre : «C'est toujours nous, les petits, les obscurs, les sans-grade, qui payons les pots cassés. Nous étions là pour jouer les Playmobil, il fallait que nous soyons présents et assez nombreux par rapport à l'opposition si l'on ne voulait pas que d'autres textes passent.»

En plus du rythme imposé par l'exécutif, les nouveaux députés doivent alors apprendre le fonctionnement du travail législatif, commencer à sillonner leur circonscription, essayer d'intervenir dans quelques médias pour communiquer sur les réformes en cours. «Tout était difficile. À l'Assemblée, on ignorait les arcanes, comment créer les réseaux. Et, en circonscription, personne ne nous connaissait. Nous étions souvent sur des terrains hostiles politiquement, ce qui était particulièrement éprouvant.» Des débuts complexes, surtout pour les parlementaires de la majorité, poussés à travailler toujours plus par les députés les plus influents du parti présidentiel.

«À une période, quelques jeunes haut placés se vantaient de dire qu'ils sacrifiaient avec plaisir leur vie privée pour cette aventure, ce qui est une connerie phénoménale, dénonce Jean-Michel Fauvergue, député LREM et ancien patron du Raid. Il ne faut pas oublier que la situation de député est éphémère. Qu'un jour ou l'autre tout cesse et qu'on retrouve une vie normale. Et si vous avez tout sacrifié, vous serez comme un con.» Certains cadres ont-ils fait de l'excès de zèle en début de mandature, pour pousser les autres? «Ce n'est pas vrai seulement pour les députés LREM, tempère Hervé Berville, élu des Côtes-d'Armor. De manière générale, la société magnifie les gens qui dorment peu. Il y a eu une surenchère de la capacité à tenir le choc, à se montrer résistant, résilient», estime-t-il. Gilles Le Gendre, président du groupe LREM lors de notre rencontre, avoue qu'il y a vraisemblablement eu un «excès d'engagement» de certains. «Une forme d'incapacité à choisir, une envie de tout faire, un peu comme un enfant qui se précipite au pied du sapin le matin de Noël qui ne sait plus où donner de la tête et veut ouvrir tous les cadeaux à la fois, ont existé», admet-il.

*

Fin mai 2018, après une période un peu plus calme, la cadence infernale reprend. Lois sur l'alimentation, le logement, mais aussi celle dite asile-immigration : les réformes s'enchaînent, et les parlementaires passent de nouveau de nombreuses heures dans l'hémicycle. Une nuit, Jean-Luc Mélenchon dénonce ces conditions de travail. « Quand on décide à 1 heure du matin qu'on va engager le débat qui durera jusqu'à 2 h 10 sur le glyphosate, on ne convaincra personne qu'on le fait dans les meilleures conditions de lucidité. Tout cela est totalement déraisonnable. Nous sommes excédés et, pour certains d'entre nous, épuisés. Ce n'est pas une vie normale que celle d'un parlementaire qui doit rester nuit et jour », lance-t-il, sous les applaudissements de quelques députés. Dans les jours qui suivent, nombre d'élus lui embrayent le pas et dénoncent leurs conditions de travail. Sur Europe 1, François de Rugy admet une situation particulière : « Nous avons siégé ces dernières semaines quatre-vingts heures par semaine [...], dix-sept jours consécutifs. On voit qu'au bout d'un moment, ce n'est plus possible. Ce n'est pas le fonctionnement normal d'une assemblée », juge-t-il. Le président de l'Assemblée nationale enjoindra quelques heures plus tard le gouvernement à « mettre de l'ordre dans l'ordre du jour ». Sans avoir gain de cause !

2

Les petites phrases qui décrédibilisent Emmanuel Macron comme sa majorité

Elles ont fait couler beaucoup d'encre. Les petites phrases d'Emmanuel Macron sont connues et reconnues. Comme s'il en avait fait sa spécialité. Souvenons-nous :

Une gare, « c'est un lieu où on croise les gens qui réussissent et les gens qui ne sont rien ».

« Je ne céderai rien, ni aux fainéants, ni aux cyniques, ni aux extrêmes. »

« Je traverse la rue et je vous en trouve ! » (du travail).

Les Français, ces « Gaulois réfractaires au changement ».

« On met un pognon de dingue dans les minima sociaux, et les gens ne s'en sortent pas. Les gens pauvres restent pauvres. »

« La meilleure façon de se payer un costard, c'est de travailler. »

*

L'échantillon se suffit à lui-même. Et ces propos, qui peuvent être perçus comme étant d'une violence inouïe sortis de leurs contextes, ont tous été tenus par celui qui était candidat ou devenu président de la République. Pourtant, une partie des députés de la majorité assume, évoquant de la maladresse ou du franc-parler. Pour Dimitri

Houbron, ces petites phrases n'enlèvent rien à la légitimité du chef de l'État. «Je pense qu'on a de la chance, vu la situation, d'avoir un tel président. Maintenant, je ne suis pas un macroniste naïf. J'ai conscience de ses failles, et je pense que, collectivement, on a parfois fait preuve de faiblesses et d'erreurs de communication», explique-t-il. Ces paroles, estime-t-il, auraient pu être évitées. Le député du Nord compare le tempérament d'Emmanuel Macron à celui de Nicolas Sarkozy : «Avec des animaux politiques passionnés, il n'est pas rare d'entendre cela parce qu'ils ne sont pas dans le contrôle permanent. C'est ce qui est leur force et leur faiblesse.» À ses yeux, comme tout être humain, le Président n'est pas à l'abri d'un faux pas.

Le politologue Luc Rouban se laisse aller à la comparaison également, bien qu'elle soit plus nuancée. «Ça a été interprété comme du mépris social et de la maladresse, avec un côté sarkozyste en moins populaire et moins sympathique, relève-t-il. Plutôt dédaigneux, car les deux n'ont pas les mêmes origines et ont des profils différents.» Cendra Motin, de son côté, défend la liberté d'expression du Président et s'en prend à ceux qui relaient l'information dans les médias. «Des petites phrases, il y en a toujours eu et elles font le bonheur des journalistes qui s'en prennent à Macron parce qu'ils n'ont pas eu leur petite conférence de presse, tacle-t-elle. Les Français en ont marre de ces petites phrases à la con, bien sûr, mais je trouve que ça prend des proportions énormes. Dès qu'on n'est plus d'accord avec quelqu'un, aujourd'hui, on est accusé de mépris.» Sa collègue Valérie Oppelt admet que les propos peuvent être «maladroits» mais estime que cela fait partie du personnage : «C'est son côté sans filtre, son "Je dis ce que je pense, même des choses qui dérangent". Il faut qu'il continue d'aller à la rencontre des Français comme il le fait.» Pour la députée de la Loire-Atlantique, les répercussions sur les parlementaires sont, quant à elles, injustes. Depuis qu'elle est élue, elle confie ne plus avoir de vie sociale, comme si sa casquette agissait tel un repoussoir à amis. « L'image de l'élu, surtout chez les femmes, est résumée au carriérisme, à l'ambition et à l'ego démesuré. Mais ce n'est pas pour cela que je me suis engagée et j'en ai ras le bol de l'entendre. »

*

Alors que la défiance n'a jamais été aussi élevée à l'égard du politique, ces petites phrases ont accentué le fossé entre citoyens et élus. C'est en tout cas l'avis de Bruno Cautrès. « L'impact du renouvellement est un phénomène qui s'est estompé très vite. L'énorme défiance a repris le dessus. Les Français ne font pas bien la différence, analyse le politologue, qui observe un prisme d'opinion très fort sur l'exécutif n'évoluant pas favorablement. Deux tiers de la population ont une opinion très négative de Macron, dont un bon segment une haine terrible contre lui. »

« Ces petites phrases ont peut-être décrédibilisé la majorité, qui en a subi parfois le contrecoup, décrypte le chercheur du Cevipof Luc Rouban. Il y a là une forme de volontarisme et d'ironie déplacée, laissant entendre qu'eux ont réussi alors que les gens modestes ne sont rien. » Paula Forteza, députée des Français de l'étranger, est formelle : en tant qu'élue, elle est bien plus exposée qu'auparavant. « On est scruté, tout ce qu'on fait est visible, s'habituer prend du temps comme adopter une posture un peu plus formelle. On doit vraiment faire attention à ce qu'on dit. » Plus que jamais, elle doit tourner sept fois sa langue dans sa bouche avant de s'exprimer, ce qui engendre une autre problématique : ses discours paraissent plus formatés, moins naturels. Elle le regrette.

« Les petites phrases peuvent nous agacer, complète sa collègue Anne-Laurence Petel, parce qu'on les prend en pleine gueule. Lui moins, puisqu'il est plus loin des gens.» Systématiquement, elle en subit les conséquences. Même après des séquences considérées positives, la sanction ne tarde jamais à tomber, les Français ne retenant qu'une chose : la nouvelle sortie détonnante d'Emmanuel Macron. «Je ne pense pas du tout qu'il soit imbu de sa personne ou distant avec les gens. Au contraire, quand il vous parle, il vous écoute», assure-t-elle. Inconscience, irresponsabilité? La parlementaire pardonne tout au chef de l'État mais commence à penser qu'il faudrait que quelqu'un lui fasse passer le message. Car les députés issus de la société civile n'ont pas l'habitude de la violence politique : «Il y a eu des choses très graves, des voitures brûlées, des enfants de députés qui ne vont plus à l'école…» Et de plus en plus de parlementaires de la majorité sujets aux coups de blues.

*

Bruno Cautrès préfère resituer ces propos présidentiels montés en épingle dans leur contexte. Selon lui, «il y a une tension sociale très importante dans le pays, le sentiment de ne pas pouvoir être écouté par le chef de l'État». Or cette sensation d'une communication impossible conduirait une partie du pays à voir Emmanuel Macron comme une personne méprisante, arrogante, incapable d'empathie. «Ce filtre a empêché de faire bouger les lignes… La confiance envers les députés doit être de l'ordre de 30 %», conclut-il.

Interrogé sur les conséquences de ces propos sur la majorité, le ministre en charge des relations avec le Parlement, Marc Fesneau, évoque également cette défiance. Les députés, à l'en croire, auraient intériorisé les reproches que l'on aurait pu leur faire même si ceux-ci sont injustes. «On leur dit qu'ils sont des députés hors sol, qu'ils ne connaissent pas les territoires, qu'ils sont des Playmobil, alors que ces gens travaillent. Et certains ont fini par le croire.» Si bien que toutes les phrases sont interprétées dans un contexte où la défiance à l'égard des responsables est grande. « Vous pensez : je suis ministre donc je ne vais pas dire du mal du Président. Mais ce n'est même pas le sujet. Il est très compliqué, aujourd'hui, d'avoir une parole forte, pas mollassonne qui ne soit pas comprise comme méprisante. » Le problème, chez Emmanuel Macron, est que la frontière entre les deux semble à beaucoup quasiment inexistante.

3

Affaire Benalla : un réveil difficile

18 juillet 2018. Trois jours seulement après la victoire de l'équipe de France de foot en finale de la Coupe du monde, contre la Croatie, tout roule pour Emmanuel Macron. Après un peu plus d'un an à la tête de l'État, les signaux sont au vert : aucun événement n'est venu contrarier l'« état de grâce » – plus ou moins long – dont tous les présidents de la République bénéficient dans la foulée de leur élection. Quarante-huit heures plus tôt, le chef de l'État profitait même de la venue des joueurs de l'équipe de France à l'Élysée pour pousser la chansonnette avec Paul Pogba et ses coéquipiers, et offrir de belles images de joie collective aux Français.

Mais en ce beau mois de juillet, où de nombreux Français se préparent à partir en vacances, tout va basculer. En fin de journée, la journaliste Ariane Chemin, du *Monde*, publie un article accompagné d'une vidéo montrant Alexandre Benalla, proche collaborateur du président de la République et chargé d'assurer sa sécurité dans nombre de ses déplacements, frapper un individu, lors d'une manifestation du 1er mai, à Paris. C'est le début de l'« affaire Benalla », qui durera des semaines, des mois, et mettra la Macronie dans une tourmente comme jamais elle n'en avait vécue.

*

Dès le lendemain, l'Assemblée nationale est en ébullition. Les oppositions, en difficulté jusqu'à maintenant, s'engouffrent dans la brèche, heureuses de profiter de ce cadeau inespéré. Dans l'hémicycle, tous ses cadors prennent la parole. Christian Jacob, chef de file des LR, évoque « une affaire de la plus grande gravité ». « Madame la garde des Sceaux, il serait important que vous puissiez nous dire si la justice a été saisie au moment des faits, interroge-t-il. À défaut, cela signifie que le président de la République et son directeur de cabinet ont décidé de cacher cette affaire à la justice. » Jean-Luc Mélenchon, chef de file de La France Insoumise, s'adresse de son côté à François de Rugy, président de l'Assemblée nationale : « On peut créer une commission d'enquête, ou ce que vous voulez, mais il faut que nous fassions quelque chose. Que l'on ne puisse pas dire que l'Assemblée nationale, informée d'un fait politique qui tourne en continu sur une chaîne d'information, et qui est à la une du principal quotidien du pays, n'a aucun pouvoir d'en discuter si peu que ce soit. »

Pendant plusieurs jours, Républicains, Insoumis et autres groupes d'opposition, ressuscités, font vivre un calvaire aux élus de la majorité, stupéfiés par le maelström. « Ce qui a été dur à vivre, c'est la coalition des oppositions, tellement réjouies de ce qui se passait, témoigne Élise Fajgeles, députée de Paris au moment des faits. Je me souviens que David Habib, élu socialiste, m'a lancé : “C'est le meilleur moment depuis le début du quinquennat.” Ils jubilaient, et nous, on avait la trouille, on se demandait s'il allait y avoir d'autres révélations. » Un moment de faiblesse qui n'échappe pas aux parlementaires de l'opposition. « Ils étaient comme des brebis apeurées, qui couraient dans tous les sens sans savoir quoi faire », confirme Fabien Di Filippo, député LR de Moselle. « Ce premier missile du quinquennat les a vraiment atteints. Ils étaient notamment mal à l'aise par rapport à la loi de moralisation, votée en début de mandature », raconte Julien Aubert, élu LR du Vaucluse.

*

L'affaire Benalla est un véritable tsunami pour la majorité. Dans l'hémicycle, les députés ne savent comment gérer la situation. Rares sont ceux qui prennent la parole dans les médias. Consigne est même donnée de ne répondre à aucune sollicitation sur cette affaire.

Laurent Saint-Martin, élu du Val-de-Marne, Florent Boudié, de Gironde, ou Joachim Son-Forget, député des Français de l'étranger, font partie de ceux qui osent s'exprimer. De manière aussi prudente que mesurée.

« En fait, on ne savait quoi faire, se remémore Cédric Villani. À un moment, un député de l'opposition nous interpelle et dit : “Voilà, vous êtes en train de découvrir la politique.” C'était exactement cela. Cette affaire a été très perturbante. » Pour Paula Forteza, autre élue des Français de l'étranger, c'est le temps de réaction de l'Élysée qui a mis les parlementaires LREM en difficulté. « C'est devenu très agressif dans l'hémicycle et difficile à vivre. Nous étions en première ligne et n'avions pas d'informations, on ne savait ce qui était vrai ou faux », raconte-t-elle.

*

Finalement, la Commission des lois décide de se doter des prérogatives d'une commission d'enquête pour mener des auditions et faire la lumière. Après seulement quatre jours d'auditions, elle explose suite à un désaccord entre majorité et oppositions sur la liste des personnes à entendre. De Danièle Obono (LFI) à Marine Le Pen (RN), en passant par Philippe Gosselin (LR), on dénonce « une mascarade », et des droits du Parlement bafoués. « J'en viens moi, trotskiste, à défendre les institutions bourgeoises de la Ve République, mais on rêve, on rêve », lâche notamment Obono.

Après coup, Boris Vallaud (PS) juge très sévèrement le déroulement des faits. « La majorité était tout à fait d'accord pour constituer une commission d'enquête quand elle pensait que ce n'était pas possible, raconte-t-il. Mais quand on a trouvé la solution, elle l'a escamotée. » Yaël Braun-Pivet, qui a présidé ce travail en tant que présidente de la commission des lois, a vécu ce moment de « façon extrêmement étrange ». « Je me suis très vite rendu compte que ça n'allait pas être possible. La commission s'est transformée avec des objectifs politiques à peine cachés : les oppositions cherchaient tout sauf à essayer de comprendre ce qui s'était réellement passé », argue-t-elle. Et l'avocate de formation, ancienne militante associative, se dit encore surprise par la violence des échanges et la manière dont s'est déroulée cette commission d'enquête. « Je ne suis pas du sérail politique, je ne m'attendais pas à assister à cela, c'était spectaculaire. »

Une chose est sûre, dans cette affaire, la majorité a perdu beaucoup de plumes.

4

À peine élus, ils sont déjà le système

Le mouvement social des «gilets jaunes» a marqué de manière forte et durable de nombreux députés de la majorité. Et pour cause : nombre d'entre eux faisaient partie de la société civile quelques mois avant les événements. Certains estiment même que, citoyens lambda, ils auraient pu être présents sur les ronds-points et dans les rangs des manifestants chaque samedi dès octobre 2018 pour dénoncer d'abord la hausse du prix des carburants puis l'abandon de certains territoires.

«Ces députés, qui ont parfois été menacés jusque dans leur maison, en compagnie de leur famille, n'ont pas compris pourquoi ils suscitaient tant de haine. Ils l'ont vécu comme une injustice. On leur renvoyait une image qui n'est clairement pas celle qu'ils se faisaient d'eux-mêmes», explique un haut cadre de LREM. Parmi les élus que nous avons rencontrés, beaucoup estiment n'avoir pas mérité le traitement infligé. En quelques mois, certains ont été contraints de passer d'une vie normale – où ils étaient agriculteurs, employés de bureau, infirmières – à celle de députés, élus de la France, et donc, de «représentants du système». «Beaucoup ne s'étaient jamais projetés dans une carrière politique. Avec les "gilets jaunes", on les présentait comme le système, on les montrait du doigt comme responsables de la situation. Ils ont perdu leur virginité politique dans l'éclair du suffrage», explique un cadre de la majorité.

Anne-Laurence Petel, élue des Bouches-du-Rhône, résume bien cette incompréhension : «On a voulu changer les visages de la politique, on l'a fait, et on s'est aperçu qu'à partir du moment où on devenait député, on se trouvait logé à la même enseigne qu'un parlementaire ayant effectué cinq mandats. C'est difficile à vivre quand son passé professionnel est proche, quand on a l'impression de faire partie du peuple, de ceux qui travaillent», analyse-t-elle.

*

Le phénomène s'est manifesté très tôt, selon un cadre de la majorité : «Trois mois après l'élection, on était déjà le système. La première fois que je suis retourné voir mes Marcheurs dans ma circonscription, j'ai vu que leur regard avait changé. J'étais présumé être celui qui ne voulait pas du changement parce que j'avais désormais des privilèges, regardé comme celui qui avait des intérêts divergents des leurs.» Aux yeux d'Élise Fajgeles, députée suppléante de Benjamin Griveaux qui a siégé dans l'hémicycle jusqu'à avril 2019, le phénomène est particulièrement inquiétant. En retrait depuis le retour au Palais-Bourbon du candidat malheureux à la Mairie de Paris, cette ancienne du Parti socialiste théorise une défiance des citoyens envers les élus qui n'est pas nouvelle. «Nous avons procédé du dégagisme. Sur le terrain, les gens nous disaient : "On en a marre de Hollande, de Valls." Je leur répondais : "Oui, mais Najat Vallaud-Belkacem, par exemple, elle est nouvelle, personne ne la connaissait avant." Ils me répondaient : "Oui, mais on n'en veut plus." Ils voulaient dégager les têtes. Maintenant, c'est la même chose avec nous. Quand vous êtes élu, vous incarnez très rapidement le pouvoir.»

Ce constat préoccupe Élise Fajgeles, qui ne pensait pas être assimilée aussi vite aux élites. « Nous avons supprimé nos privilèges, mais les gens n'en ont rien à faire. À partir du moment où vous êtes à l'Assemblée, pour beaucoup de citoyens vous gagnez trop. On a l'impression qu'il faudrait que les députés soient au Smic… Mais vu tout ce que nous avons vécu au cours du quinquennat, les gens vont avoir la trouille de s'engager en politique. Quelle est la prochaine étape ? Je suis très inquiète car je ne crois pas au retour en grâce des partis traditionnels. »

La question, nombre d'élus se la posent. Et au siège de LREM, rue Saint-Anne, à Paris, les cadres du parti planchent depuis plusieurs mois pour trouver la solution. « Macron était le punk de la campagne de 2017. Il a été élu sur une promesse de hors système. Aujourd'hui, il est devenu le système. Nous devons faire table rase de beaucoup de choses et revenir à notre discours initial. Sinon, nous serons balayés en 2022 », confie un responsable. Le temps presse.

5

Agnès Thill : le mouton noir

C'est le 24 juillet 2019, quasiment un mois jour pour jour après son exclusion de La République en marche, que nous avons rencontré Agnès Thill. Installée à une table un peu à l'écart des autres, au Bourbon, la députée de l'Oise, qui a fait parler d'elle à plusieurs reprises, semble épuisée. « J'ai été caricaturée, humiliée, méprisée, moquée, j'ai même reçu des menaces de mort. J'ai vécu le chantage, la haine. C'était une année d'une violence inouïe », constate-t-elle.

Les derniers mois d'Agnès Thill au sein de la majorité présidentielle n'ont, de fait, pas été de tout repos.

*

L'ancienne directrice d'école, entrée en politique en 2017, s'est rapidement fait remarquer pour son franc-parler au sein du groupe majoritaire. En juillet 2018, alors que Guillaume Chiche, député des Deux-Sèvres, dépose une proposition de loi pour l'ouverture de la procréation médicalement assistée (PMA) pour les femmes célibataires et les couples lesbiens, Agnès Thill fait entendre sa voix. Et elle est contre. « Lorsque nous avons évoqué le sujet en réunion de groupe, Guillaume Chiche nous disait que ceux qui s'opposaient à cette proposition étaient des obscurantistes.

J'ai bondi et je lui ai expliqué qu'on pouvait très bien être contre sans être forcément rétrograde et réactionnaire. Les journalistes ont immédiatement eu vent de cette intervention et je suis devenue la députée anti-PMA», énonce-t-elle.

Au cours des semaines qui suivent, Thill ne lâche rien. Sur Twitter, le 8 novembre 2018, elle dénonce «un puissant lobby LGBT [lesbienne, gay, bisexuel et transgenre] à l'Assemblée nationale». Une déclaration qui suscite un véritable tollé : de nombreux parlementaires de son propre camp s'insurgent et condamnent ses paroles. Marlène Schiappa, secrétaire d'État chargée de l'Égalité entre les femmes et les hommes et de la lutte contre les discriminations, estime même que «fantasmer sur un lobby gay» est un «premier pas vers l'homophobie». Secouée par la polémique, Agnès Thill finit par s'excuser quelques heures plus tard. Mais elle n'en pense pas moins. «Dès qu'on émet une réserve sur ce type de sujets, on est traités d'homophobes. Il y a une intolérance délirante et sectaire chez ces gens-là», se défend-elle aujourd'hui.

La mini-polémique du «lobby LGBT» n'aura pas raison de ses convictions. L'élue multiplie ensuite les déclarations anti-PMA pour toutes. «Évincer le père de l'éducation des enfants, c'est trop grave», déclare-t-elle dans l'Incorrect, un média fondé par des proches de Marion Maréchal. «L'absence de genre dans le mot parent favorise l'éclosion d'écoles coraniques», écrit-elle également, dans une lettre publiée le 17 janvier 2019, adressée à ses collègues parlementaires, après la publication d'un rapport de mission sur la bioéthique qui recommandait notamment la procréation médicalement assistée pour toutes et la reconnaissance des enfants nés de la gestation pour autrui hors des frontières de la France.

*

Dans la majorité, la liberté de parole et le ton de la députée de l'Oise passent mal. Guillaume Chiche, Aurélien Taché, Laurent Saint-Martin, et d'autres députés de l'aile gauche de LREM, demandent son exclusion du parti et du groupe majoritaire. Certains lancent même le hashtag #ElleOuNous, menaçant la direction de quitter le navire en cas de non-éviction de la parlementaire.

« Elle était dans une approche diamétralement opposée à celle du groupe, elle a multiplié les dérapages homophobes et xénophobes, elle n'avait rien à faire à La République en marche », cingle aujourd'hui Guillaume Chiche. L'ancien socialiste a donc fait partie des députés qui ont œuvré, pendant plusieurs mois, à ce qu'Agnès Thill soit évacuée. « C'était une nécessité. J'en ai fait la demande par voie de presse, en réunion de groupe et en bureau exécutif », confie l'élu.

Le couperet tombe finalement le 26 juin 2019 : Agnès Thill est exclue de LREM. La commission des conflits, qui l'a entendue quelques jours plus tôt, publie un communiqué dans lequel elle argumente sa décision. Elle reproche à Agnès Thill « d'avoir tenu des propos polémiques [...] et préjudiciables à la cohésion du mouvement » qui nuisent « à son image alors que l'ouverture de la PMA va faire l'objet dans les semaines qui viennent de débats à l'Assemblée nationale ». Elle relève également que « la fréquence et le caractère pernicieux » de ses propos « génèrent et nourrissent une agressivité qui porte atteinte à la sérénité du débat ». Son exclusion du groupe parlementaire suit.

«Je l'ai tenue à bout de bras pendant des mois, se souvient Gilles Le Gendre, alors président du groupe LREM à l'Assemblée nationale. Je ne voulais pas qu'elle soit exclue, mais elle était dans une provocation permanente, dans des tons et avec un caractère insidieux qui la mettaient toujours sur le fil du rasoir. Son exclusion est un échec majeur, mais nous n'avons pas eu le choix, les ponts étaient rompus.»

*

L'atterrissage est difficile pour la quinquagénaire, qui ne s'attendait pas à vivre un mandat si difficile. En ce 24 juillet, elle semble à bout de forces. Ses petites lunettes carrées ne suffisent pas à masquer les cernes bleuâtres qui ont pris forme sous ses yeux. « Ce monde est d'une extrême animosité, jamais je n'aurais pensé un jour subir une telle violence. Ma vie est finie, même si je veux retourner en classe, c'est foutu », se lamente l'ancienne institutrice.

La députée de l'Oise, qui s'était engagée au Parti socialiste dans sa jeunesse, avait été séduite par le discours d'Emmanuel Macron durant sa campagne présidentielle. « Il disait : "Toutes les personnes de la société civile qui veulent se retrousser les manches et travailler avec nous sont les bienvenues." J'ai postulé en me disant : "Il faut des gens comme nous pour être là où se prennent les vraies décisions" », se souvient-elle. Aujourd'hui, elle le regrette amèrement. « En 1991, j'ai quitté le PS en me promettant de ne plus jamais remettre les pieds dans un parti. On nous a fait croire qu'En Marche ! n'en était pas un, c'est pour cette raison que je me suis engagée. Mais en réalité, LREM, c'est le PS de 1991 en pire », lâche-t-elle.

*

Comme les autres, c'est pourtant pleine d'enthousiasme et de bonnes intentions qu'Agnès Thill fait son entrée à l'Assemblée nationale, en juillet 2017. Lorsqu'elle se remémore les premiers jours, son visage chagriné retrouve un peu d'éclat. «Je me souviens de ma première arrivée dans l'hémicycle, j'avais la chair de poule. Ce lieu, c'est la

Révolution française, l'abolition de l'esclavage, le droit de vote des femmes, la fin de la peine de mort. J'ai tout de suite eu une conscience inouïe de l'endroit dans lequel je me trouvais. »

Mais cette émotion ne dure qu'un temps très court. Très vite, elle prend conscience qu'elle n'aura pas la liberté de parole qu'elle souhaiterait s'autoriser. Amère, elle raconte l'un des épisodes les plus marquants de son mandat, celui qui a fait d'elle la parlementaire qu'elle est devenue.

Nous sommes le 11 septembre 2018, les députés LREM et plusieurs membres du gouvernement, derrière le Premier ministre, font leur séminaire de rentrée à Tours. Au programme : débats, ateliers de travail autour des ministres, et surtout, désignation de leur futur candidat au perchoir, après la nomination de François de Rugy au poste de ministre de la Transition écologique. «Je venais de lire un rapport remis au président de la République par l'Institut Montaigne sur "l'Islam de France" afin de lutter contre le fondamentalisme. J'ai donc tweeté : "Dans les trois religions monothéistes, l'islam est la seule où l'on trouve une chose et son contraire. Là est le problème" », se remémore-t-elle. Dans les secondes qui suivent, Laetitia Avia, Thomas Mesnier et Pierre Person, députés de la majorité, viennent la voir et lui conseillent de supprimer son tweet. « Ils m'ont dit : "On te comprend, on te connaît, tu es une fille bien et tu portes des valeurs, mais les gens, eux, ne vont pas comprendre, retire-le avant que ça fasse toute une histoire. Tu vas être dans l'embarras. On te dit ça pour te protéger." » Sous la pression de ses collègues, Thill supprime le tweet. Mais elle est immédiatement prise de regrets. «J'étais tellement malheureuse de leur avoir obéi, j'en pleurais presque. Je me disais : "Mais pourquoi est-ce que j'ai obéi à ces gosses de 30 ans, pourquoi?" J'essayais de comprendre. Ils avaient l'air de mieux connaître, d'être plus compétents que moi, puis ils faisaient partie du groupe, la bande de ceux qui commandent tous les autres.» Très touchée par cet événement, la parlementaire se terre dans sa chambre d'hôtel et ne se rend même pas au dîner. Elle ressasse. «J'étais tellement mal que je me suis juré que ce serait la première et la dernière fois, qu'il n'y en aurait plus un seul qui me ferait taire.»

*

Une promesse qu'elle tiendra, et dont elle paiera les frais. Son opposition à la PMA et ses déclarations controversées lui vaudront plusieurs mois très difficiles, ainsi que sa place dans le groupe majoritaire. C'est avec la gorge nouée qu'elle évoque avec nous ces événements. «J'ai vécu un harcèlement d'une violence incroyable : des associations comme SOS Homophobie, des comptes Twitter anonymes, mais surtout, des députés de la majorité me traitant de réactionnaire et d'homophobe tous les jours. Ils se moquaient ouvertement de moi tout le temps, sur Telegram, ou dans l'hémicycle, quand ils me croisaient, et qu'ils me regardaient, en se mettant les doigts au fond de la gorge.»

Des difficultés qui ont eu des répercussions sur sa famille. Au moment d'aborder le sujet, Agnès Thill prend une large respiration. Sa fille, étudiante à Paris, a été très affectée par les attaques dont sa mère a fait l'objet. «Un jour, elle écoutait la radio, elle a entendu Guillaume Chiche me traiter d'homophobe. Une autre fois, en plein partiel, elle reçoit des notifications sur son téléphone, et elle lit que sa mère est une honte de la République. Vous trouvez ça normal? Pendant un an, j'ai été lynchée dans les médias, et ma fille a suivi tout ça. Ça l'a bousillée, c'est dégueulasse», ajoute-t-elle dans un sanglot. Pendant quelques secondes, la députée retient ses larmes, avant d'arriver à reprendre : «Je n'ai rien contre les personnes homosexuelles, j'étais pour le mariage pour tous, je n'ai jamais voulu injurier personne. J'ai juste essayé de poser des questions sur l'extension de la PMA. Est-ce que tout désir a vocation à être assouvi ? Est-ce que parce qu'on peut le faire, on doit le faire ? Comme ils n'ont pas les réponses, ils crient "homophobie". Alors c'est vrai, j'ai dit le mot "lobby", mais je me suis excusée », se défend-elle.

*

L'exclusion d'Agnès Thill a soulagé de nombreux députés LREM, mal à l'aise avec les polémiques que suscitaient ses déclarations. « Ses prises de position se sont radicalisées au fil des mois et elle est devenue indéfendable », regrette Bruno Bonnell, député du Rhône. « Agnès a dépassé les bornes, elle a franchi la ligne rouge », renchérit Delphine Bagarry, élue des Alpes-de-Haute-Provence. Certains d'entre eux ont même été affectés personnellement par ses mots. C'est le cas de Matthieu Orphelin, du Maine-et-Loire, qui a fait son coming out médiatique en juillet 2018 sur le magazine dédié à l'actualité LGBT, *Têtu*. « Qu'elle soit contre la PMA ne me gêne en rien, mais elle a fait des déclarations homophobes hallucinantes et d'autres hyperviolentes pour les femmes seules qui élèvent leurs enfants. Son exclusion a été trop longue à intervenir, c'est une faute politique », cingle-t-il.

Cette exclusion est toutefois loin d'avoir fait l'unanimité, même au sein de la majorité présidentielle. Parmi les parlementaires que nous avons rencontrés, beaucoup n'y étaient pas favorables. « Elle exprime des opinions qui peuvent choquer, mais cela n'engage qu'elle. Personnellement, j'étais contre cette exclusion », tranche ainsi Patrice Anato, député de Seine-Saint-Denis. « Je suis partisane d'un maximum de libertés, je n'aime pas les règles contraignantes. Je ne me sentais absolument pas en phase avec ces propos, qui n'engageaient qu'elle, mais le fait de décider d'expulser quelqu'un de la sorte me choque un peu », abonde Paula

Forteza, députée des Français de l'étranger. « Je n'aime pas qu'on coupe des têtes, ce n'est pas dans notre ADN, attaque quant à elle Anne-Laurence Petel, élue des Bouches-du-Rhône. Je pense sincèrement qu'Agnès n'est ni raciste ni homophobe, elle exprime juste très mal ses positions. En Marche ! a été créé avec des valeurs de bienveillance, d'ouverture et de respect de la diversité. Elle fait partie de cette diversité, et beaucoup d'entre nous ont regretté la manière dont son exclusion a été prononcée », jure-t-elle.

Selon elle, Agnès Thill a surtout été victime d'un haro mené par quelques anciens socialistes comme Guillaume Chiche ou Aurélien Taché. « Ils ont des méthodes d'assassinat ou de lynchage collectif. Ils ont mis une pression très forte pour qu'elle soit exclue. En bureau exécutif, j'ai essayé de la défendre et on m'est tombé dessus, toujours les mêmes. » Une version que corroborent plusieurs témoignages. « Agnès Thill a été piégée. Taché et Chiche ont fait fuiter tout ce qu'ils pouvaient pour la pousser à bout. L'objectif, c'était qu'elle parte complètement en vrille, comme quand on devient plus radical pour emmerder le monde. Franchement, ça a été rondement mené, c'est un exemple politique si on veut foutre quelqu'un dehors. Ils ont vu une faiblesse et se sont jetés dessus », confirme un habitué du Palais-Bourbon.

*

Rien ne prédestinait pourtant Agnès Thill à devenir l'égérie malheureuse de la lutte anti-PMA. Née d'un père ouvrier et d'une mère aide-comptable, elle grandit à Rosny-sous-Bois, en Seine-Saint-Denis, dans un milieu populaire et politisé. « Mon père était syndiqué et très investi politiquement. Je me rappelle que, le week-end, nous allions ensemble au marché pour vendre *L'Unité*, l'hebdomadaire du Parti socialiste », raconte-t-elle. La politique fait donc partie de son quotidien depuis son plus jeune âge : « À l'époque, pour moi, la gauche c'était la défense des pauvres et des ouvriers, et la droite, la défense des riches et des patrons. »

Plus jeune d'une fratrie de trois enfants, elle fait ses premiers pas dans la vie loin de ses deux frères, déjà partis du domicile familial. Catholiques pratiquants, ses parents tiennent à ce qu'elle ait une éducation religieuse. « Mon oncle était chanoine, mon père voulait devenir prêtre, mais moi, j'ai craché sur la religion toute ma jeunesse. » Avant d'y revenir beaucoup plus tard, il y a une dizaine d'années, à la suite d'événements personnels. « Aujourd'hui, quand on me traite de Sens commun ou de Manif pour Tous, ça me fait bien rire. Je ne me sens pas du tout de Versailles ou de Neuilly. Si je n'avais pas été élue, j'aurais été sur les ronds-points avec les "gilets jaunes". »

Elle l'admet volontiers : son engagement contre la PMA pour toutes exprime des convictions personnelles, mais aussi une histoire familiale. Qu'elle raconte avec retenue. Un mariage, une petite fille, un divorce difficile. Un départ pour l'Oise, où la vie est moins chère et plus agréable, seule avec sa jeune enfant. « Je ne veux pas trop m'étendre sur le sujet, mais oui, ma fille a grandi sans père. Enfin, elle en avait un, mais il n'était pas là. Du coup, même si aujourd'hui elle est parfaitement équilibrée, il lui manque toujours cette aile. Moi, j'ai eu la chance d'avoir un père extraordinaire et je n'ai même pas réussi à lui offrir ce que j'ai eu. » Elle ne pouvait donc mettre de côté cette histoire, ce passé, au moment de débattre de la PMA. « Pour moi, on ne peut pas faire naître des enfants sans père. Je n'ai pas voulu participer à ça, je ne voulais pas que mon nom, ma signature, y soient associés », conclut-elle. Promesse tenue.

6

Divorces, séparations : des couples qui explosent

Des couples qui explosent. Des histoires d'amour qui prennent fin. Des familles qui volent en éclats. Voilà une autre réalité de la vie de député. D'après différents témoignages, cette législature aura connu un nombre de divorces et de séparations de parlementaires sans commune mesure avec les précédentes. Après seulement un an de mandat, vingt-six procédures de divorce avaient déjà été entamées par des parlementaires LREM, nous a confié une députée de la majorité. « Le bureau du groupe à l'Assemblée nationale avait fait les comptes à l'époque. Je ne sais pas ce qu'il en est aujourd'hui, mais je vois énormément de collègues se séparer de leur conjoint. Les statistiques doivent être très élevées. » « Il paraît qu'on aurait le record de toutes les Assemblées », abonde un autre élu de la majorité. Un troisième confirme, en avançant un chiffre, peut-être un peu excessif : « D'après certains collègues, le taux de divorce serait de 80 %. » En réalité, il est difficile, voire impossible, de faire de tels comptes. Gilles Le Gendre nous a d'ailleurs juré que jamais le bureau du groupe ne s'était lancé dans une telle entreprise : « Ce serait une démarche sinistre », assure-t-il.

*

Une chose est sûre : presque tous les députés rencontrés, qu'ils soient du groupe majoritaire ou de l'opposition, ont parlé d'un nombre incroyable de séparations au sein des LREM. Un phénomène aux raisons diverses.

Hervé Berville, député des Côtes-d'Armor, a constaté « beaucoup de séparations » dans son entourage à l'Assemblée nationale. Des ruptures qui seraient dues au « rythme parlementaire » plutôt fait pour « des hommes qui n'ont pas d'enfant à charge », profil plus fréquent dans les précédentes législatures. « Le travail de nuit est difficilement conciliable avec la vie de famille. Lorsque vous avez des enfants en bas âge, que vous devez partager les tâches avec votre partenaire, cela peut être compliqué », juge-t-il. Il est vrai que la moyenne d'âge des parlementaires de cette législature a chuté : 48 ans et huit mois, contre 54 ans et huit mois en 2012. Un phénomène encore plus fort chez les Marcheurs avec une moyenne de 45 ans et demi, et de très nombreux députés âgés de moins de 40 ans. Donc avec une vie de famille bien remplie et souvent de jeunes enfants et un conjoint qui travaille.

« Être député, c'est avoir une vie hyper déséquilibrée. Lorsque vous ne vous trouvez pas à l'Assemblée nationale, vous êtes en circonscription pour échanger avec les acteurs locaux et faire de la représentation. Même le week-end. Chacun essaye de préserver sa vie familiale comme il peut mais ce n'est pas simple », expose l'élu du Maine-et-Loire Matthieu Orphelin. D'autant que, pour beaucoup, le changement de vie a été radical. Une LREM, divorcée en cours de mandat, évoque comme cause principale le « rythme » très élevé des premiers mois. « Passer d'une vie où vous avez un travail normal à une vie de parlementaire… est un choc. Nous avons été nombreux à prendre notre mission à cœur, à être très présents à l'Assemblée nationale, à travailler beaucoup, jour et nuit. J'étais donc rarement dans ma circonscription et encore moins chez moi. Forcément, ça a des répercussions et bouleverse une famille», admet-elle. Le jeune LR de Moselle Fabien Di Filippo, marié puis divorcé très jeune, explique que le monde politique peut être particulièrement destructeur pour un couple non habitué à ce type de vie : «Les députés LREM sont arrivés en politique par hasard et n'avaient pas un engagement aussi fort auparavant. Forcément, ça secoue au sein des couples.» Un avis partagé par son collègue LR Pierre-Henri Dumont : «Avant, les parlementaires étaient des mecs de 60 piges, qui avaient été des élus toute leur vie. Quant aux femmes députées, pareil : elles avaient déjà été maires, vice-présidentes de région, leurs maris savaient à quoi s'attendre. Là, certaines nouvelles élues sont passées d'employées ou infirmières à députées : ce qui n'est clairement pas la même chose. Même dans la représentation mentale du mari, qui, traditionnellement, se voit comme celui qui rapporte l'argent à la maison.»

*

L'élu LR ne croit pas si bien dire. Beaucoup de jeunes femmes arrivées en 2017 se sont séparées de leur conjoint pour ces raisons. Une députée nous a, par exemple, raconté qu'une collègue avait fini par quitter son compagnon car ce dernier vivait mal de se retrouver au second rang. «Son mari, directeur régional d'une grande entreprise, avait toujours été l'élément important du couple. Du jour au lendemain, aux dîners, c'est son épouse que l'on venait voir, avec qui on voulait discuter. Il l'a très mal pris, leur couple a volé en éclats.»

La députée du Nord Valérie Petit a vécu un cas de figure similaire. Un changement de vie brutal, deux enfants en bas âge, un mari qui peine à accepter la nouvelle situation. «Je l'ai quitté au bout de six mois, confie-t-elle. Pour nous, la politique n'a pas été un déclencheur, mais un accélérateur. » Sans trop se livrer, elle nous raconte la difficulté d'être jeune maman, femme et parlementaire : « L'activité de députée est difficile pour la vie de famille en général, car nous avons des horaires hallucinants. Je travaille quatre-vingts heures par semaine, mène une vie de sacerdoce, il n'y a pas beaucoup de place pour autre chose. » Et d'expliquer que son changement de statut a été difficilement encaissé par son époux : « Le plus dur a été d'être avec une femme ayant du pouvoir, une femme qui, d'un coup, prenait toute la place. Beaucoup d'autres consœurs parlementaires ont vécu la même situation ; nos conjoints respectifs n'y étaient pas préparés ou habitués. » Un exemple marquant lorsqu'on songe que c'est son mari qui l'avait incitée à se porter candidate.

*

Autre cause de rupture fréquente : les tentations liées à la vie de député. Thierry Solère, élu LREM des Hauts-de-Seine, confie avoir vu pas mal de collègues « péter un boulard ». « C'est un choc énorme. Du jour au lendemain, des mecs de province qui n'avaient jamais fait de politique deviennent députés : les gendarmes se mettent au garde-à-vous devant eux, ils sont à Paris avec la carte tricolore, loin de leur femme et enfants. Il y a les sorties en boîte, les minettes. Et le mariage explose. »

Puis, il y a les rencontres. Sous cette mandature, quelques couples se sont formés au Palais-Bourbon, avec des députés déjà mariés à l'heure de leur élection. « Il existe une vraie promiscuité : nous passons la majeure partie de notre temps à l'Assemblée nationale, où il y a quasiment 50 % de femmes et 50 % d'hommes, développe Bruno Bonnell, député du Rhône. Beaucoup sont loin de chez eux, partagent des repas, des nuits. Quand à 1 heure du matin on se quitte, on sait qu'on habite tous au même endroit, dans des hôtels, des chambres pas loin, eh bien, c'est comme un internat. » La proximité pousserait des élus à l'adultère. « On a des passions communes, un intérêt commun, ça crée des liens, ouvre des portes. Pour peu que ça tangue un peu dans un couple, il y a tromperie. Comme à la fac », conclut-il dans un sourire.

*

Si les raisons des séparations sont multiples, les faits sont là : beaucoup de députés LREM ont vu leur vie amoureuse bouleversée dans la foulée de leur élection. Avec des conséquences parfois très difficiles. « Un certain nombre d'élus divorcés ont perdu la garde de leurs enfants depuis le début du mandat. C'est beaucoup de sacrifices, tout de même », renseigne Jean-Marc Zulesi, député LREM des Bouches-du-Rhône.

Une abnégation qui inquiète Jean-Michel Fauvergue, parlementaire de Seine-et-Marne. Pour lui, le comportement de ses collègues, qui font passer leur mandat avant leur vie personnelle, est très dangereux. « Une espèce de mode consiste à dire : "Je divorce, c'est pas grave." Or c'est une énorme bêtise. Je ne comprends pas qu'on soit prêt à sacrifier ça », juge-t-il. L'élu, qui a vécu des moments très difficiles comme chef du Raid, cite une anecdote illustrant à ses yeux l'importance d'avoir une vie familiale équilibrée : « Quand je suis revenu du massacre du Bataclan, où des blessés me tiraient par le pantalon, le seul endroit où j'avais envie de me réfugier, c'est dans les bras de ma femme. Si j'avais dû me retrouver seul à la maison, je n'aurais pas tenu », narre-t-il. Et de conclure : « Se vanter de sacrifier tout, y compris son conjoint, est une connerie sans nom. Car vous n'êtes pas efficace ! »

7

Déferlement de violence sur les élus

«Des menaces de mort, j'en ai reçu plusieurs. Mais quand quarante personnes viennent devant votre maison et que six coups de fusil à pompe sont tirés, alors ça devient inquiétant.» C'est d'une voix émue que Bruno Questel, député LREM de l'Eure, se remémore les événements survenus en décembre 2018, à Bourgtheroulde. Ce soir-là, après une journée bien chargée, il rentre à son domicile à 21 h 30 et s'installe à table avec sa femme, ses enfants et des amis. Dans une atmosphère tendue puisque, sur un rond-point, non loin, des «gilets jaunes» ont accroché des pancartes indiquant son lieu d'habitation. «Soudain, nous avons entendu une voiture freiner violemment. Quand je suis sorti, j'ai entendu six coups de feu, sans voir qui les tirait. Quelques minutes plus tard, une vingtaine de voitures défilaient devant chez moi», raconte-t-il. La suite n'est pas moins inquiétante. «Ils étaient quarante à crier, à essayer d'entrer. Soûls, ils me disaient : "Fais-nous entrer chez toi, on veut voir ta femme. Elle est jolie ta femme ? Et tes filles, elles sont jolies tes filles ?" Ils avaient des fumigènes et des pétards. Je crois que je n'ai pas eu le temps d'avoir peur, j'étais juste en colère et j'essayais de protéger mon chez-moi.» Heureusement, les forces de l'ordre interviennent rapidement et apaisent la situation. Et, après une demi-heure de «bazar», le calme revient.

Le député de l'Eure n'est pas un novice en politique, loin de là. Ancien membre du Parti socialiste et du Parti radical de gauche, il a notamment travaillé avec Bernard Tapie et Jean-Louis Borloo. Il a aussi exercé un mandat de maire, celui de Bourgtheroulde, et de conseiller général puis départemental de l'Eure. Vingt-cinq ans de politique donc. Sans jamais avoir vécu un tel déferlement de haine. «Il y a vingt-cinq ans, la politique n'était pas aussi violente, juge-t-il. Aujourd'hui, les gens n'ont plus aucune limite, tiennent des propos ou profèrent des menaces qui font froid dans le dos.» Choqué par la soirée de décembre 2018, il revient sur les mois difficiles l'ayant suivie : «Ce qui est terrible, c'est quand votre enfant ne veut plus aller au lycée parce qu'il n'est pas bien depuis ce jour-là, comme de le voir incapable de se lever, c'est aussi de comprendre que votre femme a peur lorsqu'il y a un bruit dans la cour et que vous n'êtes pas là. La famille n'est pas en politique, elle, et n'a pas à subir ça», soutient-il. Et Bruno Questel n'est pas le seul à avoir dû affronter des menaces.

*

Le nombre d'élus de La République en marche ayant subi des intimidations, des insultes, et parfois pire, impressionne.

Anne-Laure Cattelot, députée du Nord à 28 ans, a par exemple connu des moments très difficiles. Fin 2019, en pleine réforme des retraites, une quarantaine de syndicalistes, militants et «gilets jaunes», manifestent dans sa commune. Durant leur trajet, ils s'arrêtent devant chez ses parents, puis aux abords de l'entreprise familiale. «Ils se sont introduits chez eux, les ont insultés et menacés, raconte-t-elle. Le pire, c'est que je n'étais même pas présente. Lorsque je l'ai appris, j'étais hors de moi et j'ai ressenti une grande culpabilité. La politique relève d'un choix personnel qui n'a pas à rejaillir sur les proches.» Malgré l'épisode, relayé par les médias nationaux, la jeune femme, nouvelle en politique, n'a pas peur. «Il y a quelques semaines, j'ai reçu un mot très éloquent : "Suicidez-vous, vous gagnerez peut-être un peu d'honneur et on écrira votre nom sur votre tombe." J'ai porté plainte. Ce genre de mots touche... Je comprends pourquoi certains parlementaires se sont tapé des ulcères à l'estomac. Mais cela ne me démotive pas, car je sais pourquoi je me suis engagée et me battrai jusqu'au bout en faveur de mon territoire.»

Son cas n'a rien d'isolé. Presque tous les élus rencontrés nous ont parlé de menaces, d'insultes ou d'agressions verbales. Le nombre de permanences saccagées, envahies voire brûlées a également connu une explosion sans précédent. «Ma permanence a été envahie à plusieurs reprises par des "gilets jaunes", qui avaient des mots très durs comme "Salope de députée", "Tu n'as jamais travaillé de ta vie, tu ne sais pas ce que c'est que le travail"», décrit Annie Chapelier, parlementaire du Gard et infirmière-anesthésiste de profession.

Des invectives, fréquentes, auxquelles ils ont dû s'habituer. Un phénomène encore plus important sur les réseaux sociaux, Facebook et Twitter notamment, où tous se sont fait injurier. La très médiatique Aurore Bergé, députée des Yvelines, en a beaucoup souffert. Pendant la crise des «gilets jaunes», elle avoue avoir ressenti «une forme de lassitude» due à la «violence» endurée. «Quand ma mère a eu la mauvaise idée de regarder sur les réseaux sociaux ce qui se disait sur sa fille et que "pute" était le truc le plus sympa, ça, ça m'a fait mal. Je n'ai pas envie que les gens que j'aime subissent cela», relate-t-elle. Un soir, après une énième menace de mort, elle craque : «Je me suis dit que vraiment, je n'y arrivais plus» ... avant de trouver les ressources pour se remotiver, une fois encore.

*

N'oublions pas les propos racistes qui ont augmenté en même temps que la population d'élus de couleur.

« Tu es ce qu'on appelle un noir de service. On va tout simplement te mettre une balle dans la tête, le climat actuel s'y prête bien. Les victimes d'accident de chasse augmentent. Tu vas mourir. » Voilà l'extrait d'un courrier reçu par Jean-François Mbaye, le député LREM de Seine-et-Marne, lettre anonyme glaçante parmi d'autres.

Autre exemple d'un message, cette fois adressé à Laetitia Avia : « Ce n'est pas une grosse truie venue d'Afrique qui va se permettre de se mêler de la vie des Français [...]. Vous feriez mieux de vous mettre au travail chez le peuple retardé d'Afrique qui ne pense qu'à soutirer de l'argent à la France. L'Africain est à mi-chemin entre le singe et l'homme. Compte sur nous, on va s'occuper de toi. » Le message, qui laisse sans voix, la parlementaire n'a pas tardé à le publier sur les réseaux sociaux. « J'ai aussi reçu plusieurs menaces de mort, des messages bizarres... Quelqu'un m'a même envoyé une photo de ses excréments, détaille-t-elle. C'est la première fois de ma carrière que l'on me renvoie à ma couleur de peau. On ne s'habitue pas à la haine », ajoute celle qui portera ensuite la loi sur le cyber-harcèlement.

De tels actes, les élus y sont – hélas – désormais habitués.

8

La difficile réforme des retraites

24 juillet 2019. Alors que le haut-commissaire Jean-Paul Delevoye est auditionné à l'Assemblée nationale pour présenter ses préconisations pour la réforme des retraites, Corinne Vignon, députée LREM de Haute-Garonne et présidente du groupe de travail du Palais-Bourbon sur cette réforme, est interviewée par une journaliste de la chaîne LCP. Celle-ci l'interroge sur les garanties apportées aux salariés quant au montant de leur future pension avec le nouveau système à points bientôt mis en place. La parlementaire se lance dans un laïus approximatif et bafouille. Gênée, elle met les mains devant son visage et perd complètement pied. La séquence d'à peine une minute fait rapidement le buzz. Taxée d'amateurisme, l'élue s'explique dans *Le Parisien* le lendemain : elle avoue avoir «paniqué» et précise qu'elle n'était en fait pas en mesure de répondre aux questions. La vidéo, partagée des dizaines de milliers de fois sur les réseaux sociaux, sera la première image que l'opinion publique aura de la réforme des retraites, l'une des plus difficiles du quinquennat. Un cafouillis.

*

Nommé en septembre 2017 haut-commissaire à la réforme des retraites, Jean-Paul Delevoye est chargé d'engager le chantier. Deux ans plus tard, il remet un rapport au Premier ministre Édouard Philippe, dont les préconisations doivent inspirer le projet de loi soumis à l'Assemblée nationale en 2020. Mais la contestation sociale éclate. La réforme, vaste et profonde, ambitionne de simplifier le système des retraites par l'élaboration d'un système universel mettant fin aux quelque quarante-deux régimes spéciaux. Et propose le report de l'âge de départ à la retraite à taux plein de 62 à 64 ans. En décembre, alors que la grève bat son plein, Jean-Paul Delevoye est en outre contraint à la démission après avoir été fragilisé par des révélations sur des activités parallèles et mandats non déclarés.

Dès le même mois, un groupe de députés LREM tente d'assouplir la position du gouvernement afin de rallier les syndicats. C'est le cas de Jean-François Cesarini, élu du Vaucluse, qui souhaite tendre la main aux plus réformistes d'entre eux. « Ces syndicats-là, qui veulent absolument une réforme à points universelle mais pas exactement celle qu'on est en train de proposer, évidemment qu'ils sont des interlocuteurs privilégiés », déclare-t-il à France Info. Bruno Bonnell, député LREM du Rhône, estime quant à lui que l'âge de départ à la retraite peut être négocié. « Moi je ne suis pas plus arc-bouté sur les 64 ans que sur les 67 ou les 62 », confie-t-il au même média. Fin décembre, dans une tribune publiée par *Libération*, une quinzaine de députés LREM issus de l'aile gauche demandent même une alternative à l'âge pivot évoqué, en appellent à un dialogue avec les partenaires sociaux en vue de parvenir à un « consensus viable pour tous ». Ce qui traduit les intenses tiraillements de la majorité présidentielle du Palais-Bourbon, et fait dire à Luc Rouban, chercheur au Cevipof, que le nouveau monde tant vanté n'a jamais existé. « Les règles du jeu politique n'ont pas changé. Ce qui a été déstructuré en 2017, c'est l'offre politique par l'affaire Fillon, l'éclatement de la gauche, la déstructuration partisane… Mais le clivage gauche-droite est toujours présent et il est très puissant.» À ses yeux, le groupe le plus important s'effiloche car prisonnier des conditions peu solides de l'élection présidentielle et d'une «position très subordonnée aux décisions de l'exécutif».

*

Les départs en cascade au sein du groupe LREM démontrent que les députés en attente de plus de souplesse n'ont pas du tout été entendus.

Le 20 janvier, Annie Chapelier concrétise sa décision de quitter le groupe majoritaire. Et déclare : « [Fermer sa gueule et lever la main,] c'est un peu le sentiment qu'on a et qu'on attend d'un député de la majorité. Moi je continuerai à lever la main quand bon me semblera. Sur les retraites je n'ai demandé que deux fois la parole en étant de la majorité… C'est vrai que j'avais le sentiment d'être un Playmobil.»

Huit jours plus tard, c'est au tour de la pourtant très fidèle Paula Forteza de dire au revoir à la majorité, regrettant qu'un tournant à gauche n'ait pas été pris par le gouvernement. Et d'évoquer un manque de dialogue durant la réforme des retraites.

En février, malgré l'appel d'Emmanuel Macron à défendre la réforme, deux élus LREM – Émilie Cariou et Laurent Saint-Martin – adressent un courrier au Premier ministre : ces piliers de la commission des finances l'interrogent sur les impacts budgétaires de la réforme des retraites. «Rien n'est clair […] Rien qu'avec les questions de cette lettre, on est sûrement déjà sur un paquet de milliards», déclare alors la première à nos confrères du *Monde*.

Quand le projet de loi arrive dans l'hémicycle le 17 février, les choses se corsent. Avec plus de 20000 amendements déposés par l'opposition – en grande partie LFI –, le gouvernement et la majorité dénoncent une tentative d'obstruction empêchant tout avancement.

*

Le 25 février, nous déjeunons au Bourbon avant d'aller assister aux questions au gouvernement, qui promettent d'être houleuses. Sur le chemin du restaurant, un député MoDem apparaît. Qui se plaint de l'opposition et assure que son attitude ne sert pas la démocratie. « Ils pinaillent sur des adverbes, des mots à changer. Il y en a marre, on perd trop de temps ! »

Après avoir franchi le sas de sécurité, nous sommes conduits par un fonctionnaire à la tribune presse. Perchée sur les hauteurs de ce lieu chargé d'histoire, elle surplombe les bancs des députés. L'atmosphère, électrique, est palpable. Sur les quatre écrans disposés de part et d'autre de la tribune où siège Richard Ferrand, qui préside la séance, la liste des questions défile. L'opposition de gauche comme de droite, fébrile, redoute l'utilisation du 49-3 par Édouard Philippe pour mettre fin au débat parlementaire et faire passer la loi sans vote. Damien Abad, député LR de l'Ain, intervient en premier sur la réforme.

« Monsieur le Premier ministre, une seule question se pose aujourd'hui : s'agissant de la réforme des retraites, allez-vous, oui ou non, utiliser l'article 49, alinéa 3 ? »

Le groupe Les Républicains se lance dans de francs applaudissements. Édouard Philippe répond en évoquant « un temps considérable passé à se poser la question de savoir s'il fallait remplacer le terme "considérant" par "eu égard", "annuellement" par "chaque année" ou "chaque année par annuellement" ». Et prend l'exemple d'Édouard Balladur ou de Jean-Pierre Raffarin, qui ont eu recours à cet article par le passé.

« Lorsqu'il faut prendre ses responsabilités, je le fais sans hésiter, et j'utilise la Constitution, rien que la Constitution mais toute la Constitution ! »

Une partie de la majorité applaudit.

Le communiste André Chassaigne l'interpelle alors sur le profond rejet dans l'opinion que suscite le projet de loi.

« Le Conseil d'État, dans un avis extrêmement sévère, alerte sur l'insécurité juridique de votre réforme. Votre étude d'impact est fallacieuse. Votre texte comporte aujourd'hui plus de trente ordonnances dont les contours sont excessivement larges. »

Président du groupe Gauche démocrate et républicaine (GDR), il rappelle que la procédure accélérée a été déclenchée malgré le désaccord unanime des oppositions. Déplore que la commission spéciale ait été interrompue avant la fin de ses travaux. Dénonce les conditions d'une adoption « profondément antidémocratique » en faisant allusion au 49-3. Hué par la majorité, il est acclamé par les députés LFI et GDR. En jetant un œil à gauche de l'hémicycle, nous observons que Nicolas Dupont-Aignan et Jean Lassalle applaudissent également.

Le Premier ministre se défend et justifie à nouveau une éventuelle utilisation du 49-3.

Les questions se poursuivent. Vient le tour d'Éric Coquerel (LFI), qui interpelle le secrétaire d'État aux Retraites, Laurent Pietraszewski. Après la réponse de l'intéressé, les députés Insoumis s'agacent et poussent des cris de mécontentement. Le reste des QAG est plus calme.

À 16 h 30, Delphine Bagarry quitte l'hémicycle avec Boris Vallaud. A-t-elle déjà pris sa décision ?

*

Nous apprendrons une semaine plus tard qu'elle quitte le groupe LREM. Si la députée des Alpes-de-Haute-Provence nous avait confié s'interroger sur son positionnement au sein du groupe par le passé, l'utilisation du 49-3 a été l'élément déclencheur. Dans un communiqué, Delphine Bagarry fustige en effet les méthodes de l'exécutif : « L'enchaînement et la multiplicité des réformes précipitées ne laissent pas le temps de la concertation et obligent le recours aux ordonnances ou au 49-3 [...] écartant de fait les parlementaires et les citoyens de toute discussion ou amélioration. »

Bientôt son collègue Hubert Julien-Laferrière suit, confiant ne pas vouloir se résigner « à laisser jeter à nouveau le discrédit sur le Parlement ».

Albane Gaillot part également après avoir critiqué le 49-3 et voté la motion de censure portée par la gauche contre le gouvernement.

La réforme des retraites a donc secoué et divisé la majorité comme jamais jusqu'alors. « Une partie de celle-ci vient du PS ou de la gauche et s'est retrouvée à devoir entériner une réforme néolibérale, pas du tout équilibrée, analyse Luc Rouban. Là on était sur le terrain d'une réforme de droite et non plus le "ni de gauche ni de droite" censé répondre au modèle macroéconomique de sécurisation des équilibres budgétaires, et ce sans questionner le rapport au travail ou la place des travailleurs. »

Adopté à l'Assemblée nationale le jeudi 5 mars, le texte devait être examiné au Sénat fin avril 2020. Une étape reportée pour cause de crise sanitaire mondiale due au Covid-19.

Sixième partie

Comment trouver sa place

1

Des débats trop lents

S'il y a une chose que les députés de la majorité souhaiteraient voir changer à l'Assemblée nationale, c'est la lenteur des débats. Celle-ci ravit l'opposition, qui y voit l'occasion de faire passer ses idées, mais beaucoup de nouveaux élus aimeraient que tout se déroule plus vite. La lourdeur de ces séances représente, à leurs yeux, un frein dont ils se passeraient volontiers. Quitte à empiéter sur l'un des fondements de la démocratie : l'échange, la discussion, l'affrontement d'idées ?

*

« Plein de trucs pourraient être votés en commission assez facilement. Les débats sont trop longs, et écouter tout le monde parler quinze minutes, honnêtement, n'apporte rien », lâche Jean-Baptiste Djebbari, alors député LREM de la Haute-Vienne.

Pour son ex-collègue Paula Forteza, qui finira par quitter la majorité fin janvier 2020, ce sentiment est lié au fait d'avoir ou non des responsabilités sur un texte. Ce qui la choque surtout, en siégeant dans l'hémicycle, c'est le temps que les débats prennent parfois, avec prises de parole répétitives, procédure très longue… « À certains moments, on se sent inutile… On est là juste pour voter, lever la main. Je l'ai ressenti chaque fois que je n'avais pas travaillé sur un texte. Oui, il arrive qu'on ait l'impression de perdre notre temps et d'y voir des procédures pas très productives.» Être là uniquement pour faire du chiffre, s'assurer que le texte passe, «on s'en fout. On pourrait gagner du temps là-dessus, passer moins d'heures dans l'hémicycle, ne pas débattre de lois au petit matin… Pour moi, il faut déthéâtraliser l'hémicycle! Un repas du dimanche est moins caricatural que ce qu'on fait», complète Jean-Baptiste Djebbari, qui a entre-temps rejoint le gouvernement.

Boris Vallaud, député PS, regrette lui-même ce rythme à ses yeux incohérent. «On travaille n'importe comment, restant quatre soirs d'affilée jusqu'au milieu de la nuit… Je peux vous dire que, quand on revient le matin, on n'a pas envie d'être là. C'est absurde de légiférer autant.»

*

Il est vrai que l'Assemblée nationale reste le seul Parlement européen à travailler de nuit. Si la réforme du règlement, adoptée en juin 2019, visait à rendre les débats plus efficaces en consacrant une réduction du temps de parole dans l'hémicycle, la modification des règles du jeu n'a pas été du goût de tout le monde. L'opposition, de droite comme de gauche, y a vu une tentative de mise sous silence. Fin mai 2019, les élus de cinq groupes parlementaires ont boycotté les discussions, revendiquant le droit d'avoir plusieurs prises de parole durant la discussion générale qui précède l'examen des articles d'un texte, et refusant par là même d'être limités à cinq minutes, ce qu'envisageait le texte. Pour dénoncer la réforme, la députée La France Insoumise Mathilde Panot n'hésita pas à se bâillonner à la tribune, le 4 juin, après s'être exclamée : «La parole qui a été écrasée, c'est la parole du peuple. Vous, toujours, vous ne faites qu'un seul geste en direction du peuple, vous le bâillonnez ! »

Sa collègue Danièle Obono n'en pense pas moins. Lorsque nous la rencontrons dans sa permanence du 18e arrondissement de Paris, elle est atterrée par la réforme. « On va avoir les débats sur la réforme du règlement de l'Assemblée. Et c'est un enjeu que de pouvoir garder le droit d'intervention et la liberté d'intervention des parlementaires, parce que c'est la base du contre-pouvoir », détaille-t-elle, regrettant une Assemblée « inféodée » à l'exécutif sous la Ve République. L'élue reconnaît malgré tout que les débats peuvent être exténuants, notamment parce que, en tant que groupe minoritaire et d'opposition, il reste difficile de se faire entendre. « Il n'y a pas que nous, je pense que 95 % voire 98 % des amendements présentés par l'opposition sont rejetés, dit-elle. On se retrouve à parler à des Playmobil parce qu'il n'y a aucun débat, parce que la majorité estime être là pour appliquer le programme du Président et qu'il n'y a pas besoin de discuter. Mais pourquoi donc sommes-nous là alors ? »

*

Nous rencontrons Cédric Villani le 11 juin, soit une semaine après le cri de colère de Mathilde Panot. Lui tient un discours différent. « Si on fait bien les choses, la charge de travail est juste inouïe. À commencer par le temps passé en hémicycle. Qui n'a pas de sens. Est une souffrance. Pour l'ensemble des députés. À mon avis la réforme va dans le bon sens et j'espère qu'on pourra aller beaucoup plus loin : avec des horaires séquencés, la suppression des séances de nuit », détaille-t-il. À l'en croire, tout cela est contre-productif, épuise, le Parlement français travaillerait quatre fois plus que son voisin allemand, les questions au gouvernement prendraient trop de temps, les propositions de lois de l'opposition relèveraient de la mascarade et n'auraient pour but que de permettre à leurs auteurs de « crier » lorsqu'elles sont rejetées. Un avis dur et tranchant.

Jean-Marc Zulesi (LREM) se positionne également en faveur de la réforme. « J'ai du mal à admettre qu'on passe autant de temps en discussion générale. D'autant qu'à côté on se retrouve à bâcler le passage d'un certain nombre d'idées et d'amendements, ce qui est assez frustrant. Je pense qu'il faut avancer de manière qu'on soit davantage sur le fond. »

Ses collègues Patrice Anato et Valérie Oppelt tentent d'expliquer la divergence d'opinions entre élus LREM et députés de l'opposition. « Ceux qui venaient du monde de l'entreprise avaient l'habitude de voir leur direction prendre une décision appliquée le jour même. Certains issus de la société civile avec ce format-là se sont heurtés à la lenteur de la procédure. » Oui, la politique nécessite plus de temps et de négociation que l'entreprise. Et, oui, il faut parfois savoir lâcher du lest. « On a un gros souci d'organisation parlementaire, commente Valérie Oppelt, cadre dans une PME de l'industrie durant dix-sept ans avant de créer sa propre société. En entreprise, une fois la décision prise, on y va. C'est la culture du résultat. Au Palais-Bourbon, on consulte des gens sur le territoire et il paraît compliqué de réussir un tout petit truc. Les lois sont longues à faire. » Aux yeux de certains nouveaux élus, le système législatif n'est pas assez efficace.

*

Luc Rouban, politologue au Cevipof, voit une problématique plus complexe. Avant d'évoquer l'éventuelle lenteur des débats, le chercheur pointe le manque de préparation des réformes lancées par le gouvernement, « qu'il est difficile de rattraper par des débats où on a l'impression que les enjeux sont clos, les avis fermés, le rythme trop rapide », analyse-t-il.

La réforme qui aura marqué les débats des trois premières années du quinquennat restera sans doute celle des retraites. Malgré la contestation sociale et les 41 000 amendements déposés par l'opposition, Édouard Philippe décide de faire passer le texte sans vote, un samedi après-midi, grâce au 49-3. « Il y avait un état de non-préparation. Les débats se sont enlisés et le gouvernement a trouvé ce moyen pour couper court à toute discussion, alors qu'on aurait eu besoin d'échanges apaisés », conclut le politologue.

2

Savoir jouer des coudes pour exister

Trois cent treize. Tel est le nombre de députés appartenant au groupe majoritaire à la fin de l'été 2017. Dès lors, comment exister au sein d'une majorité aussi vaste ?

La stratégie majeure est de s'approprier un sujet pour se voir confier les responsabilités qui lui sont liées. À condition d'être suffisamment tactique, de frapper aux bonnes portes ministérielles… de savoir jouer des coudes.

« Qu'est-ce que ça implique ? De travailler, travailler encore, travailler toujours pour maîtriser ses sujets. Ce qui va un peu à contre-courant des habitudes de députés présents depuis longtemps, qui pensaient que, par leurs seules fonction et ancienneté, ils auraient droit à telle ou telle responsabilité », explique Jean-Marc Zulesi, élu de la majorité dans les Bouches-du-Rhône. Et d'ajouter que le réseau, la rencontre des acteurs privés, des concitoyens comme des associations sont aussi des vecteurs pour s'imposer. Force est de constater que le tout juste trentenaire a su y faire au sein de son groupe. À l'Assemblée nationale, Jean-Marc Zulesi siège au sein de la commission du développement durable et de l'aménagement du territoire. Dès septembre 2017, il est nommé président des Ateliers de l'innovation dans le cadre des Assises de la mobilité, avant d'être désigné par LREM comme responsable de texte sur la loi Mobilités.

Il est ensuite responsable national Mobilités pour le mouvement En Marche !.

Jouer des coudes, sa collègue Delphine Bagarry, qui a plus de bouteille – elle a été conseillère municipale de 2001 à 2014 et conseillère départementale en 2015 –, n'a pas su autant y parvenir. « Je trouve que l'apprentissage du tirage de ficelles pour se faire bien voir a vite été compris par certains. Moi, je ne l'ai pas encore totalement assimilé », constate-t-elle dans un éclat de rire franc lorsque nous la rencontrons en juin 2019. Elle apprend pourtant tous les jours, elle qui a entendu des collègues lui expliquer avoir rendez-vous au cabinet d'un ministère pour faire passer leurs idées, bénéficier d'entrées à l'Élysée, posséder les numéros de téléphone nécessaires pour avancer dans le jeu. « Moi aussi j'ai des idées ! Mais jouer des coudes ou tirer les ficelles, je crois ne pas vouloir jouer à ce jeu. L'initiative parlementaire est importante et je reste attachée à la frontière entre l'exécutif et le législatif. » Aux yeux de Delphine Bagarry, ce n'est pas la bonne méthode. Plutôt que de décrocher l'aval des cabinets ministériels, elle préfère obtenir celui de son président de groupe (à l'époque Gilles Le Gendre).

*

Ce que Bruno Bonnell, autre député LREM, qualifie de mécanique technocratique. Il sait de quoi il parle, lui qui a été candidat au poste de président de groupe avant de se retirer au profit de Gilles Le Gendre. Un changement de stratégie qui a payé : peu de temps après, il se voyait confier une mission sur l'innovation et le territoire. « Cela n'a rien à voir, contredit-il. C'est juste qu'au moment de l'élection de la présidence du groupe il existait des règles demandant un minimum de soutiens que je n'étais pas sûr d'avoir. On n'a pas du tout essayé de m'en dissuader. » Et d'assurer qu'il n'aurait probablement pas renoncé s'il avait su que Gabriel Attal abandonnait.

À son avis, il est des moments d'exaltation où le député croit participer à la transformation du pays dans une sorte d'idéal romantique… avant de se «fracasser» contre le mur de la technocratie. «Ou vous boudez et renoncez, ou vous apprenez à faire avec, à développer des stratégies permettant de faire passer vos idées», résume-t-il. Certains l'intègrent plus vite que d'autres. À moins que les autres, comme Delphine Bagarry, ne refusent par principe de se prêter à un tel jeu.

*

C'est le cas de Valérie Petit. La députée revendique d'être issue de la société civile. Mais, n'ayant pas l'expérience des anciens du PS et autres, elle regrette qu'il soit aussi dur pour des élus sans passé militant comme elle d'obtenir des responsabilités. «Je déteste quémander. Si j'ai réussi à me positionner sur quelques sujets, c'est parce que je suis ultra-compétente dessus. Mais j'ai vite vu que les compétences, au Palais-Bourbon, avaient peu d'intérêt. Ce sont plutôt des liens personnels qui priment», dénonce-t-elle. Féministe, grande gueule, indépendante… «On me perçoit comme quelqu'un de très libre, ce qui n'est pas une qualité en politique pour gagner quoi que ce soit! Les gens aiment savoir qu'ils ont du pouvoir sur vous.»

Elle arrive toutefois à s'impliquer sur la politique de la Ville, aux côtés de Saïd Ahamada et Nadia Bey, notamment sur les emplois francs. Mais la déception est immense lorsqu'elle remarque que, pour la loi Pacte visant à la croissance et la transformation des entreprises, elle n'est pas sollicitée. «J'ai dirigé un centre de recherche sur la gouvernance et la RSE (Responsabilité sociétale des entreprises), écrit des livres à ce propos… je pensais que j'aurais pu faire quelque chose ! Je me rends à la délégation des droits des femmes et ne suis même pas intégrée. Quand on voit mon parcours, c'est franchement honteux. » Ses réseaux féministes lui disent alors : « Comment veux-tu qu'on croie en ce gouvernement si des personnes comme toi ne sont même pas prises en compte ? »

Lorsque nous interpellons Thierry Solère sur le profil de Valérie Petit, il nous répète à trois reprises ne pas la connaître et livre une définition de la fonction de député que tout le monde ne partage pas. « Il y a plein de manières d'être parlementaire. Édouard [Philippe] et moi, on n'a jamais rien foutu dans les commissions de l'Assemblée nationale : il est Premier ministre et j'ai été député de l'année en 2016 tout en organisant les primaires de la droite. La télé entre beaucoup en jeu », assure-t-il, s'appuyant aussi sur les exemples de Laetitia Avia et Aurore Bergé.

Être un bon client à la télévision permettrait d'exister ? « Il y a des gens trop bien élevés, trop "Je ne veux pas déranger le ministre". Moi je vais voir le secrétaire d'État qui n'a jamais été élu et lui dis : "Écoute, tu fais comme je te dis, et si tu ne le fais pas j'irai sur un plateau clamer que t'es une grosse merde" », s'amuse Thierry Solère. Voilà qui a le mérite d'être clair.

Lors de notre rencontre avec Laetitia Avia, nous avons abordé cette question. La députée de Paris comprend le désarroi des élus laissés pour compte, mais met en avant la nécessité de travailler. « Il n'y a pas d'injustice. Moi, on ne m'a rien donné. Mes collègues savent que je bosse, et quand il a fallu servir de paratonnerre pour le gouvernement, je l'ai fait. » Elle n'hésite pas à aller voir directement le Premier ministre si besoin lorsqu'il s'agit de rendre un rapport, de signifier qu'elle est prête à réaliser un travail parlementaire sur un sujet particulier. « Faut y aller, c'est tout ! Je le disais l'autre jour à une collègue qui se plaignait que Gille Le Gendre ne lui avait pas répondu sur un truc. On était dans la salle de conférences, je le savais dans l'hémicycle à ce moment-là, je lui ai conseillé d'aller s'asseoir à côté de lui et de lui dire : “Voilà, je n'ai pas eu de réponse à mon mail, j'en attends une en direct.”» Ne pas attendre d'être biberonné. Oser pour exister.

*

Dimitri Houbron le reconnaît, il a mis un an à avoir une responsabilité sur un texte. Alors qu'il s'était positionné pour la réforme de la justice et espérait avoir le poste de rapporteur, il découvre que ce dernier a été attribué à deux collègues. Las de «travailler dans le vide», il sollicite un rendez-vous avec Richard Ferrand, alors président du groupe. «Toutes les répartitions de postes ont été faites en fonction de l'ancienneté, de Untel qui connaît Untel. Donc forcément j'étais loin d'être prioritaire! Je lui ai dit : “À ce moment-là vous me dites directement que je n'aurai pas de responsabilités et j'arrête de travailler pour rien. Je serai présent, je voterai comme vous voudrez et puis voilà.” Il m'a répondu : “Non non non non, quelles responsabilités tu veux?”», se souvient-il. C'est ainsi qu'il s'est retrouvé à travailler sur le texte des violences sexuelles et sexistes de Marlène Schiappa, qui arrivait au Palais-Bourbon peu de temps après. «Ça s'est décanté ainsi. Mais c'est un peu usant de batailler pour avoir une juste répartition des choses. Certains collègues ont eu je ne sais combien de textes en responsabilité quand d'autres aucun», déplore-t-il.

*

Gilles Le Gendre, rencontré autour d'un petit déjeuner au Bourbon en juillet 2019, alors qu'il dirige encore le groupe, explique avoir voulu ouvrir «grandes les fenêtres» lorsque nous l'interrogeons sur les éventuelles erreurs qu'il aurait pu commettre. «J'ai fait en sorte que des gens qui ne voyaient jamais une responsabilité puissent y accéder. J'ai peut-être un tout petit peu négligé les grandes figures du groupe qui m'en ont voulu, précise-t-il avec franchise. Des gens qui ont des logiques plus individualistes parce que doués d'un caractère et d'une capacité à prendre la parole sur les plateaux télé.» Ces derniers, à l'en croire, auraient eu l'impression d'une sorte d'horizontalité en train de leur faire perdre leur valeur ajoutée. S'il ne regrette pas d'avoir permis ces montées en puissance, il admet combien «ces stars» le lui ont fait payer. «Ceux qui font le plus de bruit dans la presse m'ont très lourdement et très péniblement challengé.» Il ne nous livra pas de noms. La suite lui donna plus que raison.

*

D'autres élus, dressant le même constat, ont développé des stratégies différentes : notamment celle de la pression par le nombre.

C'est le cas de Cendra Motin, qui évoque une période où ses collègues et elle avaient énormément de missions. «Ils ne nous connaissaient pas, donc ils avaient besoin de trouver des alliés. Vous avez un rapport donné par un ministre, vous lui êtes un peu redevable, c'est beaucoup plus facile de traiter un député qu'un groupe», note l'élue de la 6e circonscription de l'Isère. À de nombreuses reprises, elle s'entend répondre que «C'est une excellente idée, c'est génial, mais ça ne va pas être possible», constatant qu'il est plus aisé de dire non à un seul député qu'à un groupe de députés organisé arrivant en force. «Être plusieurs montre tout de suite que ce n'est pas négociable, que ce n'est pas seulement moi mais soixante élus qui ne plaisantent pas. La méthode a changé la vie de tout le monde», confie-t-elle avec une once de fierté peu dissimulée.

Ses collègues et elle ont donc décidé de « challenger » les ministres, contraints de « lâcher des trucs » qu'ils n'auraient jamais cédés en temps normal. Avec un peu de recul, elle réalise que cette facilité – récente – s'explique par un autre biais : il y a beaucoup moins de missions aujourd'hui, donc on fédère plusieurs personnes sur une. Une façon, selon Thierry Solère, de canaliser les éventuelles frondes.

Mais beaucoup de députés, sans doute jugés moins dangereux par le gouvernement, se retrouvent ainsi sur le carreau…

3

Des députés désenchantés

M'jid El Guerrab l'assure, il ne se représentera pas. «J'ai trop eu la sensation de ne servir à rien», peste-t-il. Un an et demi après son élection, le constat est amer. Il l'explique : «Les parlementaires ne participent qu'à 20 % du vote des lois dans les faits. C'est très frustrant et je suis déçu de voir qu'on n'a pas de poids en tant que député.» Durant sa campagne, l'élu pensait changer les choses. «Même Macron veut parfois agir et se retrouve bloqué. Alors un député avec deux collaborateurs ? Quel contrôle ai-je ? Même le pouvoir législatif, je ne l'ai pas. On est sous la férule de l'exécutif, et tant qu'on ne verra pas de rééquilibrage en faveur du Parlement, une déception persistera toujours chez les députés.» Le trentenaire ne cache pas sa désillusion.

«Après avoir vu le système de l'intérieur, je nous pense tous déçus des procédures démocratiques. Notre démocratie parlementaire est de façade avec un exécutif renforcé. Je suis frustré tous les jours», ajoute Philippe Latombe, député MoDem.

Ces deux parlementaires ne sont pas les seuls à tenir un tel discours. Pire, une grande majorité est d'accord sur ce point.

*

Députée de la 9e circonscription du Nord, Valérie Petit considère qu'elle n'existe guère au sein de son groupe. Elle le clame ouvertement, sans une once de regret, avec réalisme et pragmatisme. « C'est difficile », chuchote cette macroniste, ni de gauche ni de droite. Sur les bancs de l'Assemblée, elle a vite compris d'une part n'avoir aucune influence, d'autre part la nécessité de trouver autre chose pour exister et se rendre utile. «Je n'ai pas envie de faire le chat chinois de restaurant à lever la patte dans l'hémicycle... Je ne sers à rien. À 43 ans, j'ai autre chose à foutre, hein. » Entre autres, une carrière d'auteur qui la tente et dont elle aperçoit les prémices durant son mandat, elle qui écrit des nouvelles inspirées des coulisses du Parlement et de ses combats féministes. En mars 2018, elle s'avoue « vraiment déprimée ». «J'ai postulé à plein de choses et je n'avais jamais rien. À un moment donné, j'ai compris que mes compétences et mon expérience, tout le monde s'en branlait. Je me sentais comme une putain de stagiaire de troisième. » Le langage est aussi cru que le constat. Elle qui remplissait des salles de 3 000 personnes, enchaînant les conférences sur la RSE ou le féminisme, ne comprend pas. « On me regardait comme si j'étais invisible, or je suis visible. Comme je ne supporte pas l'inutilité, je me suis dit que je n'allais pas passer cinq ans comme ça ! » Alors elle est partie du groupe.

Delphine Bagarry le confirme, beaucoup d'élus s'avouent frustrés. Son directeur de campagne, un « vieux briscard de la politique », l'avait prévenue, qui regardait les rêves de la novice et ses premiers pas avec un certain amusement. « On nous avait dit qu'on était différents et que chacun apporterait quelque chose pour enrichir le projet. En fait, ce n'était pas vrai. On ne s'est appuyé ni sur notre expérience, ni sur notre expertise, ni sur notre intelligence. »

Pour cette issue du PS convertie au macronisme, la façon de fonctionner reste dictée par la technocratie. Une promesse de changement non tenue qui a créé la déception de tant de parlementaires de la majorité.

*

Lorsque Valérie Petit prend conscience de son mal-être, elle se met à rédiger des CV et pense tout plaquer pour retourner dans le monde «réel». Personne ne se rend compte de son désarroi. «J'ai bazardé tout pour faire de la politique : ma famille, mon métier, mon niveau de vie. Je n'ai pas d'états d'âme, je l'ai fait et c'est tout», déclare-t-elle avec un sourire retenu. En évoquant le sujet avec un proche, celui-ci lui ouvre les yeux : la politique est avant tout une question de tempérament, certains sont faits pour le national, d'autres pour le local. «À un dîner où je râlais beaucoup contre la ville de Lille, quelqu'un m'a dit : "T'as qu'à y aller." J'ai répondu : "N'importe quoi, j'ai deux ans d'expérience en politique."» Finalement, elle réfléchit et commence à envisager l'idée.

L'ancienne chercheuse parcourt le terrain, analyse ce qui a été fait, réalise des statistiques sur la base des résultats électoraux précédents… Et, après trois mois, pense être la «bonne personne». Ni une ni deux, elle se lance dans la course aux municipales 2020 de la capitale du Nord. Bientôt, elle est confrontée aux guerres de territoire, qui existent aussi chez LREM. À la veille de l'annonce des investitures, elle nous paraît confiante et surtout pleine d'espoir pour ce nouvel avenir, à ses yeux plus stimulant. Le lendemain, la radio nous apprendra qu'elle n'est pas investie. Une autre raison qui expliquera son départ de LREM en janvier 2020.

*

Anne-Laurence Petel reconnaît l'existence de «déçus» parmi les députés. «Un petit groupe appelé "Municipales haut les cœurs" a été créé par Valérie Petit pour discuter de ces problématiques-là», explique l'élue. Aux yeux de laquelle le mandat de député est individualiste alors que celui de maire est collectif. «Tout conduit à vouloir briller seul, assure-t-elle. On peut choisir de travailler en commun avec d'autres mais le risque existe qu'on vienne piquer ce que vous avez fait.» Pour elle, contenter plus de 300 députés en donnant à chacun des responsabilités est très difficile. «Des gens ne sont toujours pas arrivés à trouver leur place… Et ne trouvent pas leur compte dans les luttes d'ego exacerbées.» Si la candidate à la mairie d'Aix-en-Provence ne se sent pas déçue, elle admet préférer le mandat de maire, même si elle n'en a encore jamais eu d'aperçu, à celui de député.

Sébastien Nadot, ex-LREM, voit dans les municipales un moyen pour ces députés de trouver une échappatoire sans courir de risques pour autant. «Si ça ne marche pas, ils resteront parlementaires encore deux ans! Mais c'est l'abdication de députés qui pensent qu'ils ne peuvent pas faire bouger davantage les choses alors que le maire, lui, a plus de pouvoir.» Et de déclarer : «Le régime présidentiel m'emmerde profondément, ne me correspond pas. On prétend souvent que si les députés ne voient pas leurs initiatives passer, c'est qu'elles ne sont pas bonnes ou qu'ils n'ont pas su frapper à la bonne porte, eh bien, je ne suis pas d'accord», déplore celui qui siège désormais parmi les non-inscrits.

*

Un autre élu entré dans la course aux municipales s'appelle Cédric Villani. S'il dit être déçu par «plein de petits détails» du Palais-Bourbon, ce ne sont pas ces déceptions qui ont participé à son envie de devenir maire de Paris, jure-t-il. Mais le combat qu'il a mené envers et contre tous, se positionnant contre Benjamin Griveaux (le candidat officiellement investi par LREM avant le crash d'une vidéo intime) et Emmanuel Macron qui l'a convoqué, démontre l'inverse. Il a été exclu du parti présidentiel tant l'idée de renoncer lui était impossible. Interrogé durant cette campagne improbable, le député disait : « J'ai juste envie d'être au cœur de la politique, d'être référent. Le député est dans un rôle de contrôle, d'influenceur, le maire, lui, transforme. Les lois sont écrites à deux tiers par le gouvernement et non par le député. »

Pour Jean-Michel Clément, député ex-LREM, cet état d'esprit tient au mode de choix des députés de la majorité désignés en 2017. « Avoir été candidat en appuyant sur un clic et élu trois semaines après avec le nom de Macron sur son affiche, c'est comme si on avait pris un billet d'avion pour un pays qu'on ne connaît pas, l'Alaska, et qu'on se rendait compte sur place qu'il s'agit d'un pays froid alors qu'on est plutôt pays chaud ! caricature l'avocat. Savaient-ils où ils mettaient les pieds ? Ceux qui n'ont jamais été élus locaux qui se dirigent vers les élections locales, il faudrait qu'ils soient élus, et après on en reparlera. Les désenchantés, je ne m'apitoie pas tellement sur leur sort. »

Voilà qui est dit. Et refroidit.

*

Sonia Krimi fait partie des députés ayant vu dans les municipales une voie de secours. Respectée, ne manquant pas de travail à l'Assemblée nationale, c'est davantage l'absence de vision politique du groupe LREM qui lui a posé problème. « Ça me désenchante. Les Macron boys et Macron girls me dérangent avec leurs éléments de langage », tacle l'élue de la Manche lancée à l'assaut de la mairie de

Cherbourg-en-Cotentin. Mais si elle quittait En Marche !, où siègerait-elle ? « J'ai envie de passer de députée à maire parce que je sens ne pas arriver pas à faire tout ce que je voudrais. Frustrée de voir que mes initiatives ne plaisent pas, je refuse d'être une plante verte. »

Or, Sonia Krimi, contrairement à d'autres, a assez vite compris comment faire de la politique, s'appropriant les rouages d'un univers qu'elle ne connaissait pas. L'ancienne cost-killer sait désormais sur qui « il faut taper, qui il faut éviter », prend la parole en réunion de groupe, monte et démonte des groupes à l'Assemblée nationale. Après tout, elle est l'un des visages de cette aile gauche dont tout le monde parle. Un profil qui nuance la thèse selon laquelle les députés désenchantés seraient uniquement ceux n'ayant décroché aucune responsabilité. « Être maire, ça laisse six ans pour faire. On est beaucoup plus proche du terrain. Député, on ne voit pas et plus les choses arriver », regrette la Franco-Tunisienne.

Nous sommes alors en mars 2019, soit un an avant les élections municipales, et Sonia Krimi nous dévoile son programme. En tant que maire, elle s'occuperait des écoles, de la propreté des rues, des parkings. Elle lutterait contre les marchands de sommeil. « Du matin au soir, je ferais tout pour que, quand vous vous réveillez le matin, vous ayez des résultats concrets. » Elle s'y voyait déjà. Et tout en sachant ce mandat chronophage, elle se disait prête à l'assumer. Elle quitterait son mandat de députée, certes, mais ce ne serait « pas grave ».

Un choix qu'elle n'aura pas à faire puisque sa liste arriva troisième avec 14, 3 %, emportée par la vague de dégagisme et d'hostilité aux macronistes, de quelque tendance qu'ils soient.

« Il y a chez LREM quelques députés de gauche qui se demandent ce qu'ils foutent là, confirme Boris Vallaud (PS). Et, en même temps, pas de ticket retour pour un autre parti. »

D'autres, sans viser les élections à l'échelle locale, admettent des déceptions. C'est le cas de Dimitri Houbron, qui a toujours mis une exigence particulière dans ce qu'il faisait. «J'ai une vision trop idéalisée des choses et éprouve de la déception dès qu'elles ne sont pas exactement comme je les avais imaginées.» Les déçus, il est le premier à les comprendre. Parce que leur influence personnelle sur tel ou tel texte, pour changer le quotidien des Français, reste limitée, à l'en croire. «Comme je n'ai pas d'ambition de carrière politique, donc ne me sens pas obligé de tomber dans les travers classiques pour exister, je m'en accommode, mais pour d'autres, c'est frustrant», assure-t-il.

Lorsque nous interpellons Gilles Le Gendre sur ces désenchantés, l'alors président du groupe LREM se fait nuancé. Refuse-t-il d'admettre ces états d'âme ou ne les voit-il pas? «Ce ne sont pas forcément des députés déçus qui vont aux municipales, il n'y en a pas tant que ça», affirme l'ancien journaliste. En revanche, il reconnaît qu'il y a «probablement» des découragés ou fatigués. «C'est super dur, il faut être hyper-carrossé pour accomplir un tel mandat. Ce que nous avons vécu entre novembre 2018 et avril 2019 est effarant, nous étions dans un toboggan dont nous ne voyions pas le bout.» Considérant qu'être parlementaire exige une forme de solidité et que les députés n'ont ni le même âge, ni la même psychologie, ni le même vécu, il conclut : «Je dis souvent que, physiquement, j'aimerais avoir vingt ans de moins. Mais je sais que voici vingt ans je n'aurais pas eu la maturité pour prendre ce job!»

*

Physiquement, il faut en effet arriver à tenir le rythme. Un élu de la majorité a évoqué un jour la consommation de drogues, dont la cocaïne, de certains parlementaires.

«Le rythme n'étant pas satisfaisant, ils ont forcément besoin de béquilles.»

À chaque législature, des élus tombent gravement malades durant leur mandat. Valérie Petit confie n'avoir pas voulu embêter Gilles Le Gendre ou Richard Ferrand avec ses propres états d'âme. «Je me gère toute seule, mais ce qui m'inquiète, c'est qu'il y a beaucoup de députés tristes.» François-Michel Lambert, qui a lui aussi quitté LREM, n'est pas vraiment étonné par la situation. La veille de notre entrevue, une députée du groupe lui demandait de lui expliquer le moteur l'ayant poussé à vouloir redevenir parlementaire. «Très étonné, je lui ai répondu que c'était l'envie d'agir. Elle m'a confié qu'elle ne s'imaginait pas refaire cinq ans maintenant, pire, qu'elle n'en voyait pas l'intérêt!»

Pression, frustrations, déceptions, dépressions, désillusions… C'est aussi cela, La République en marche.

4

La main de fer contre le gant de velours

Tous deux ont été présidents du groupe majoritaire à l'Assemblée nationale. Richard Ferrand et Gilles Le Gendre, deux personnalités fort différentes, n'ont pas eu la même façon de « gérer » les députés LREM. Et chacun des parlementaires de la majorité a sa préférence.

*

En 2017, Richard Ferrand est le seul candidat à la présidence du groupe LREM. Tout le monde ou presque l'identifie. Il connaît les institutions et maîtrise les arcanes de la politique. La majorité des députés le voient d'ailleurs à cette époque comme l'homme providentiel. « Ferrand, c'était vraiment le patron. Ça se passait bien avec lui, même si, quand vous devenez président de groupe, vous faites forcément un ingrat et dix aigris », introduit Hervé Berville. Le jeune député LREM évoque un homme qui dit les choses de manière « claire, tranchante et assez directe ».

Avec plus de 300 nouveaux élus dont il faut gérer l'installation, Richard Ferrand passe des premiers mois difficiles. « On arrivait tous d'horizons variés, avec des caractères différents, des sensibilités de droite et de gauche… On partait de zéro. Il a fallu qu'il compose avec, je ne sais comment il a fait. Je trouve qu'il a bien géré», raconte Jean-Marie Fiévet (LREM). Hervé Berville se souvient l'avoir vu recevoir une centaine de candidatures pour un simple poste de «whip» (coordinateur du groupe en commission). «Parfois, il recevait 200 SMS en une journée. Je le voyais lire sur son téléphone les menaces des députés qui annonçaient partir s'ils n'obtenaient pas ci ou ça.» Le boulot le plus ingrat de la Ve République, résume-t-il. Et de nous assurer que si Ferrand avait pu choisir la présidence de l'Assemblée d'emblée, il n'aurait pas hésité une seconde. «Mais on lui a demandé de prendre en main le groupe, donc il l'a fait.»

*

Ce qui le caractérise, à l'époque, c'est une gestion «autoritaire» du groupe. Lors de la première réunion de celui-ci, un séminaire de rentrée, Delphine Bagarry sent déjà l'enthousiasme des premiers jours s'affaiblir. Elle décrit un hémicycle aseptisé et un effectif sans âme. «On avait besoin d'aller vers les autres, d'apprendre à se connaître, mais on se heurtait à un Richard Ferrand extrêmement froid et directif», déplore-t-elle. M'jid El Guerrab complète : «Ferrand, je le respecte car il a été l'un des seuls présents quand j'ai eu l'altercation, mais il était froid avec les autres députés, pas empathique. Il jouait le rôle qu'on lui avait donné.» Ce rôle, beaucoup des élus rencontrés le dénoncent. C'est celui d'un «caporal», d'un homme autoritaire. «Il était assez strict, raconte un habitué du Palais-Bourbon. Bruno Le Roux, président de groupe sous la législature précédente, l'était aussi. Au fond, c'est leur travail! Les gens lui ont toutefois beaucoup reproché d'être condescendant avec les nouveaux, ce qui se manifestait dans les remarques et réponses qu'il pouvait leur faire.» Lorsqu'au début les primo-députés déposent trop d'amendements, Richard Ferrand n'apprécie pas. «Il essayait de mettre de l'ordre et ça les agaçait. Ils disaient : “On nous dit de faire de la politique autrement mais on a un caporal” », raconte un expert.

Quelques députés admettent que cette autorité était nécessaire. « Richard avait un lien assez étroit avec chacun des parlementaires LREM. Lui-même était incontestable et incontesté, affirme Yaël Braun-Pivet. Il montrait la voie avec une autorité naturelle qui faisait que ça tournait et était efficient. Je crois qu'il a été le président qu'il fallait au départ. » Pour François-Michel Lambert, qui quittera le groupe majoritaire, il était possible de dialoguer avec Richard Ferrand. « J'allais le voir dans son bureau et lui disais où je voulais aller. Ce n'était pas toujours facile, souffle-t-il en laissant un silence de plusieurs secondes, car il a un caractère pas toujours rond, mais c'est un homme de deal, de consensus et d'équilibre. »

*

Le 28 août 2018, Nicolas Hulot démissionne de sa fonction de ministre de la Transition écologique et solidaire. Débute alors un jeu de chaises musicales : François de Rugy, à la tête de l'Assemblée nationale, lui succède. En conséquence, il faut élire un nouveau président, et Richard Ferrand se porte candidat. Cette fois, il doit faire face à plusieurs adversaires dont Cendra Motin, Barbara Pompili, Yaël Braun-Pivet, Bruno Bonnell. Les deux derniers ne tardent pas à se rétracter et à se ranger derrière lui. Certains prétendent que Yaël Braun-Pivet aurait subi des pressions pour agir ainsi. « Ce n'est pas vrai… s'agace cette dernière. Sa candidature avait du sens pour incarner une institution plus proche des citoyens. J'ai rapidement constaté que nos multiples candidatures nuisaient à la cohésion du groupe et que Richard portait le même projet que moi. Je me suis donc rangée derrière lui assez naturellement », relate la députée. Finalement, Richard Ferrand l'emporte avec 254 suffrages sur 484 exprimées.

«Je n'ai pas compris comment on peut voter pour Ferrand, qui incarne toutes les tambouilles de l'ancien monde, du PS qui a explosé, cette vieille France sous tous ses angles, lâche sans détour Sébastien Nadot, député de la Haute-Garonne. Le lendemain du vote, j'ai regardé mes collègues LREM et j'ai eu envie de rire ! Je me suis dit : "C'est un groupe de merde." » Dès cet instant, il ne se considère plus comme LREM. Et s'en fera exclure quelques mois plus tard pour ne pas avoir voté le budget.

Au perchoir, Richard Ferrand garde l'autorité qui le caractérise. Nous rencontrons Matthieu Orphelin fin avril 2019, qui aime rappeler les règles que Richard Ferrand a introduites après son élection. « Il a par exemple interdit d'avoir un sac sur le dos dans l'hémicycle. Moi, je le fais toujours, donc je me suis fait rabrouer. J'espère qu'il n'a pas pris cette décision pour moi », plaisante-t-il. Le mois de notre rencontre, Matthieu Orphelin fait autrement parler de lui. En lançant un "agenda ouvert", c'est-à-dire l'inscription à son agenda, disponible sur Internet, de toutes les réunions avec les lobbies envisagées au Palais-Bourbon. « Mon équipe prend une heure trente chaque mois pour faire cette liste, et j'ai reçu des centaines de félicitations des citoyens. » Mais l'initiative n'est pas du goût de Richard Ferrand. « Il a parlé de propositions orphelines ! » raconte le rebelle. Matthieu Orphelin s'est permis de lui répondre par un SMS qu'il nous a lu au milieu du brouhaha du restaurant dans lequel nous déjeunions : « Merci Richard pour ces mots si aimables ce midi sur RTL. Prendre une leçon d'exemplarité de ta part est assez cocasse quand on connaît tes faits d'armes sur ce sujet. »

*

Une fois Richard Ferrand devenu quatrième personnage de l'État, il faut désigner un nouveau président de groupe : c'est Gilles Le Gendre, député de la 2e circonscription de Paris, qui est choisi par les membres de la majorité.

«Je suis élu par un concours de circonstances incroyable. Démission de Hulot, nomination de Rugy, Richard devient président… J'arrive donc entre Benalla et les "gilets jaunes" dans un contexte hyper-difficile et à un poste réputé comme l'un des plus compliqués de la République», se souvient-il. Comme Richard Ferrand est parti – légitimement – avec tout l'encadrement du groupe, il lui faut tout rebâtir. Et se mettre à diriger un groupe alors qu'il est, lui-même, un nouvel élu.

Lorsque nous la rencontrons, Delphine Bagarry, à l'époque encore députée de La République en marche, se félicite de cette arrivée. «Avec Gilles Le Gendre, je me sens mieux considérée et moins jugée. Ferrand, pourtant socialiste, est mieux à sa place désormais au Perchoir. En tant que président de l'Assemblée, je l'adore», expliquait-elle, tout sourires. «Gilles a vu que des espaces de discussion informels étaient nécessaires donc il en a ouvert», commentait de son côté Hervé Berville, qualifiant sa gestion de plus collégiale. Quant à son caractère et son style différents de ceux de son prédécesseur, Jean-Marie Fiévet les a appréciés. «Je me suis très bien entendu avec lui dès le départ, avant même qu'il ne soit président. Déjà, il dit bonjour à tout le monde, demande comment ça va…»

*

Malgré leurs différences, il est reproché au nouveau président de groupe, dans certains articles, de s'être inscrit dans la droite ligne de son prédécesseur. «C'est dû au fait que tout le monde nous sait très proches. Si le souhait de Richard était que je lui succède, nos manières de manager n'ont rien à voir. Lui-même en rit. Quand on se voit il me dit : "Je n'aurais pas fait comme ça mais toi tu fais différemment." Il est très respectueux, m'aide toujours. On est hyper-confiants l'un vis-à-vis de l'autre», confie Gilles Le Gendre (nous sommes en juillet 2019), ajoutant qu'ils sont également bons amis. «Richard est un vieux briscard de la politique, patine que Gilles n'a pas encore. Lui a le relationnel d'un journaliste, ce qui les différencie, selon moi», analyse un bon connaisseur des deux hommes.

*

Et puis, au fil du temps, certains députés, d'abord bienveillants, commencent à lui trouver des griefs. Dont celui de ne pas tenir ses troupes, d'être trop «gentil».

«Inévitablement, je fais des conneries, comme tout le monde, reconnaît alors le président de groupe. Mais à l'arrivée le bilan est très bon. Le groupe a tenu, il n'y a pas eu un pète législatif, pas un! À tel point que quand ça frôle l'incident, ça prend des proportions énormes alors que ça ne devrait pas. Quarante abstentions pour la loi asile et immigration ont fait couler de l'encre, de l'encre et de l'encre. Mais si je ne m'étais pas investi on aurait eu des frondes», se défend Gilles Le Gendre en juillet 2019.

Pour Dimitri Houbron (ex-LREM), rencontré à l'époque, le président du groupe est très à l'écoute et ouvert d'esprit. Mais moins à l'aise lorsqu'il y a des décisions difficiles à prendre. «On a besoin d'une main de fer dans un gant de velours. Gilles a le gant de velours mais il lui manque la main de fer. Quand il y a des crises ou des moments tendus, c'est au président du groupe de prendre le lead.» Un reproche que le concerné ne comprend pas. «La formule est sympathique mais assez con, pour dire les choses. Ce groupe travaille et avance alors qu'avec les "gilets jaunes", il a connu la plus grande crise politique vécue depuis longtemps!»

À l'en croire, l'autorité n'a pas besoin d'être spectaculaire et la recherche du compromis doit primer avant tout. Le meilleur exemple de cette «pseudo-absence» de main de fer est, selon lui, le dilemme de l'exclusion de Sonia Krimi. «Si j'avais eu le culte de l'autorité démonstrative, je n'aurais eu aucun problème à l'imposer puisqu'une grande partie du groupe l'attendait, et nous l'aurions exclue. Mais je ne l'ai pas fait. Et c'est pour cela que j'ai eu droit dans les journaux à "Il manque d'autorité".» Mais lui ne regrette rien.

Avant qu'elles ne quittent le groupe, Paula Forteza et Valérie Petit se confient. La première espère davantage de débats entre les membres de la majorité. «C'est vrai que pour être président de groupe, il faut pouvoir montrer que l'Assemblée nationale et les parlementaires sont un contre-pouvoir. Je suis très attachée au jeu d'équilibre institutionnel, mais je crois qu'on n'a pas encore réussi à prendre ce poids», développe-t-elle. De son côté, Valérie Petit constate que la «vieille politique» revient en force. «J'aime beaucoup Gilles, il a une tâche très difficile dans un système institutionnel où les parlementaires sont faibles. Je m'entends bien avec mon groupe, et même si c'est un peu le bazar, je pense que Gilles fait ce qu'il peut... Cela dit, on devrait peser plus face au gouvernement.»

*

Le 5 juin 2020, en pleine première crise du coronavirus, le journal *Marianne* révèle les détails d'une note secrète que Gilles Le Gendre a adressée au président de la République. Dans cette lettre, le président de groupe critique vertement le Premier ministre Édouard Philippe et propose une liste de noms en vue d'un remaniement. Il suggère notamment à Emmanuel Macron de nommer Bruno Le Maire à Matignon, Manuel Valls aux Affaires étrangères, Jean-Yves Le Drian à l'Intérieur ou Christophe Castaner à la

Défense. Aucun député n'est cité, si ce n'est… Gilles Le Gendre lui-même, qui se verrait bien en porte-parole du gouvernement.

La révélation crée un immense tollé. Dans *Le Figaro*, les réactions sont unanimes : les parlementaires de la majorité étrillent le fautif. « La seule bonne nouvelle de cet article, c'est que l'on apprend que Gilles veut quitter la présidence du groupe. Qu'il n'attende pas d'être nommé pour le faire. On espère tous son départ et celui de sa présidence », attaque l'un. « Gilles doit partir », renchérit un autre.

Lors de la réunion de groupe par visioconférence qui suit, quelques jours plus tard, Gilles Le Gendre est poussé dans ses retranchements. Les députés du groupe majoritaire lui reprochent la note. Lui se défend, promet de « réparer le lien de confiance abîmé à cette occasion ». Mais la confiance, justement, est brisée. Et, bientôt, il doit signifier qu'il ne briguera pas de nouveau mandat.

*

Christophe Castaner, ancien ministre de l'Intérieur, lui ayant succédé le 10 septembre 2020, on ne peut pas dire que ses premiers pas aient été très heureux. Élu avec 55 % des voix contre 45 % à Aurore Bergé, sa mainmise a paru plutôt molle en novembre suivant lorsque les députés LREM ont été absents de l'hémicycle lors du choix de la date finale de l'état d'urgence sanitaire lié au Covid. Couacs, encore et toujours ?

5

Sonia Krimi, l'indomptable des LREM

Elle est l'une des premières députées à nous répondre. Enfin, son attachée parlementaire. Celle-ci nous propose un déjeuner au restaurant de l'Assemblée nationale, le 21 mars 2019. Sonia Krimi nous attend, derrière le contrôle de sécurité, sourire aux lèvres. Après nous avoir salués d'une ferme poignée de mains, elle se dirige vers l'ascenseur, direction le 8e étage. Nous y découvrons, une fois les portes ouvertes, un restaurant à la vue panoramique. Un maître d'hôtel dynamique nous accueille et nous invite à déposer nos manteaux et écharpes au vestiaire situé sur la gauche. Nous sommes installés à une table tandis que la députée salue plusieurs collègues sur son chemin.

«Mon monde, je le vois plus égalitaire, avec moins de lobbies, moins d'argent», lance Sonia Krimi une fois attablée. Une entrée en matière à son image : franche, sans détour, assumée. Elle poursuit : «Je suis libérale et les gens ne comprennent pas, ils n'arrivent pas à me situer… Suis-je à gauche, suis-je à droite ?» Le regard malicieux, elle semble s'amuser de cette confusion. Sa réponse est simple : elle est de gauche lorsqu'il s'agit de mariage pour tous, de procréation médicalement assistée ou d'immigration, de droite lorsqu'il s'agit d'économie, d'assistanat, de responsabilisation. Elle juge bon de préciser qu'elle ne se permet de dire à personne ce qu'il doit penser. Chacun a ses sensibilités, et il se trouve qu'elle tend plutôt à « protéger les libertés publiques », comme lorsqu'elle s'abstient sur la loi asile et immigration en 2018 ou sur la loi anticasseurs un an plus tard. Peut-être, aussi, parce qu'elle vient d'un pays qu'elle qualifie de « dictature ».

*

Tout en passant commande, la Franco-Tunisienne convoque ses souvenirs.

Née dans la capitale du pays de Bourguiba, au début des années 1980, Sonia Krimi grandit aux côtés de quatre sœurs dont elle est l'aînée. En fin de journée, elle voit son père rentrer de l'usine Peugeot où il est ouvrier. Sa mère est femme au foyer. Son enfance, elle la passe dans la pauvreté. « Quand vous mangez les restes des collègues de vos parents ou des voisins, quand vous ne sentez plus le goût de la sauce tomate en boîte sauf lorsqu'elle est périmée, quand vous avez les enfants du coin qui vous pointent du doigt… la pauvreté humilie », assure-t-elle. Mais, aujourd'hui, elle considère qu'elle l'a aussi forgée. Et se réjouit d'avoir ce fatalisme heureux issu de son « côté africain ». Étant en bonne santé, elle préfère relativiser cette enfance en faisant preuve de philosophie de vie.

Chevelure ébène ramassée en arrière, teint hâlé et maquillage discret, tenue classique… Sonia Krimi soigne son image. Juste ce qu'il faut. « Je viens d'un monde de la finance où le tailleur est de mise, maintenant j'en mets moins. Je porte une veste avec une chemise le plus souvent. J'essaie de garder la même coiffure, avec les cheveux attachés, bien plaqués, un peu ouverts en deux », détaille-t-elle. Lorsqu'elle voit les premières caricatures d'elle dans la presse, elle comprend que c'est cette image qui a été retenue par les Français. « Marine Le Pen aussi ne change jamais. On n'est pas des Instagrameuses, rappelle-t-elle. On vote la loi pour les gens, on ne doit pas être des fashion victimes. »

*

Arrivée en France dans les années 2000 pour poursuivre ses études en commerce, Sonia Krimi découvre le Sud avant la capitale. C'est en 2010 qu'elle apprivoise Paris, la plus belle ville du monde « avant Cherbourg ». « Bon, ça c'est un truc de mytho, pour la future candidate à la Mairie », admet-elle en riant à pleines dents.

Elle évoque ses footings près de l'Assemblée nationale, où elle aperçoit les drapeaux français et européen. « Je me disais : "C'est bien", mais je ne savais même pas ce qu'était le Parlement ! Je marchais beaucoup à Paris, une fois, j'ai traversé la rue de l'Université avec un peu honte, car je trouvais que j'étais mal habillée. Ça m'a impressionnée et j'ai rasé les murs. Je ne me sentais pas à ma place. »

Force est de constater que, neuf ans plus tard, c'est une tout autre histoire : Sonia Krimi est ici comme à la maison.

*

La Tunisienne enseigne à l'université Panthéon-Assas durant deux ans, avant d'être naturalisée française. Elle rejoint alors le privé, où elle devient consultante senior en performance industrielle, ce que l'on appelle plus communément cost-killer. Comme elle enchaîne les déplacements, chez elle la décoration est minimaliste. Elle dort tellement à l'hôtel que les livres suffisent à composer le mobilier de son appartement. Si la jeune femme ne s'engage auprès d'aucun parti durant sa carrière, des activités parallèles rythment son train de vie effréné : « Sans participer, j'étais ce que Raymond Aron appelle une spectatrice engagée.

Je venais en aide aux associations, au Samu social, aux étudiants étrangers. Je faisais ma part comme le colibri, et c'est ce qui a créé en moi une sensibilité envers les plus faibles. »

Mais, à un moment, elle réalise venu le temps de passer à l'acte. C'est une phrase d'Emmanuel Macron qui finit de la convaincre, en 2016, après l'attentat de Nice : « Expliquer ne veut pas dire excuser. » « Ça a commencé comme ça. En 2012, j'avais fait une réunion du PS qui m'avait suffi. Si c'était pour rentrer dans une loge, autant aller chez les francs-maçons c'était plus intéressant », tacle Sonia Krimi. À l'époque, aucune ambition de participer aux législatives ne la motive, seulement l'envie d'aider le candidat à accéder au pouvoir.

*

À table, nous voyons la députée esquisser un sourire. Delphine Bagarry, sa collègue, vient d'entrer dans la salle du restaurant. Accompagnée d'une poignée de ses jeunes collaborateurs, elle s'arrête pour la saluer. Tout de suite, nous notons une grande complicité entre elles. « On est rarement en désaccord, confie-t-elle. C'est Delphine qui m'a donné la sensibilité du médical. » Plus âgée et plus expérimentée, Delphine Bagarry est une ancienne du Parti socialiste qui a rejoint LREM en 2017. Elle s'installe à une table un peu plus loin et commande une bouteille de vin rouge, nous permettant de constater les habitudes de consommation de « l'ancien monde », que des députés comme Sonia Krimi ont bousculées à leur arrivée.

« Au départ, beaucoup ne comprenaient pas qu'on ne boive pas d'alcool au déjeuner, raconte cette dernière. Ils se moquaient de nous parce qu'on ne prenait pas de vin. Surtout les plus anciens, déjà habitués. » Notre interlocutrice commande un soda, tout en précisant qu'elle devrait faire attention à sa ligne. Ce qui revient à évoquer un problème personnel retrouvé dans plusieurs des portraits parus sur elle. Sonia Krimi tient, en tant que députée, à se faire comprendre de ses concitoyens : «J'essaie d'être claire... heureusement que je suis bègue hein!» Elle bégaie, en effet, même si, comparé au roi d'Angleterre George VI, cela reste plutôt léger. «Je n'ai pas pris de cours de communication ou d'élocution. Un professeur souhaite me voir et j'ai vu une orthophoniste une fois, mais je n'ai pas le temps. Je me suis améliorée seule, en essayant de contrôler ma respiration», raconte l'élue. Qui s'avère meilleure face à une caméra que devant des milliers de personnes.

*

À ses débuts au Palais-Bourbon, la députée est apparentée LREM. Et ce jusqu'en octobre 2017. Elle se souvient d'une rencontre déterminante. «Le député de ma vie! Jean-Michel Clément a été un coup de foudre politique. Ce n'est pas pour rien qu'on s'est rejoints sur la loi asile», sourit-elle. «C'est une amie, on se voit très souvent, confirme l'élu de la Vienne. Je ne pense pas qu'elle soit une frondeuse, elle serait partie si ça avait été le cas.» Plus tard, Delphine Bagarry nous dira, la concernant : «Les écarts de sensibilités sont une richesse qui permet de créer des liens. On se fait des amis comme Sonia Krimi. Eh oui, on peut avoir des amis en politique, on reste des humains.»

Si Jean-Michel Clément évoque la notion de fronde, c'est parce que Sonia Krimi est vite devenue l'une des figures contestataires de LREM. En ne mâchant jamais ses mots, pour beaucoup elle a contribué à la formation d'une aile gauche à l'Assemblée nationale. Des réunions hebdomadaires se sont même organisées autour d'elle pendant quelques mois. «Moi, ça ne me choque pas. Je trouve que chacun doit pouvoir s'exprimer, ça montre qu'on peut dire ce qu'on pense », assure Paula Forteza, ancienne LREM désormais non-inscrite.

*

Sonia Krimi est aussi connue pour avoir revêtu un gilet jaune pendant la crise que la France a connue fin 2018. Entre deux bouchées de légumes, la députée revient sur l'épisode. « J'ai agi ainsi parce qu'on doit montrer qu'on écoute les gens. Quand j'ai vu le bordel créé, je me suis dit que c'était peut-être une erreur politique. Mais si c'était à refaire, je le referais. En plus, il ne faut pas oublier que j'ai mis le gilet le 23 alors que les exactions ont débuté le 24. Personne ne s'attendait à ce que le mouvement devienne aussi violent », se justifie-t-elle, ajoutant qu'elle n'y a pas gagné grand-chose car des commerçants lui en ont tenu rigueur.

Ce coup d'éclat lui a valu d'être recadrée par Gilles Le Gendre. « Pendant la période “gilets jaunes” une tension devait sortir et sortait. Mais d'une façon désordonnée, non maîtrisée, très compréhensible, très légitime car rien n'allait à ce moment-là, mais quand même », explique-t-il. Sonia Krimi, convoquée, ne se laisse pas faire. « J'ai dit à Gilles : “On fait de la politique, mon ami ! Tu ne peux pas me reprocher de faire ce pourquoi on a été élus.” » Elle le revoit ferme, énervé. « Si je ne lui ai pas fait de cadeaux, je ne lui souhaitais pas d'avoir 300 députés comme moi, ç'aurait été une révolution en marche, que des gens libres qui disent ce qu'ils veulent, ne sont sous l'influence de personne et redevables à personne, qui ont la gravité, l'amour, l'enthousiasme de ce job. »

*

Sonia Krimi s'ennuie dans une société où tout le monde pense la même chose. La contradiction, le débat la stimulent.

« Tous les gens qui pensent que l'immigration est un danger pour ce pays, il me plaît d'échanger avec eux. » Un côté rebelle, presque insoumis ? Peut-être. De fait, les membres de La France Insoumise l'applaudissent souvent en hémicycle. Elle-même reconnaît pouvoir partager leurs constats : le quotidien est difficile, les Français veulent vivre mieux. Elle souligne toutefois que les attaques de Jean-Luc Mélenchon ne visent pas Marine Le Pen mais Emmanuel Macron ou Les Républicains. La marcheuse d'adoption n'est par ailleurs pas d'accord avec les solutions que les LFI apportent ou la façon dont ils les présentent. « Donc je suis mieux où je suis, même si à un certain moment j'ai pensé à quitter LREM. »

L'idée lui traverse l'esprit à l'époque des « gilets jaunes ». Le groupe UDI, Agir et indépendants l'invite même alors à le rejoindre, proposition qu'elle décline gentiment. « Je ne suis pas comme Joachim Son-Forget, un jour de gauche un autre de droite… Je ne suis pas de droite, je ne peux pas. » Ce qu'elle a bien fait comprendre quand il a fallu voter la loi asile et immigration en 2018, puis la loi anticasseurs en 2019. « Elle a voulu émerger en tant que voix dissonante et donc existante. Et lorsqu'elle prend la parole dans l'hémicycle, on se demande ce qui va arriver, dit Laetitia Avia, députée LREM. Je l'aime beaucoup mais, à titre personnel, je préfère être identifiée comme une bosseuse que comme une frondeuse. C'est dommage car on en oublie qu'elle travaille aussi. »

*

En septembre 2019, alors que le président de la République souhaite lancer un grand débat sur l'immigration, l'aile gauche de la majorité diffuse une tribune sur l'immigration du XXIe siècle et son intégration réussie sur les territoires, que Sonia Krimi cosigne. Et accompagne de propos très virulents, repris partout sur la Toile. Elle compare en effet le discours d'Emmanuel Macron à celui d'un responsable du Rassemblement national, n'appréciant pas son virage à droite sur ce sujet, et évoque, à propos du Président et de son Premier ministre, « deux hommes blancs qui vont nous expliquer la vie ».

« Je crois que je suis la seule députée à ne pas avoir de famille en France. Zéro. Toute ma famille est en Tunisie », nous confie-t-elle avec un léger accent de son pays d'origine. Une force et une faiblesse à la fois. « Au moins, quand je suis insultée, personne chez moi ne le voit. Ma mère ne lit ni *Libé*, ni *Le Figaro*, ni *Le Monde*. Elle ne regarde pas BFM ou LCI. Elle est à des années-lumière, ce qui m'offre une certaine liberté de parole. C'est une chance d'être seule, finalement. » Et d'évoquer le député LR Jean-Luc Reitzer, qui avait sous-entendu qu'il était difficile de vivre avec 5 300 euros par mois lorsque l'on était parlementaire et avait vu sa famille injuriée sur les réseaux sociaux : « C'était maladroit, mais je l'ai vu pleurer. Sa femme ne pouvait plus sortir dans la rue, car elle était insultée dans leur village. »

*

Incontrôlable et incontrôlée, Sonia Krimi ? En vérité, la députée fait attention à ce qu'elle fait. La semaine où Laetitia Avia est accusée d'avoir mordu son chauffeur de taxi, elle se trouve avec des copines dans le 17ᵉ arrondissement de Paris et boivent un peu. Le groupe fait en sorte que l'une reste raisonnable pour conduire la voiture en fin de soirée. « Quand on a voulu bouger, elles m'ont dit : "Viens on va se serrer dans la voiture." On était cinq. J'ai répondu que je ne pouvais plus faire ça. En temps normal, j'aurais mis la ceinture de sécurité, et voilà. Mais là, non. » Elle a commandé un taxi et les a rejointes ailleurs.

En acceptant d'entrer dans la vie publique, l'élue a pris conscience qu'elle ne pouvait tout se permettre. « Lorsque j'entends certains jouer les vierges effarouchées, comme Castaner qui répond qu'il s'agit de sa vie privée s'il embrasse une inconnue en boîte et qu'on le montre, j'ai envie de lui dire : OK, mais faites-le dans un appartement ! Moi aussi j'ai une vie privée, mais lorsque je me balade à Cherbourg j'essaie d'avoir une attitude respectueuse. Les bisous dans la rue et vas-y avec la langue, non. »

En fin de repas, Sonia Krimi nous énonce ses joies et désillusions. Et annonce ne pas vouloir arrêter la politique. « J'ai développé la passion de faire ce qui améliore la vie des gens. » Prochaine étape ? Le local. La candidature à la mairie de Cherbourg-en-Cotentin où elle espère avoir davantage le pouvoir de changer les choses, d'offrir du concret à la population.

*

On l'a vu, ce fut un échec. Mais la parlementaire ne manque ni d'envies, ni d'énergie, ni d'ambitions. Elle fera assurément parler d'elle.

6

Des amateurs devenus des professionnels

Ils étaient des amateurs, ils sont devenus de véritables professionnels. S'il y a eu d'énormes erreurs de casting dans cette législature, certains nouveaux élus de la majorité se sont révélés. Il n'y a qu'à observer leurs premières prises de parole, leurs débuts parfois hésitants et les comparer à leurs actes postérieurs pour constater le changement flagrant opéré en seulement deux ans.

*

Prenons Jean-Baptiste Djebbari. Le parlementaire de la Haute-Vienne, était, avant de devenir député, le directeur des opérations d'une compagnie aérienne privée. Sans la moindre expérience du monde de la politique. Ce qui s'est confirmé lors de sa première question au gouvernement, devant un hémicycle plein, puisqu'il a totalement bafouillé en s'adressant au ministre de la Transition écologique de l'époque, Nicolas Hulot. Mais, la boulette oubliée, l'ancien pilote d'avion s'adapte. Il travaille sa diction et ses dossiers. Nommé « whip » (coordinateur du groupe en commission) au sein de la commission du développement durable et de l'aménagement du territoire de l'Assemblée, il est chargé de faire régner l'ordre parmi les députés LREM de sa commission. Mieux, en 2018, la majorité le choisit comme rapporteur de la loi sur le « nouveau pacte ferroviaire », ce qui l'aide à se faire un nom dans les médias et lui permet de faire le tour des plateaux de télévision.

Son ascension ne s'arrête pas là. On le nomme ensuite porte-parole du mouvement avant d'être choisi comme secrétaire d'État chargé des Transports en septembre 2019, poste qu'il occupe toujours après l'arrivée de Jean Castex à Matignon. Une progression fulgurante. « Sa nomination est sortie de nulle part, nous glissa une députée de la majorité à cette époque. Mais il s'en tire pas mal du tout pour le moment », ajoute-t-elle.

En janvier 2020, l'ancien député occupe la première place dans le palmarès des politiques les plus invités dans les matinales télé et radio publié par *Le Figaro*. Selon le quotidien, il devance même Jean-Michel Blanquer et Élisabeth Borne, totalisant 22 passages entre le 19 août et le 20 décembre 2019, sur fond de projet de réforme des retraites, l'une des plus difficiles du quinquennat. « De manière générale, les députés qui ont réussi à émerger politiquement sont des élus qui avaient déjà une expérience politique auparavant, remarque le sociologue Étienne Ollion. Jean-Baptiste Djebbari est l'une des seules exceptions, même s'il ne faut pas oublier qu'il avait beaucoup œuvré sur le plan politique pour ouvrir des lignes d'avion. »

*

Autre cas d'école, Yaël Braun-Pivet, dont le parcours est pour le moins hors du commun.

Avocate en droit pénal au barreau de Paris, puis dans les Hauts-de-Seine, elle crée en 2012 une startup dans le domaine des courts séjours en chambre d'hôtes avant de se reconvertir dans l'engagement bénévole. C'est au sein de l'association des Restos du cœur qu'elle œuvre pendant plusieurs années, avant d'être élue députée des Yvelines, mais surtout, de devenir présidente de la très prisée commission des lois.

« Yaël Braun-Pivet à la tête de la plus prestigieuse de toutes les commissions, ça a été une très grosse surprise », se rappelle le même Étienne Ollion. Régulièrement critiquée et chahutée par l'opposition, l'élue a souffert d'un procès en illégitimité au début de sa présidence, mais s'est accrochée. « Au début, elle avait pleuré devant nous, se rappelle un député LR. Elle n'avait pas les codes parlementaires… Mais, pas bête, elle a été résiliente et, aujourd'hui, elle ne s'en sort pas trop mal. » « Elle a réussi à s'imposer à la tête de cette commission alors qu'elle n'avait aucune expérience de celle-ci », abonde Thierry Solère, élu LREM des Hauts-de-Seine.

« Je reconnais avoir eu des difficultés lors des premiers mois de mon mandat. J'étais testée, chahutée, par les mêmes qui vont aujourd'hui reconnaître que je gère bien ma commission. C'était perturbant et déstabilisant car je ne connaissais pas le jeu politique alors que j'avais de bonnes intentions. Mais bon, c'était de bonne guerre », sourit-elle. L'ancienne avocate est d'ailleurs réélue à la tête de la commission en juillet 2019, battant Laetitia Avia au second tour du scrutin.

Rapporteuse du projet de loi pour la confiance dans la vie politique, présidente de la commission d'enquête parlementaire sur l'affaire Benalla, elle occupe une partie de son mandat à agir pour améliorer la situation des prisons françaises. Et parvient notamment à faire visiter, dans toute la France, des établissements pénitentiaires à ses collègues de la commission des lois. « C'est ça, l'aventure de la société civile aux responsabilités, se réjouit-elle. J'ai des compétences d'avocate, de l'expérience dans le milieu associatif, et grâce à la démocratie, je suis aux responsabilités et peux exercer mon mandat différemment. En veillant à ce que l'institution continue à fonctionner de façon opérationnelle. »

*

Son nom était totalement inconnu du grand public avant la meurtrière pandémie de Covid-19 qui a touché le monde. Mais, en quelques mois, son visage est devenu familier à tous les Français.

Avant de devenir député de l'Isère puis ministre des Solidarités et de la Santé, Olivier Véran exerçait comme neurologue au CHU de Grenoble-Alpes. Sa carrière politique débute en 2012 alors qu'il est suppléant de la députée PS Geneviève Fioraso. Celle-ci étant nommée au gouvernement, de juillet 2012 à avril 2015, il prend son siège au Palais-Bourbon. Une expérience parlementaire qui lui permet d'engranger de l'expérience, d'autant que Marisol Touraine, ministre de la Santé sous François Hollande, le charge du pilotage d'un comité consacré à la réforme du mode de financement des établissements de santé.

Lorsqu'il revient à l'Assemblée en 2017, il est loin de se douter qu'il devra gérer, en tant que ministre et à seulement 39 ans, la plus grande crise sanitaire depuis un siècle. Nommé en urgence pour remplacer Agnès Buzyn – partie en tant que candidate pour la Mairie de Paris en remplacement de Benjamin Griveaux – au ministère des Solidarités et de la Santé en février 2020, le neurologue n'a pas tardé à montrer rigueur et professionnalisme. Durant le premier confinement, Olivier Véran a fait l'unanimité, dans la majorité comme dans l'opposition. Dans *L'Express*, Marisol Touraine a vanté ses qualités : « Alors qu'il a pris ses fonctions dans des conditions difficiles, il assume bien son rôle et ses responsabilités. » Il a « un sens de la pédagogie qui n'est pas donné à tout le monde, le ton assez juste et assez ferme. Ce qu'il dit est compréhensible », a déclaré de son côté dans *L'Express* Jean-François Mattei, ministre de la Santé sous Jacques Chirac. Le politologue Bruno Cautrès abondait : « Nous sommes tous marqués par l'excellente performance de Véran dans sa communication de crise. Il laisse sur place de très loin Agnès Buzyn, à qui l'on tressait pourtant des louanges. Je trouve très étonnant, vu son potentiel, qu'il n'émerge qu'au bout de trois ans », ajouta-t-il. Une ascension fulgurante. Et des éloges que la deuxième vague a vues se raréfier, sa cote de popularité fléchissant au même rythme que les reproches sur le confinement adressés au gouvernement.

*

Elle n'est pas la plus connue des parlementaires. Pourtant, Cendra Motin, députée de l'Isère, a su jouer des coudes pour se faire une place à l'Assemblée.

Avant son élection, elle dirige une société spécialisée dans les ressources humaines et n'a jamais été engagée en politique. C'est donc en grande novice que la quadragénaire arrive au Palais-Bourbon en juin 2017 et se retrouve, quelques jours plus tard, à la suite d'un concours de circonstances trop long pour être raconté ici, vice-présidente de l'Assemblée nationale. « Ce n'était en rien prévu, plaisante-t-elle. Je savais que c'était temporaire, que j'œuvrais en intérim. J'ai adoré, je me suis éclatée pendant ces quelques mois. »

À l'aise à l'oral, la députée est devenue l'une des parlementaires visibles : capable de répéter les éléments de langage du gouvernement sur les plateaux de télévision, elle sait également se faire remarquer dans l'hémicycle, comme lorsqu'elle défend le budget 2018 en récitant des vers, tout sourires.

Et contrairement à de nombreux élus LREM, Cendra Motin aime la politique : « Je ne regrette pas une seconde mon choix. Je m'éclate car je ne m'occupe que de sujets qui me dépassent. Je suis passionnée par l'intérêt général. » Mais ce n'est sûrement pas la seule chose qui lui plaise en politique tant il suffit de l'entendre parler des prochaines élections, à la brasserie Bourbon, pour comprendre qu'elle est aussi – et surtout – une grande stratège. « Cendra est l'une des stars montantes de la Macronie. Plutôt douée, elle vise souvent juste. Vraisemblablement, elle a de l'avenir en politique », confirme un habitué de ce petit monde.

7

De nouveaux talents

Convenons-en : ce livre est sévère à l'égard d'une majorité qui prétendait dépoussiérer les anciennes pratiques mais qui a trop souvent échoué par amateurisme. Il l'est également pour certains députés des partis d'opposition. Mais soyons objectifs et aussi positifs : il y a, dans cette Assemblée nationale, nombre d'élus qui font leur travail avec abnégation et sacrifice, dans le respect de leurs concitoyens. « Cette présomption d'incompétence est insupportable et profondément injuste, clame d'ailleurs Aurore Bergé, députée de Paris. Nous n'avons pas abaissé le niveau. Les salles de commissions n'ont jamais été aussi pleines, les députés viennent, siègent, restent. Nous ne sommes pas parfaits, certes, mais nous travaillons énormément. » De fait, plusieurs parlementaires se sont illustrés au cours de cette mandature très spéciale.

*

Évoquons Emmanuelle Ménard, non-inscrite de l'Hérault, réputée proche du Rassemblement national. Eh bien, elle est citée par tous les députés pour son grand professionnalisme.

« Elle fournit beaucoup de travail, est tout le temps là, on l'écoute. Elle a des convictions et, pour une non-inscrite, arrive à faire passer des amendements», souligne Cendra Motin, LREM de l'Isère. Richard Ramos, MoDem du Loiret, abonde : «J'apprécie madame Ménard. J'ai pris publiquement position sur certains amendements qu'elle a portés. Elle est toute seule là-dedans, quel mental elle a ! Elle bosse comme une malade, et en plus, elle n'a pas trop de camarades pour aller boire un verre avec elle.»

Un travail d'autant plus important qu'Emmanuelle Ménard, en tant que non-inscrite, ne dispose pas de collaborateur de groupe et doit se contenter de ses seuls attachés parlementaires pour proposer des amendements. «Je ne sais même pas comment elle fait, souligne Guillaume Chiche, ex-LREM. Elle parvient à suivre énormément de textes et à défendre beaucoup d'amendements. Au début, je pensais que c'était pour les statistiques, mais le pire, c'est que ce sont des amendements qui se tiennent politiquement dans l'idéologie qui est la sienne. Et elle les défend, se bat pour eux. À une fréquence et sur un nombre de textes assez incroyables.»

À l'heure où nous écrivons ces lignes, Emmanuelle Ménard fait partie des députés les plus actives, avec un total de 1 828 amendements proposés au cours des douze derniers mois, pour seulement 37 adoptés. La députée de l'Hérault, qui ne compte pas son temps, ne dort, selon ses dires, pas plus de quatre heures par nuit lorsqu'elle est à Paris. «Je travaille pour les citoyens de ma circonscription et j'ai énormément de reconnaissance de leur part, c'est ce qui me plaît. Dimanche, j'étais à une assemblée générale des pêcheurs plaisanciers, et un monsieur de la Société nationale de sauvetage en mer (SNSM), qui je pense n'a pas du tout les mêmes idées politiques que moi, a fait un discours en disant que je bosse beaucoup. J'en avais les larmes aux yeux. Quand vous avez des moments ainsi, vous ne regrettez pas d'avoir travaillé», conclut-elle.

*

Un autre député est régulièrement cité par ses collègues, tous partis confondus, comme bon parlementaire : Adrien Quatennens, l'élu LFI du Nord.

Le jeune préféré de Jean-Luc Mélenchon, inconnu du grand public en début de législature, est devenu l'une des figures de cette nouvelle Assemblée. Dans l'hémicycle, ses diatribes font souvent mouche. Que ce soit en commission des affaires sociales, dans laquelle il siège, ou en séance, le député est aussi assidu qu'impliqué.

Et, bien qu'il ne leur fasse jamais de cadeau, les élus de la majorité le respectent et lui reconnaissent un certain talent. « Quatennens, il est raide comme la justice, mais c'est un mec de convictions qui bosse, a des arguments. J'ai un grand respect pour lui », avoue Cendra Motin. Beaucoup le comparent aux autres députés Insoumis et estiment qu'il n'a pas leurs travers : « De manière générale, on ne s'entend pas très bien avec les parlementaires de La France Insoumise. En revanche, il existe, je crois, un respect mutuel entre nous et Adrien Quatennens », juge Laetitia Avia, LREM de Paris. « Il porte une forme d'honnêteté intellectuelle », abonde Thierry Solère.

Du côté des Républicains aussi, le jeune homme séduit. Au milieu d'un plaidoyer contre la violence des députés LFI, Gilles Carrez (Les Républicains) s'interrompt et dit : « Sauf Quatennens, c'est le seul qui soit à peu près bien. Je reconnais qu'il a un certain talent : il s'exprime bien, les idées sont plutôt claires. » Un cadre LREM va plus loin : « Quatennens est très fort. Il a une vraie histoire, de véritables combats. Je préfère sa façon de faire à celle de Ruffin. C'est un garçon qui existera longtemps dans la vie politique française. »

*

Aurélien Pradié, le député LR du Lot, est également l'une des révélations de cette législature. Élu à tout juste 31 ans, il est loin d'être un novice de la politique : conseiller général à 22 ans, maire à 27, le jeune parlementaire n'a pas tardé à prendre ses marques à l'Assemblée nationale. Dès les premières semaines il s'est fait remarquer dans l'hémicycle pour son franc-parler et ses saillies toujours tranchantes.

« Il est le premier de la nouvelle génération de députés LR à avoir un peu émergé, car il se l'est tout de suite joué fort en gueule », estime Julien Aubert, autre député Les Républicains, lui du Vaucluse. L'ancien LR et désormais LREM Thierry Solère juge également positivement ce jeune à l'accent chantant : « Il y a plusieurs manières d'être un bon député, et je trouve qu'Aurélien Pradié, à sa manière, est un très bon parlementaire. »

Le jeune homme, qui s'est beaucoup rapproché de l'expérimenté Christian Jacob, a été propulsé numéro 3 de son parti, dont il est désormais secrétaire général. Pour son premier mandat, il a même réussi un coup de maître : devancer l'exécutif et la majorité en présentant une proposition de loi contre les violences faites aux femmes et la mise en place du bracelet antirapprochement, et ce, sans attendre les résultats du Grenelle lancé sur le sujet par la secrétaire d'État Marlène Schiappa. Une proposition qui a rendu furibonde la majorité, mais votée à l'unanimité par l'Assemblée nationale et par le Sénat. « C'était le bon moment et le bon sujet. Il y a des thèmes sur lesquels il est impossible de s'opposer. Le gouvernement ne pouvait refuser, surtout que Pradié est quelqu'un qui a une grande gueule », explique le sociologue Étienne Ollion. Un coup de maître.

*

Du côté de la majorité, Amélie de Montchalin a très vite marqué les esprits. La jeune LREM de l'Essonne, ancienne militante UMP/LR proche d'Alain Juppé, est arrivée à l'Assemblée nationale avec un CV hors normes. Diplômée de HEC et de la Harvard Kennedy School, elle a commencé sa carrière comme économiste chargée de la zone Europe à Exane BNP Paribas pendant la crise de la zone euro, avant de devenir directrice de la prospective chez Axa au Chili. À l'Assemblée nationale, elle a tout de suite fait l'unanimité. Nommée cheffe de file LREM (« whip » – coordinateur du groupe en commission) de la commission des finances, elle s'illustre au cours des débats portant sur le budget 2018 et sur la suppression de l'ISF. « Brillante », pour tous ses collègues, elle est également respectée par les oppositions. Interrogée par *Le Point* à cette période, Valérie Rabault, présidente du groupe socialiste, vante d'ailleurs ses talents : « C'est un vrai pilier de la majorité aux finances. Il n'y a pas eu de couac pendant les débats et elle a réussi à infléchir le gouvernement sur certains points. » Toujours dans *Le Point*, Éric Coquerel, LFI, confirme : « C'est l'une des figures de la majorité. Ils ne sont pas tant que ça à pouvoir argumenter, répliquer. »

Cendra Motin, qui la voit évoluer à la commission des finances, en dit de son côté le plus grand bien : « Amélie de Montchalin est une pure star. Brillante, elle nous explique les choses avec des mots simples. Au moins, on sait ce qu'on vote, on comprend », complimente-t-elle.

En février 2018, à 32 ans, la parlementaire est élue députée de l'année par le jury du Trombinoscope, annuaire professionnel du monde politique français. Son talent ne passe tellement pas inaperçu que, après un peu moins de deux ans à l'Assemblée nationale, elle est nommée secrétaire d'État aux Affaires européennes en remplacement de Nathalie Loiseau. Et, depuis le 6 juillet 2020, elle détient le portefeuille de ministre de la Transformation et de la Fonction publiques.

*

Dernier exemple des députés reconnus pour leur travail : Boris Vallaud, élu PS des Landes. Secrétaire général adjoint de l'Élysée puis conseiller du président de la République François Hollande pendant la mandature précédente, le quadragénaire a su se faire sa place à l'Assemblée nationale. Très présent dans les médias, Boris Vallaud est également assidu au Palais-Bourbon. Après six mois de mandat, il était ainsi considéré comme le 14ᵉ parlementaire le plus actif, selon un classement établi par le magazine *Capital*.

Aujourd'hui, nombre de collègues s'accordent à dire qu'il est aussi, de très loin, l'élu PS le plus remuant et acerbe envers la majorité ! Sur la loi asile et immigration ou sur la réforme des retraites, il est monté au front, a argumenté, cherché la faille. S'il agace les LREM, qui lui rappellent volontiers son passé de conseiller de François Hollande, il est unanimement salué par ses collègues de gauche, conscients de son talent. « Il a une justesse et une technique que nous n'avons pas », reconnaît notamment le communiste Fabien Roussel dans les colonnes de *Libération*. « C'est un homme de dossiers capable de dénicher les entourloupes de la majorité », complète Clémentine Autain dans le même article. Lui non plus n'a pas fini de faire parler.

8

Des députés qui quittent la majorité à la pelle

Lorsque nous avons commencé notre enquête, nous avons lancé des demandes d'interview de manière aléatoire aux députés de la majorité (mais pas seulement). Nous souhaitions échanger avec des élus anonymes, qu'on ne voit pas forcément sur les plateaux de télévision. C'est seulement vers la fin de ces entretiens que nous avons rencontré des têtes d'affiche comme Aurélien Taché, Laetitia Avia ou Aurore Bergé. Le hasard a fait que nous vîmes donc Delphine Bagarry, Paula Forteza, Annie Chapelier ou encore Valérie Petit, parlementaires qui, plusieurs mois après, décidèrent, comme beaucoup, de quitter le groupe majoritaire. Si bien qu'au printemps 2020 par exemple, près de 30 % des députés LREM que nous avions interrogés n'étaient plus dans le groupe !

*

Depuis l'ouverture de la législature, le groupe majoritaire a perdu un nombre de membres conséquent.

Le premier à avoir quitté le groupe est M'jid El Guerrab, député des Français de l'étranger dont nous avons déjà parlé. Menacé d'exclusion après sa mise en examen pour violences volontaires, il avait préféré anticiper. Après moins d'un an de mandat, en avril 2018, Jean-Michel Clément, député de la Vienne, ancien membre du Parti socialiste, s'en va à son tour, en désaccord avec le contenu de la loi asile et immigration. « On cherchait à me foutre dehors car je n'ai pas voulu voter ce texte, et surtout, parce que je n'avais pas envie de m'abstenir, se souvient le parlementaire. Je ne tenais pas à passer en conseil de discipline alors j'ai négocié en annonçant : je vote contre et je m'en vais. »

Dans les mois qui suivent, Frédérique Dumas, des Hauts-de-Seine, Paul Molac, du Morbihan, et François-Michel Lambert, des Bouches-du-Rhône, les imitent, déplorant tous trois un « manque de démocratie » à La République en marche. Le dernier, que nous avons rencontré, explique en ces termes les raisons de son départ : « Les députés de la majorité savent très bien que, parlementaire de LREM, tu la fermes ou tu t'en vas. J'ai eu deux choix, celui de profiter des quatre ans de mandat qui me restaient en bronzant, ou d'être en phase avec ce pourquoi je me suis engagé en politique. » Pour l'ancien adhérent d'Europe Écologie Les Verts (EELV), l'exécutif et la majorité n'en font pas assez sur les sujets environnementaux alors que « l'humanité est en grande difficulté ». Autre grief : le groupe ne donne pas la parole à ceux dont les opinions divergent. « Sur des dossiers que je connaissais bien, on me disait : "Non il n'y a pas de place." Lorsque je travaillais sur un sujet, c'était balayé en trente secondes. Ils m'ont mis au placard comme un vilain petit canard. C'est ahurissant et vexant à titre personnel, mais surtout angoissant intellectuellement. »

*

En septembre 2018, Frédérique Dumas, députée des Hauts-de-Seine, prend aussi la tangente. Dans une interview accordée au *Parisien*, elle met en avant des « désaccords profonds, sur le fond et sur la méthode ». « Les fondamentaux du macronisme ont été oubliés. On confond vitesse et précipitation [...]. On a l'impression d'être sur le *Titanic*», explique-t-elle. Et de dénoncer à l'époque, l'impossibilité de «faire bouger les lignes», estimant que «même donner un avis est vu comme une fronde» si celui-ci n'est pas conforme à la doxa générale.

Quelques semaines plus tard, Sébastien Nadot, député de Haute-Garonne, la suit. Lui qui réfléchit à quitter le groupe depuis plusieurs semaines ose commettre l'irréparable : voter contre le budget. «En politique, le budget a toujours été sacré. Quand vous ne votez pas le budget, on vous met à la porte», note son collègue Richard Ramos (MoDem). Et Sébastien Nadot sait pertinemment au moment d'appuyer sur le bouton que son vote lui coûtera sa place au sein du groupe majoritaire. «J'attendais un moment opportun pour quitter LREM, nous raconte-t-il. Quand j'ai vu leurs façons de faire, le rôle du député...» L'ancien professeur du secondaire, qui ne souhaite pas faire ses choix «en fonction d'un groupe» mais des «gens qu'il représente», est convoqué dans la foulée par Gilles Le Gendre, alors président de LREM au Palais-Bourbon. Qui lui propose une échappatoire. «Après une heure d'entrevue, où je lui ai expliqué les raisons de mon vote, il m'a dit : "Sébastien, j'ai entendu tout ce que tu m'as dit. Je crois que le mieux serait que tu annonces que tu t'es trompé de bouton"», se remémore Nadot dans un éclat de rire tant la situation est ubuesque. Une affirmation que confirme l'intéressé : «Il m'a annoncé qu'il ne s'était pas trompé de bouton. Je lui ai demandé s'il pouvait envisager de se rétracter en disant qu'il avait commis une erreur, il m'a dit : "Non." Deux heures plus tard, il était exclu», résume un Gilles Le Gendre pragmatique.

Après Joachim Son-Forget début 2019, c'est Matthieu Orphelin, proche de Nicolas Hulot, qui part en février 2019, cinq mois après la démission de l'ancien ministre de la

Transition écologique. Pour cet ex-militant d'EELV, la raison est limpide : le « manque d'ambition de la politique environnementale » du gouvernement et de la majorité. « Hulot m'avait dit : "Si je pars, c'est pour créer un électrochoc et s'il a lieu, il faut que toi tu sois là." Finalement, il n'y a pas eu d'électrochoc. Le débat sur le glyphosate a très bien traduit les difficultés de la pensée dominante sur l'écologie : le manque de cohérence », résume Matthieu Orphelin. Et de reprendre : « Un jour Richard Ferrand m'a dit : "Avec toi j'abandonne, tu es ingérable." Je n'étais pas là pour faire carrière – je m'en fous de ma réélection – mais pour faire avancer des idées. Et je suis tout sauf ingérable, ayant toujours essayé de trouver des compromis. En revanche jamais je n'abandonnerai mes convictions. Alors, je suis parti. »

Dans les mois qui suivent, d'autres élus, moins médiatiques, s'éloignent à leur tour : Sandrine Josso, députée de Loire-Atlantique, Jennifer de Temmerman, élue du Nord. La parlementaire de la Marne Aina Kuric annoncera, elle, quitter le mouvement La République en marche, évoquant un « désaccord avec la ligne », mais restera membre du groupe majoritaire à l'Assemblée nationale.

*

Début 2020, la vague de départs s'accélère : Annie Chapelier, parlementaire du Gard, annonce qu'elle quitte le parti et se met en retrait du groupe parlementaire. De manière bruyante en dénonçant « un mouvement hors sol, indifférent aux territoires et clivant les députés en deux groupes : d'un côté des apparatchiks, petits chefs plus ou moins autoproclamés, et, de l'autre, une masse, insignifiante à leurs yeux, à qui on demande une allégeance et une obéissance aveugles ». Cette élue rencontrée quelques mois auparavant nous avait déjà marqués par son franc-parler et ses mots très durs envers la majorité. Recontactée pour l'occasion, elle persiste et signe : «Je me retrouvais de moins en moins dans le groupe jusqu'à comprendre que le temps était venu de m'éloigner de ceux dont je m'étais rapprochée. Le constat est difficile et douloureux, les mots sont très durs, mais le choix libérateur car je me retrouve en phase avec moi-même, avec mes valeurs. Pour l'instant, le mensonge collectif continue à fonctionner, mais pour combien de temps ? » attaque-t-elle. Elle ajoute : « Le coup du 49-3 pour faire passer la réforme des retraites, je l'ai mal vécu. Ils se servent des députés comme de marionnettes, de pantins dociles. À quoi cela sert-il de nous amener au fond de la mine matin, midi et soir pendant treize jours pour, ensuite, sortir le 49-3 ? C'est avoir peu d'estime pour le fonctionnement parlementaire. »

Delphine Bagarry, députée des Alpes-de-Haute-Provence et Albane Gaillot, du Val-de-Marne, quitteront le parti quelques semaines plus tard en reprochant également au gouvernement l'utilisation du 49-3.

Une semaine seulement après Annie Chapelier, Paula Forteza, également rencontrée quelques mois plus tôt, annonce, elle aussi, qu'elle quitte le groupe parlementaire. La députée des Français de l'étranger explique sa décision sur RMC au micro de Jean-Jacques Bourdin : « Nous avons eu beaucoup de promesses pendant la campagne, qui étaient celles de combattre les appareils politiques, de renouveler la classe politique et les pratiques. Aujourd'hui, on reconstruit un parti de toutes parts. Un parti qui est verrouillé, qui récompense les amitiés plus que les compétences. Je suis triste de voir que l'on est dans des dynamiques d'exclusion et de rétrécissement et non de rassemblement », déplore-t-elle. Tout en accusant le gouvernement de ne pas avoir pris le tournant écologique et social promis lors de la seconde partie du quinquennat.

Quelques jours plus tard, c'est au tour de Frédérique Tuffnell, députée de Charente-Maritime, et de Xavier Batut, député de Seine-Maritime, de faire des choix similaires : la première en quittant le mouvement et le groupe majoritaire, le second en se mettant «en retrait» du parti tout en restant apparenté au groupe LREM à l'Assemblée nationale. Quand Frédérique Tuffnell évoque une «grande frustration du fait du manque d'appétence du groupe sur les sujets environnementaux», Xavier Batut estime que le «renouvellement promis n'est pas au rendez-vous» et que LREM reproduit «le fonctionnement des autres partis politiques».

Début mars 2020, juste avant que la crise du coronavirus touche la France de plein fouet, Olivier Gaillard, député du Gard et ancien socialiste, quitte LREM et démissionne de son mandat à l'Assemblée nationale. Il dénonce un «fossé» entre «la réalité du terrain et la principauté de Paris». «L'homme de territoire l'a emporté sur l'homme de parti. Il m'était inconcevable de maintenir un pied à l'intérieur de ce système politique qui ne me convient pas», argue-t-il. Et d'ajouter, selon l'AFP : «La notion de citoyen de seconde zone existe. Nous sommes des élus de seconde zone. Ça ne date pas de Macron, je le vis depuis des années.»

*

Que retenir de tous ces départs, qui ont été suivis d'autres ?

Premier constat : beaucoup des députés ayant quitté le navire appartiennent à l'aile gauche de la majorité et s'éloignent pour des raisons idéologiques. Ce que nous confirme le politologue Luc Rouban, directeur de recherches au CNRS et au centre de recherches politiques de Sciences Po (Cevipof) : «Ces parlementaires, qui viennent de la gauche, estiment que le projet macronien d'origine a disparu. Ils se sont retrouvés à entériner des décisions prises par des cabinets ministériels, tout cela en restant coincés à l'Assemblée nationale douze heures par jour. Ils peuvent avoir des états d'âme. » Plusieurs cadres de la majorité savent même que d'autres parlementaires « aux idées plutôt sociales» quitteront le groupe majoritaire d'ici la fin du quinquennat. «Je suis persuadée que cela va continuer, nous allons perdre encore pas mal de parlementaires de l'aile gauche. Ils finiront même probablement par être suffisamment nombreux pour créer un groupe parlementaire du type "Agir" mais de gauche», pronostique Cendra Motin, députée de l'Isère. Une prévision qui se réalisera effectivement en mai 2020, en pleine crise sanitaire, lorsque plusieurs parlementaires de la majorité quitteront le navire pour créer un nouveau groupe parlementaire baptisé Écologie Démocratie Solidarité.

Mais tous n'ont pas dit adieu pour des motifs uniquement idéologiques. Selon Bruno Cautrès, politologue et chercheur au CNRS et au Cevipof, « les départs n'ont pas été assez problématisés par ceux qui sont partis. Sous François Hollande, il y avait une vraie raison aux désaccords des frondeurs avec la majorité. On savait très bien ce que Hamon, Filippetti et consorts reprochaient au président de la République. Là, on a une suite de départs individuels sans que tout cela ait de sens politique affiché par les élus qui s'en vont». Et de conclure : « Sans doute peut-on l'expliquer par l'attachement qu'ils gardent à la personne d'Emmanuel Macron. Lorsque l'on a vu Villani maintenir coûte que coûte sa candidature à la Mairie de Paris tout en gardant un indéfectible soutien à Macron, on comprend le fort attachement que tous conservent au président de la République. »

9

Municipales 2020 : la grande échappatoire

Tout au long de nos rendez-vous avec les parlementaires, la question des élections municipales est revenue dans les conversations. Et l'un de déplorer le non-cumul des mandats, l'autre la frustration vis-à-vis du mandat de député, tous, le besoin d'action, de terrain, de concret. En définitive, c'est la déception que ces élus expriment, eux qui ont la sensation de ne « servir à rien » tant ils peinent à faire bouger les lignes face à un exécutif désobligeant.

*

En janvier 2020, le journal *L'Opinion* a recensé pas moins de 52 députés prêts à se lancer dans la course aux municipales, donc à renoncer à leur siège au Palais-Bourbon, les LREM étant les plus nombreux, avec 21 candidats officiellement déclarés.

Sonia Krimi, Anne-Laurence Petel ou Richard Lioger en font partie, tandis que certains se contentent d'apparaître sur une liste en guise de soutien, comme Pascale Fontenel-Personne (qui a, depuis, quitté le groupe majoritaire) et Barbara Pompili, nommée ministre de la Transition écologique ensuite. D'autres, comme Valérie Petit à Lille, ont quitté LREM après avoir constaté qu'ils n'étaient pas soutenus par leur propre groupe dans cette bataille, échouant à obtenir l'investiture du mouvement.

En somme, ce mandat municipal semble être si convoité qu'il réduit à néant tout attachement politique à LREM. Au journal *L'Opinion*, le numéro 2 du parti déclare : « Beaucoup ont fait monter la pression, ils avaient intérêt à créer un rapport de force mais ont fini par se retirer. »

Le groupe Les Républicains n'était pas en reste, qui comptait neuf candidats, contre sept chez les socialistes et apparentés. Les chiffres oscillent entre un et quatre pour le reste des groupes parlementaires.

En février, le nombre de députés officiellement déclarés candidats grimpa à 63. Entre LREM et le MoDem, 30 parlementaires de la majorité présidentielle briguaient alors une mairie. Mais le rendez-vous électoral s'avéra une claque pour Emmanuel Macron – dont le parti peine à s'implanter localement – et une sévère remise en cause pour ceux partis au combat.

*

Au premier tour, le député LREM Patrick Vignal obtient seulement 6 % des voix à Montpellier. À Arles, Monica Michel (LREM) arrive en cinquième position avec 5 % des suffrages, tandis qu'à Toulon Cécile Muschotti atteint 7 %.

À Paris, Cédric Villani est en cinquième position derrière Anne Hidalgo et Agnès Buzyn, totalisant 7,9 % des voix. Comme le candidat dissident rejette toute alliance avec l'une ou l'autre et se maintient dans le 14e arrondissement, il ne parviendra même pas à entrer au Conseil de Paris. Au soir du second tour, le 28 juin, il récolte 13,29 % des voix dans son arrondissement. Un résultat faible, équivalent à 0,94 % des suffrages sur l'ensemble de la capitale. Mais il déclare à France 3 Paris Île-de-France : « Ce soir, je ne regrette rien. Je suis allé jusqu'au bout de l'élection, avec mes convictions, avec ma liberté intacte, et ma force de conviction et d'action pour le futur. »

La tendance n'est guère mieux pour Sonia Krimi, candidate LREM à Cherbourg-en-Cotentin. Lorsque nous l'appelons début 2020, la députée est overbookée, donnant la priorité au scrutin local. Moins présente à Paris et donc à l'Assemblée nationale, elle se montre sur le terrain aux côtés des Cherbourgeois. Et assume. Quand nous lui téléphonons durant la crise sanitaire, nous la découvrons confinée dans sa ville de cœur, prenant soin de garder le contact avec le tissu associatif local durant une période si difficile. Mais au premier tour, celle que beaucoup qualifient de frondeuse proche de l'aile gauche de l'Assemblée nationale, est distancée par le Parti socialiste. Avec 14,25 % des voix, la Franco-Tunisienne arrive troisième. Le revers se poursuit au second tour puisque, ayant décidé de faire cavalière seule – ce qui a provoqué l'ire de plusieurs de ses colistiers – elle finit quatrième avec 8,7 % des suffrages. Une débâcle qu'elle ne regrette pas. Le 28 juin, elle tweete : « Je suis fière d'avoir fait campagne pour défendre nos convictions pour Cherbourg-en-Cotentin. Je tiens à remercier les électeurs qui se sont mobilisés et Benoît Arrivé pour son élection. Écologistes, de gauche ou de droite, je porterai notre projet au conseil municipal demain. »

*

Plusieurs députés Les Républicains réussissent, eux, leur pari. Valérie Lacroute, élue de la 2e circonscription de Seine-et-Marne, remporte l'élection municipale de Nemours dès le premier tour avec 57 % des voix. Le 16 juin dans l'hémicycle, elle fait le bilan de ses années passées sur les bancs de l'opposition au Palais-Bourbon en ces termes : « Huit années à défendre, sans beaucoup de succès, des amendements jusqu'à point d'heure […], à écouter les réponses des ministres dictées par la haute administration, à porter des dossiers de la circonscription dont certains n'ont toujours pas abouti, comme le commissariat de Fontainebleau.» Un bilan empli d'amertume auquel le Premier ministre de l'époque, Édouard Philippe, ne répond pas.

Francis Vercamer, député du Nord (UDI et indépendants), est élu maire à Hem et tire sa révérence également, tout en rappelant sa frustration de ne pas avoir eu assez d'influence en tant qu'élu de la nation.

Plusieurs parlementaires, dont des députés PS, en viennent à rejeter la faute sur le non-cumul des mandats, qui les éloignent de la réalité du terrain. Élu maire d'Alfortville dès le premier tour, Luc Carvounas qualifie cette loi d'«énorme bêtise». Au micro de France Inter, il déclare ainsi : «Depuis que les maires ont quitté l'Assemblée, ceux qui se frottent les mains, ce sont les hauts fonctionnaires qui peuvent tout faire passer.» Et il ajoute se sentir «plus utile dans [sa] commune pour continuer de la faire avancer», «plutôt que d'être jusqu'à 4 h 30 du matin un samedi dans l'hémicycle sur la loi EGalim pour appuyer sur un bouton contre le glyphosate et éviter ainsi un tombereau d'insultes des ayatollahs de l'écologie».

*

Comme les députés Valérie Lacroute, Laurent Furst, Francis Vercamer, Patrice Verchère, Luc Carvounas et Christophe Bouillon étaient élus maires dès le premier tour, et comme le benjamin des élus, Ludovic Pajot (Rassemblement national), vainqueur à Bruay-la-Buissière (Pas-de-Calais), laisse son siège vacant – tout comme Louis Aliot, élu à Perpignan, mi-juillet 2020 –, un remaniement attend l'Assemblée nationale. Mais l'institution ne fait plus envie ! Ainsi, convaincre les suppléants de reprendre le mandat se révèle une tâche plus difficile que prévu.

Celui de Christophe Bouillon (PS), par exemple, a refusé le siège et préféré conserver son mandat local, étant lui-même maire de Rives-en-Seine. Une élection législative partielle a donc été organisée en septembre 2020 dans la 5e circonscription de Seine-Maritime, qui a vu une forte abstention et la victoire de Gérard Leseul (PS). De même pour la suppléante de Luc Carvounas, qui a déclaré ne pas pouvoir reprendre le mandat de l'ex-député, déclenchant une nouvelle campagne dans le Val-de-Marne, remportée par Isabelle Santiago (PS).

Autant de récalcitrants qui démontrent la difficulté d'être député aujourd'hui, et plus particulièrement sous cette législature.

Septième partie

Une crise de la démocratie représentative

1

Députés de la nation *versus* députés de la circonscription

Tout est parti d'une phrase : « Ce qui se dit en circo [circonscription], j'en ai rien à foutre. » Prononcée par Bruno Bonnell (LREM) et reprise dans un portrait publié sur lemonde.fr, la citation a fait l'effet d'une bombe. Comment un député pouvait-il parler ainsi de ses administrés ? Or, à notre grande surprise, il n'est pas le seul parlementaire à estimer qu'il ne siège pas au Palais-Bourbon pour ça, étant avant tout un représentant de la nation. Certains refusent même d'avoir une permanence sur leur territoire, affirmant ne pas vouloir être réduits au rôle d'« assistante sociale ».

*

À en croire Bruno Bonnell, ses paroles ont été déformées. « Je parlais de l'opposition et non des gens, se défend-il. Mais au final la journaliste m'a rendu service, car la moitié de l'Assemblée nationale m'a dit : "T'as déclaré tout haut ce qu'on pense tout bas", en pensant que j'avais vraiment tenu ce propos. À savoir qu'on n'a pas le temps, qu'on ne peut être au four et au moulin, qu'on doit siéger cinq jours sur sept à l'Assemblée pour voter. Donc la circonscription n'était pas le sujet. » Le député insiste. Dans notre livre, nous devons prendre en compte l'intensité législative pour resituer les choses dans leur contexte. Pendant treize mois, l'objectif pour les parlementaires était « d'abattre le plus de textes possibles » au Palais-Bourbon. Et quand les plus anciens disaient aux nouveaux : « Et la circonscription ? », les novices, eux, répondaient : « On verra. »

Le député de Villeurbanne évoque le cumul des mandats pour justifier le fait qu'il faille « sevrer la population des vieilles pratiques ». Une phrase qu'il revendique sans vergogne. « Le député-maire pouvait dire en même temps : Je vais m'occuper de ta crèche mais il faut voter afin que je sois député. Vous aviez un pouvoir sur les gens, sur leur vie concrète. Moi, je n'en ai aucun, vous me demandez une crèche, je ne sais pas faire », poursuit-il, ne se rendant pas compte qu'il montre qu'un clientélisme exacerbé plaît. À vrai dire, il s'en moque. Comme l'écrivait Vanessa Schneider du *Monde*, « il parle comme ça, Bruno Bonnell ». Si des citoyens demandent de l'aide pour un dossier, lui les renvoie vers la municipalité. Un dossier de naturalisation, il répond « qu'il y a une loi en France, et que si les critères sont remplis, vous êtes naturalisé. Mais si vous ne parlez pas français, vous ne l'êtes pas. Je vous donne cet exemple parce que j'en ai un en tête ». La plupart du temps, les dossiers sont en cours d'étude et lui précise : « Je ne peux pas faire plus. »

*

Pour M'jid El Guerrab, le député est un représentant de la nation et doit le rester. « Normalement tu n'as pas vocation à défendre ton territoire, c'est le rôle des sénateurs. Penser ainsi est une déformation du mandat. On est issu d'un territoire mais pas pour représenter son territoire », argue-t-il.

Philippe Latombe, député du MoDem, abonde. « Nous ne sommes pas députés du territoire mais des territoires.

Il faut être très honnête, on est des assistantes sociales ++. Les gens nous demandent des privilèges auxquels ils n'ont pas droit», assène-t-il, ajoutant que ces requêtes n'entrent en rien dans ses compétences. Pour lui, Bruno Bonnell a raison et il en a «ras le bol» de ce qu'il perçoit comme des passe-droits. «Quand le député défend beaucoup sa circonscription, c'est pour être réélu. Mais un député doit par exemple pouvoir parler des remontées mécaniques même s'il n'y en a pas en Vendée. À quoi sert-il de parler d'une prison locale en mauvais état sans être capable de parler des prisons françaises de manière générale?» Le bon tri, selon lui, viendrait avec la proportionnelle, qui contraindrait certains parlementaires à être élus en dehors de leur territoire.

*

Certains, comme Sébastien Nadot, font le choix de ne pas avoir de permanence dans leur circonscription. «On est loin d'être indispensables, qui plus est quand on appartient au groupe majoritaire. Qu'on soit en circo ou pas ne change pas grand-chose», souligne cet élu de la Haute-Garonne. Il ne se cache pas d'éconduire gentiment pas mal de gens parce qu'il les estime capables de «se démerder» seuls dans leur vie. «On est pas mal sollicité; étiquette ou pas, non-inscrit ou pas, les gens s'en foutent. Quand ils n'arrivent pas à faire leurs démarches administratives, qui ne sont pas de notre ressort, on peut leur dire : "Démerdez-vous, je n'ai pas de permanence, donc envoyez-moi un mail." Et à ceux qui ne peuvent pas : "Allez voir le maire, qui me contactera si besoin."» Un premier filtre qui rappelle, selon lui, quelles sont les prérogatives du député et qui signifie : «Allez voir ailleurs.»

Cela dit, ce député ex-LREM est un peu plus nuancé que Bruno Bonnell, faisant des exceptions au cas par cas selon ses sensibilités. « Des petites gens qui ne savent comment faire, j'estime qu'il faut les orienter même si ce n'est pas écrit dans la Constitution. Je suis assez proche de la logique de Bonnell, mais il ne dit pas toute la vérité : quelqu'un qui galère vraiment et vient le voir, il ne pourra le laisser sans aide. » Quant aux demandes exagérées, il botte en touche. Et d'évoquer le cas d'un couple à la campagne qui, voulant absolument être aidé parce que sa fosse septique est mal raccordée, s'adresse à lui. « Il y a parfois des trucs à mourir de rire », lâche Nadot, précisant qu'il n'a pas ressenti le besoin, en la circonstance, d'aller voir – ou sentir – de plus près. « L'idée qu'on est là pour s'occuper des gens est tenace. » Sur les demandes de naturalisation, il affirme avoir été identifié en Haute-Garonne comme l'élu qui aide. Celui qui est capable, malgré tout ce qu'il vient de raconter, de téléphoner à la préfecture dix fois par jour à dix services différents afin que tout le monde sache combien « l'emmerdeur est sur le coup ».

*

Au fur et à mesure de cette enquête, nous réalisons qu'un certain nombre de députés ont la conviction profondément ancrée que le terrain passe en second plan.

« Laetitia Avia n'a jamais rencontré personne de sa circonscription, elle voit peut-être un habitant par mois. Elle y fait des choses, mais rencontrer les gens de façon individuelle non, elle n'aime pas », assurait à un moment l'une de ses collaboratrices.

Heureusement, nous croisons aussi la route de parlementaires conscients de l'importance de l'ancrage local. « Parfois, on est un peu isolés de ce qui se passe et on finit par croire que l'Assemblée est le nombril du monde, regrette Paula Forteza, fervente macroniste qui, depuis, a quitté LREM. Il faut alors prendre de la hauteur, et le travail en circonscription est très utile. »

Pour Christophe Naegelen (divers droite), la liberté de vote au sein de son groupe – Union des démocrates, radicaux et libéraux – est sacrée, parce qu'il estime que les citoyens des Vosges comptent sur lui. « Si demain, je devais voter différemment de mon groupe et qu'on m'en faisait la remarque, j'enverrais les rabat-joie dans les cordes parce que j'ai été élu par les habitants de ma circonscription, qui sont les seuls à qui je dois rendre des comptes. »

Lorsqu'on évoque la position de Bruno Bonnell ou de Philippe Latombe avec Jean-Michel Clément (ex-LREM), ce dernier se déclare en total désaccord. « C'est tout le contraire que je me fais de l'idée du travail de parlementaire. Pour moi, ce genre de propos ne grandit pas la fonction. Si on n'entend pas le peuple, si on ne l'écoute pas, on ne peut pas légitimement le représenter. Le député est un trait d'union entre la population et le national, il doit ressentir ce que vit le peuple. »

2

Déconnexion un jour, déconnexion toujours

Reproche récurrent de l'opinion publique, les élus – tous, sans distinction – seraient déconnectés de la réalité et du quotidien des Français. Cette législature n'y a pas échappé. Faut-il rappeler l'exemple d'Élise Fajgeles (LREM) qui, en direct à la télévision sur CNews, n'a su répondre lorsqu'un « gilet jaune » lui a demandé de quel montant était le Smic et s'est entendu dire face à son silence, « Vous vous rendez compte, après, vous prétendez que vous êtes représentative du peuple et vous ne savez pas à combien s'élève le Smic ! » ? C'était démago, certes, ce qu'elle a essayé d'expliquer en arguant que les Français ne voulaient pas de « techno » (comprenez technocrates) ayant réponse à tout, en affirmant qu'elle savait ce que signifie que de vivre avec le Smic… mais trop tard : l'un des « gilets jaunes » quitta le plateau, la séquence fut reprise partout sur la Toile et les réseaux sociaux.

*

« Mais ce n'est pas grave de ne pas connaître le montant du Smic ! » s'agace le député M'jid El Guerrab lorsque nous lui demandons sa réaction à cet épisode. « Ça veut dire quoi ? Que quand t'es député t'as pas le droit de te tromper ?

Si la fille a toujours gagné 2500 euros par mois et qu'elle ne connaît pas le Smic, elle en a le droit. Le député doit-il être quelqu'un comme tout le monde ou tout savoir ? » Dans ce second cas, il lui faudrait alors une formation. La tacler sur ce point était d'autant plus injuste, à l'en croire, que « la pauvre a galéré seule avec son gamin en étant au RSA pendant des années, donc n'est pas du tout déconnectée de la réalité ».

L'intéressée a mal vécu ce procès d'intention. « Ce fut très très dur », confie-t-elle. Sur le moment, elle s'en veut d'avoir répondu à côté, d'avoir parlé de technos, notamment par rapport au reste du groupe et à la politique qu'il mène, de ne pas avoir réussi à répondre, ce qui a alimenté le reproche de la déconnexion. « Quelle ironie du sort puisque j'ai grandi dans un milieu plutôt populaire, avec des parents qui n'ont pas fait d'études. Qu'on m'accuse d'être née avec une cuillère en argent dans la bouche n'était pas agréable à vivre. » En fait, lorsque le « gilet jaune » lui pose cette question, la députée mélangeait de nombreux chiffres dans sa tête. Entre 1200 euros, l'augmentation de 200 euros du Smic et le minimum vieillesse à 800 euros, elle avait trois secondes pour « choisir ». « Je me suis dit : Si je ne donne pas le bon chiffre, ça va être horrible, donc mieux vaut répondre que je ne sais pas. »

Le bad buzz dure trois jours. Et touche tout le monde. Même son fils, élève en classe préparatoire scientifique, subit les conséquences du tollé. Touché, il se met à organiser des débats sur l'importance de connaître le montant du Smic avec ses camarades. Sa mère, en Ehpad, en entend elle aussi parler.

*

« Moi je l'ai gagné le Smic, donc je connais son montant, tranche Jean-Baptiste Djebbari, alors député et, depuis, ministre délégué chargé des Transports. Je n'ai jamais été fasciné par le fric ou le pouvoir. Or plein de gens fantasment sur le milieu de la politique... » Il raconte ainsi que, la veille de notre rendez-vous, il prenait le métro avec son épouse pour aller faire des courses. Et qu'il allait également acheter en personne son pain ou ses croissants. « Quand un mec dit qu'il me trouve déconnecté, je trouve le propos insupportable. D'autant que lorsque vous fouillez un peu, ce ne sont pas les plus précaires qui vous reprochent ce genre de choses. »

Hervé Berville, député LREM, tient le même discours. Lui lit la presse quotidienne régionale, voit sa famille, se rend aux repas du dimanche chez ses parents et leur demande ce qu'ils pensent de la politique menée. « Je vis la vie réelle, je vais à la boulangerie tous les dimanches, j'achète mon poulet rôti à Paris, même si je fais un peu moins les courses que ma compagne, j'avoue. » Sans oublier de répondre, à la main, à tous les courriers manuscrits qu'il reçoit, souvent de personnes âgées.

Invité chez Jean-Jacques Bourdin en décembre 2017, soit six mois après son élection, le novice se prend les pieds dans le tapis en ignorant l'existence de la prime de Noël, une aide exceptionnelle versée aux Français les plus démunis lors des fêtes de fin d'année. Certains lui rejouent alors le procès de la déconnexion. « Je n'ai pas d'excuse, mais c'est une péripétie. » Le bad buzz suscité ? Hervé Berville confie avoir lu des articles dans la presse, mais assure que personne, à l'Assemblée ou dans sa circonscription, n'est venu lui en parler. Pourtant, une de ses collègues aurait déclaré, à l'époque : « Tu nous as ridiculisés, ne fais pas d'émission pour laquelle tu n'es pas prêt. » « Ce n'est pas un sujet pour moi que ce procès en décalage, répond-il dans un débit de parole allant crescendo. Je ne me pose pas de questions et je passe à autre chose. Ce genre d'épiphénomène fait de la mousse, amuse trois ou quatre éditorialistes, mais le citoyen lambda, chez moi, ne m'en parle pas car il regarde avant tout si je fais le taff! »

*

Élise Fajgeles n'a jamais revisionné les images de son passage sur CNews. Elle tweete, en revanche, le 3 décembre 2018 : « Ne pas arriver à dire le montant du #SMIC sur un plateau télé est une faute. Ce n'est ni mépris ni condescendance envers ceux qui galèrent. Je me suis moi-même retrouvée seule avec mon petit garçon au RMI il y a quelques années. Ça ne vaut pas les menaces de mort que je reçois. »

Elle estime en fait que sa plus grosse erreur fut d'être chez Morandini, plateau où il y a toujours de la provocation. « Mes collaborateurs m'avaient dit qu'il fallait discuter avec les "gilets jaunes". J'y étais allée dans cet état d'esprit or il y avait, je pense, une volonté de piéger. Le type qui s'en va, Morandini content de tweeter là-dessus, ça a fait du buzz. » L'élue sait que l'histoire ressort de temps en temps, et que si elle venait à se représenter à une élection, elle lui reviendrait en pleine figure, tel un boomerang.

*

Sonia Krimi reconnaît avoir failli être touchée par cette déconnexion au début de son mandat. « Un jour, j'ai passé beaucoup de temps à l'Assemblée. Et quand je suis ressortie prendre le métro, j'ai eu l'impression de me retrouver dans *Les Misérables*. Cette réaction était grave. J'étais tellement aseptisée, choyée par cet endroit soigné où on fait attention à la fois à vous, à la propreté et la beauté des lieux qu'est la Palais-Bourbon, que j'avais perdu pied avec la réalité ! » se souvient-elle, gênée.

Alors elle dit stop et décide de rejoindre la vie réelle. Pour se réveiller. « En juillet, j'ai pris le métro juste pour prendre le métro. J'avais un livre mais je n'ai pas lu, préférant observer. Les gens normaux m'avaient manqué ! J'avais l'impression que le métro était sale, alors qu'il est propre, comparativement. Je me suis dit : Plus jamais cette déconnexion. » Elle retrouve aussi une activité sportive dans une salle du 15e arrondissement, à Aquaboulevard. Petit à petit revoit ses amies, renoue avec l'habitude d'aller au hammam ou au sauna. « Je fréquente aussi, à la Chapelle, un petit restaurant indien où on mange avec les mains pour cinq euros. Et m'accorde un jour off chaque semaine », raconte cette élue qui s'interroge : « Je ne sais pas comment font les collègues qui n'en prennent pas. » Et elle ne met plus la cocarde de l'Assemblée sur sa voiture parce que cela « habitue à avoir des passe-droits ». Pour elle, il peut être risqué de se faire enfermer et étouffer par le Palais-Bourbon.

*

Paula Forteza, ex-LREM, éprouve la même sensation dans ce qu'elle qualifie d'espace fermé. Et de comparer l'Assemblée nationale à un petit village où existe tout ce dont un élu a besoin – le restaurant, la buvette, les équipes de travail, l'hémicycle, la salle de sport… – dont on pourrait ne pas sortir : « Cela devient une espèce de campus universitaire, or, à certains moments, j'ai envie de prendre l'air, de couper. On l'a vu lors de la crise des "gilets jaunes" : la présence des élus au niveau local, au plus près des citoyens, est très demandée. Elle est aussi importante que les positionnements politiques. Donc, oui, le Palais-Bourbon est un monde où il faut faire attention de ne pas s'enfermer. L'entre-soi conduit au risque de la déconnexion. »

S'il y a une chose qui fait bondir Anne-Laurence Petel, c'est d'entendre que les élus LREM sont tous hors sol.

« Ça me fait hurler parce qu'on en est très loin. Je pense qu'on est beaucoup plus connectés à la réalité que des parlementaires présents depuis vingt ou trente ans », juge-t-elle. Et nous de songer au député Jean-Luc Reitzer (LR), qui avait déclaré en mai 2018 : « On passe maintenant son temps à collecter les factures, les notes de restaurant et autres », en référence aux efforts de transparence désormais demandés aux élus.

3

« Gilets jaunes » : les ratés des députés macronistes

« Wauquiez, c'est le candidat des gars qui fument des clopes et qui roulent au diesel. » Cette phrase, prononcée par Benjamin Griveaux (selon le *JDD* du 28 octobre 2018) pour attaquer le leader d'alors des Républicains, révèle le mépris de nombreux cadres de la majorité envers la France dite périphérique. Nous sommes au début de la contestation contre la hausse des taxes sur l'essence et le gazole – qui deviendra par la suite le mouvement des « gilets jaunes » – et le président de la région Auvergne-Rhône-Alpes vient de proposer la suspension de cette hausse de taxes, ainsi que la mise en place d'un « ticket carburant » pour les ménages les plus modestes. Et Benjamin Griveaux, député de Paris, à l'époque porte-parole du gouvernement, n'apprécie pas tellement l'idée et le raille avec ce résumé, qui en fait sourire certains, mais donne l'image d'un exécutif condescendant et déconnecté du quotidien des Français. En évoquant la fameuse citation, François-Michel Lambert, élu des Bouches-du-Rhône qui a quitté le groupe majoritaire juste avant la crise, dresse ce triste constat : « On a essayé de monter les gens les uns contre les autres, de stigmatiser certaines personnes. La "startup nation", dans les villes, la France à qui tout réussit, contre les citoyens en zone urbaine, pour qui c'est la galère. En employant des termes anglais comme “whip” [coordinateur du groupe en commission] à longueur de journée, LREM s’est complètement coupé de ces Français. »

*

Lorsque le mouvement des « gilets jaunes » débute, voilà plus d’un an que les députés de la majorité ont été élus. Ils ont donc eu le temps de prendre leurs marques, à l’Assemblée comme en circonscription, de rencontrer leurs administrés. Bref, de prendre la température du travail législatif comme du terrain en allant serrer des mains, bavarder avec les citoyens, rencontrer des associations, etc. Ont-ils vu poindre la révolte ?

Lorsqu’on leur pose la question, ils sont très peu à répondre « oui ». Et ceux-là, comme la députée du Gard Annie Chapelier, estiment n’avoir pas été entendus, ni même écoutés. « Nous avons essayé d’alerter l’exécutif, mais ça n’a servi à rien parce que ses membres ne comprenaient pas, tacle l’élue qui a quitté LREM à mi-mandat. Nous avons dit : “Attention, la misère est réelle, les mesures que nous prenons ne sont pas acceptées sur le terrain.” Nous avons essayé de proposer des amendements, mais on nous répondait : “Vous êtes contre le groupe.” Ces gens ne voient que ce qu’il y a devant eux, incapables d’appréhender la mécanique du monde. »

Hervé Berville, des Côtes-d’Armor, avoue avoir compris, au contact des « gilets jaunes », à quel point ces derniers avaient le sentiment d’un pouvoir « éloigné et arrogant ». « Nous avons été habités par la volonté de transformer la France en nous disant : “Tant pis pour ceux qui ne suivent pas.” Mais certains Français ne voulaient pas de ces changements et nous n’avons pas suffisamment écouté et entendu cela », admet-il.

Avec les conséquences que l'on connaît : des mois de mobilisation dans tout le pays, une haine grandissante à l'égard des élus, des forces de l'ordre, du pouvoir, et des dégâts matériels parfois très conséquents.

*

La période des « gilets jaunes » a été un long chemin de croix pour les parlementaires de la majorité. Qui a vu certains comportements inacceptables.

Comme ce jour de décembre 2018 où le député de l'Ain Stéphane Trompille paraît à deux doigts d'en venir aux mains avec un citoyen de sa circonscription. Dans une vidéo diffusée sur Internet, on voit l'élu hurler contre des « gilets jaunes » et manquer d'en découdre avec l'un d'entre eux. « Je m'en bats les couilles, il croit que je suis qui, lui », lance-t-il à l'intention d'un de ses administrés, pendant que plusieurs « gilets jaunes » le retiennent pour le calmer. S'il s'excuse le lendemain, en expliquant que la personne l'avait menacé « ainsi que sa famille », ces propos et ce type de comportement doivent-ils être ceux d'un élu de la République ?

« Il a déconné, mais cette vidéo n'a pas eu autant d'impact que je l'aurais cru. Personnellement, je ne lui jette pas la pierre », tempère Dimitri Houbron, député du Nord. « S'embrouiller et se mettre quasiment sur la gueule avec des "gilets jaunes", ce n'est pas exemplaire. Cela ancre chez les gens l'idée que nous sommes pires que les autres et nous affaiblit », regrette de son côté Jean-Baptiste Djebbari, aujourd'hui ministre délégué aux Transports, à l'époque élu de la majorité.

À cette période, nombre de députés macronistes ont ressenti un énorme coup de blues. Certains ont songé à abandonner. « Beaucoup de parlementaires se sont interrogés sur le sens de leur engagement et leur devenir en tant qu'élus.

Nous avons été décrits comme les gagnants, la France qui va bien. Ce qui a donné le sentiment que l'on ne parlait pas à tous», confie Aurore Bergé députée des Yvelines. Comme si un fossé s'était irrémédiablement creusé entre les élus et les Français, comme s'ils ne parlaient pas le même langage, ne se comprenaient plus.

*

Pour Stéphane Rozès, politologue, président de Cap (Conseils, analyses et perspectives), et enseignant à Sciences Po et HEC, la «crise des "gilets jaunes" est l'expression du fait que les députés de la majorité ont failli par absence de connaissance, d'ancrage local et d'expérience politique». D'après le politologue, les parlementaires macronistes «ont échoué dans leur rôle d'alerte de l'exécutif du fossé qui était en train de se creuser entre le gouvernement et le pays». Et de dresser un bilan terrible : «Ils n'ont pas du tout réussi à comprendre ni à donner l'alerte de l'une des plus graves crises que nous avons connues, sans doute la plus grave depuis Mai 68. Ils ont été incapables de faire leur travail, d'anticiper, d'accompagner et de trouver des solutions pour renouer le lien entre l'exécutif et les Français.» Sévère, Stéphane Rozès considère que les élus LREM n'ont pas été à même de faire «une analyse juste» du mouvement et «d'y apporter les réponses». «Avant de relayer la politique du gouvernement dans le pays, il faut être capable d'établir des ponts sur le terrain, d'écouter les administrés, d'essayer de comprendre ce qui se passe», juge-t-il. Et de conclure : «De ce point de vue, jamais une majorité parlementaire n'aura autant failli. *A fortiori*, quand elle est arrivée en prétendant mieux représenter les Français que ne l'avaient fait les hommes politiques traditionnels.»

4

Une fonction qui ne parle plus à personne

À quoi sert donc un député ? Pour une partie des Français, et peut-être des intéressés eux-mêmes, si l'on se réfère à leurs déceptions, les prérogatives du parlementaire restent floues. Et ce dans un contexte où la défiance envers le politique atteint son paroxysme. « Effectivement, le niveau de confiance n'est pas très élevé. Ceci énoncé, comme disait Churchill, le système démocratique est mauvais mais c'est aussi le moins pire de tous », rappelle le chercheur Luc Rouban. À ses yeux, les nouveaux élus en 2017 ont eu l'illusion d'une marge de manœuvre réelle. « N'ayant pas la culture de militants, ils ont été instrumentalisés car dominés par des cabinets ministériels, comme Matignon ou l'Élysée. Je comprends leur sentiment de vacuité et de fragilité. »

Plusieurs nous ont en effet confié leur surprise à la découverte du champ de compétences qui leur était réservé, leur impression aussi d'avoir été largués comme des pions après l'élection d'Emmanuel Macron. Certains ont également dit s'être trompés de mandat, préférant songer municipales afin d'être plus dans le concret. « Pour beaucoup, la démocratie était quelque chose qu'ils ne connaissaient pas. Ils ne savaient même pas ce qu'était un député et on ne le leur a jamais appris. C'est un échec de l'Éducation nationale dans l'enseignement de la citoyenneté », regrette Annie Chapelier.

*

Selon Jean-Michel Clément, élu à l'expérience politique assez forte, ceux qui critiquent les députés sont semblables aux abstentionnistes d'une élection. « Quand j'entends les citoyens méconnaître la fonction parlementaire, je leur dis qu'ils ne sont pas légitimes pour critiquer. On a perdu l'éducation populaire, civique, et on en arrive à un rejet de tout ce qui est censé représenter », explique-t-il, ajoutant qu'il s'agit là d'un problème culturel avant d'être un problème lié au comportement déviant des élus.

« Les Français viennent demander un logement ou un visa. Ils ne savent même pas ce qu'on fait ! Je ne peux pas exaucer les rêves des gens, moi », soupire M'jid El Guerrab. Au moment des « gilets jaunes », le parlementaire a constaté beaucoup de frustration et de ressentiment à l'égard du politique. Il a donc rédigé alors une tribune pour expliquer aux protestataires qu'ils se trompent de combat, que le problème ne vient pas des députés.

Le politologue Stéphane Rozès estime, de son côté, que la méconnaissance est mutuelle. « Ces nouveaux élus représentent le système. Ce qu'ils ont en commun avec la technostructure est une méconnaissance de ce qu'est le peuple dans ses profondeurs. » Le député Hervé Berville partage son avis : « À quoi sert de payer des élus si on ne connaît pas leurs responsabilités et si les élus eux-mêmes ne les assument pas ? Dès qu'il y a un problème, on les entend dire : "Ce n'est pas nous mais l'État", "On n'a pas assez de budget"… Les élus doivent se débrouiller avec l'enveloppe qu'ils ont, car sinon ils organisent l'impuissance de l'État et alimentent le sentiment que les élus ne sont pas responsables, voire inutiles. »

*

Bref, la fonction ne parle plus à personne. Certains jours, Boris Vallaud (PS) se demande si la meilleure façon de faire avancer les choses ne serait pas d'être à la tête d'une ONG, ou de devenir un universitaire avec du poids. « La politique fait rêver, mais moi j'avais déjà avec elle un rapport neutre car j'en avais vu les limites par le passé. En revanche, j'ai découvert et sous-estimé à quel point le Parlement était faible. Le militantisme de cause n'est-il pas plus utile ? » s'interroge-t-il.

Un autre événement du quinquennat est venu perturber la vision que l'on peut avoir du rôle du député : la réforme sur la fin du cumul des mandats. « On n'a pas encore construit le rôle d'un député territorial dès lors qu'il n'est plus en situation de cumul des mandats, reconnaît le ministre en charge des Relations avec le Parlement, Marc Fesneau. Le grand défaut de cette réforme est de ne pas avoir repensé le rôle du député dès lors qu'il n'est plus en charge de l'exécutif. Il faut réfléchir à la manière dont on articule désormais ce rôle-là. »

S'ajoute à cela le fait que, dans beaucoup de territoires, le nouvel élu a souvent battu le maire, le président de département ou un collègue local, ce qui a créé des tensions au démarrage et n'a pas facilité la fluidité des transmissions ou liens. À l'époque où certains étaient députés-maires, leurs interlocuteurs parlaient au maire, et le député intervenait, lui, ensuite au niveau national, explique le ministre. Si la réforme visait à éliminer cette confusion des genres, rien n'a été fait pour éclaircir, ou appuyer, les pleines prérogatives du parlementaire. « Il est compliqué d'être député, le sport national étant de tirer sur les élus. Or ce sont des gens de bonne foi », conclut le responsable politique.

5

Députés fantômes : où en est-on ?

Un enthousiasme débordant, inédit, voire extraordinaire. Tout le monde s'accorde à le dire, les débuts des nouveaux députés à l'Assemblée nationale ont été studieux. Avec des commissions pleines à craquer. Avec un hémicycle rempli. Avec des néoparlementaires qui ont entamé leur mandat pleins de bonnes intentions. Ce qui s'est traduit par un présentéisme rarement observé auparavant.

Tangui Morlier, administrateur du collectif Regards Citoyens, à l'origine de « NosDeputes.fr », en est l'un des témoins. Lancé en 2009, son site regroupe différentes statistiques sur les députés (nombre d'interventions dans l'hémicycle, amendements déposés, présences en commission, questions écrites, orales, etc.). Et se voit régulièrement cité par les parlementaires, qui craignent de se faire épingler par la presse en cas de mauvais classement. « Avec le renouvellement massif des parlementaires et la fin du cumul des mandats, il y a eu un investissement physique très important à l'Assemblée nationale en début de mandat, que ce soit dans les rangs de la majorité comme dans ceux de l'opposition, raconte Tangui Morlier. Cela s'est poursuivi, même si dans une moindre mesure. C'est en tout cas une tendance de fond de cette législature. »

*

Tous les députés sont-ils restés aussi motivés, présents et assidus qu'au début ? Certains se sont-ils essoufflés ? Après la crise des « gilets jaunes », une petite musique différente a retenti dans les médias : il y aurait de plus en plus d'élus fantômes dans les rangs de La République en marche. « Depuis quelques mois, les députés de la majorité désertent complètement les réunions de groupe du mardi matin, raconte un habitué du Palais-Bourbon début 2020. Au moins 80 parlementaires du groupe majoritaire sont complètement largués. Une cellule de reboostage a même été mise en place tant ils en ont marre et ont hâte que leur mandat se termine », lance-t-il. Pour Julien Aubert, LR du Vaucluse, ce serait même « une centaine de députés En Marche ! » qui ne seraient « jamais là ».

À en croire une ancienne parlementaire du groupe majoritaire, l'estimation est un peu élevée. Selon elle, plutôt « une cinquantaine » aurait « totalement déserté » l'Assemblée nationale. « Et on peut les comprendre, ils s'y sentent inutiles et préfèrent être en circonscription », ajoute-t-elle.

Peut-on dès lors affirmer qu'il existe entre 50 et 100 élus « fantômes » à l'Assemblée nationale ?

*

Lorsqu'on regarde les statistiques publiées sur le site NosDeputes.fr (données observées début 2020), que voit-on ?

• Que 69 députés cumulaient moins de 30 présences en commission lors des dix derniers mois, dont 25 dans le groupe majoritaire ;

• Que seuls 59 députés cumulaient moins de 5 interventions longues dans l'hémicycle lors des dix derniers mois, dont 42 dans le groupe majoritaire ;

• Que seuls 56 députés cumulaient moins de 25 semaines d'activité à l'Assemblée nationale lors des dix derniers mois, dont 22 dans le groupe majoritaire.

Dès lors, Tangui Morlier conclut qu'« il n'y a pas beaucoup de vrais députés fantômes », mais qu'en revanche il existe un certain nombre qui « s'investissent peu dans les sujets parlementaires » parce qu'ils ont eu « beaucoup de mal à s'emparer des outils qu'offre le Parlement ». Ce manque d'investissement au Parlement ne se ressent pas forcément statistiquement, beaucoup ayant des collaborateurs parlementaires qui « doivent occuper leur journée et rédigent des questions écrites ou signent des amendements pour eux » (ce qui est comptabilisé dans les données publiées).

Autre donnée à ne pas négliger lorsque l'on parle des députés absents physiquement du Palais-Bourbon. Le fait que certains soient malades, d'autres en congés maternité, donc indisponibles pour des durées plus ou moins longues. « Puisqu'ils ne peuvent abandonner temporairement leur siège et le céder à leur suppléant, cela donne l'illusion de parlementaires peu actifs alors qu'ils ont des raisons tout à fait valables », explique Tangui Morlier.

*

Si les réunions de groupe LREM sont souvent boudées, si le Parlement est moins rempli qu'en début de mandature, si les commissions font moins le plein qu'auparavant, c'est aussi parce que les députés de la majorité ont fait l'apprentissage de l'Assemblée nationale.

« Maintenant qu'ils ont une meilleure compréhension de ce qu'est la démocratie parlementaire, mais aussi qu'ils se sont rendu compte que leur marge de manœuvre au Parlement était très petite, ils sont moins présents dans l'hémicycle », juge Tangui Morlier. Ce que nous ont raconté plusieurs députés ayant choisi d'être moins assidus à Paris afin de se concentrer sur d'autres sujets.

C'est par exemple le cas d'Alexandra Valetta, LREM des Alpes-Maritimes. « La première année, j'imaginais tout un champ des possibles, sur tous les sujets qui m'intéressent. J'avais envie d'aller partout, de tout voir et de tout faire, se souvient-elle. Mais je me suis vite rendu compte que je n'y arrivais pas : parce que je n'étais pas spécialiste dans tout, et parce que c'était trop chronophage. Alors, j'ai appris à lâcher. » Depuis, elle s'est « recentrée sur des thématiques qui [la] concernent » et qui sont importantes pour son territoire. « Du coup, je ne suis pas une députée modèle, toutes les semaines hyper-assidue dans l'hémicycle à voter les lois. En revanche, je suis présente chaque semaine à Paris, dans les ministères, à essayer de faire monter les dossiers de ma circonscription, ou à faire des réunions. Et je me fous qu'on dise que je n'étais pas présente à l'Assemblée. Si je réussis à faire sortir quelques dossiers pour mon territoire, cela me va bien. »

Comme elle, nombre d'élus, et pas uniquement de la majorité, préfèrent investir d'autres sujets, rester en circonscription ou être présents dans les médias que montrer une parfaite assiduité à l'Assemblée nationale.

*

Tris Acatrinei, fondatrice de la plateforme Projet Arcadie qui centralise de nombreuses informations sur les députés français et produit des rapports très complets sur leur travail, estime qu'« il n'y a pas de député fantôme ». « Les parlementaires qui ne viennent pas à l'Assemblée ne sont pas des fantômes, ils sont en circonscription ou en voyage officiel. Ce n'est pas parce qu'ils ne viennent pas qu'ils ne bossent pas. Député n'est pas un métier, mais un mandat, et chacun l'exerce comme il le souhaite. »

La jeune femme, ancienne collaboratrice parlementaire, a publié en 2019 un long rapport sur l'activité réelle des parlementaires. Dans ce document, elle explique que, d'après ses rencontres avec différents élus, ceux-ci travaillent entre cinquante et cent heures par semaine. « Les députés ne peuvent matériellement pas travailler sur du temps long, ce qui est impératif pour bien légiférer. Il n'est donc pas rare qu'ils utilisent les jours où ils ne sont pas à Paris pour lire des notes, des rapports, se documenter, au détriment de leur vie privée car ils n'ont que ce moment », écrit-elle. Selon la fondatrice de Projet Arcadie, les critiques faites sont donc injustifiées. « La vérité, c'est qu'ils bossent comme des chiens. Ils ne peuvent jamais débrancher, ne sont jamais tranquilles. Ils doivent parler avec les gens, répondre aux sollicitations diverses et variées car, s'ils ratent l'inauguration d'un nouveau gymnase, ils le paieront jusqu'à la fin de leur mandat et ne seront pas réélus. Ils sont en permanence pris entre deux feux : s'ils ne sont pas assez en circonscription, les gens vont le leur reprocher, et s'ils ne sont pas assez à l'Assemblée, ils vont leur en vouloir aussi », détaille-t-elle.

Un avis que partage le sociologue Étienne Ollion : selon lui, le travail à l'Assemblée nationale a « été décuplé ces quarante dernières années » et les députés sont de fait beaucoup plus présents au Palais-Bourbon. « Avant, il y avait deux fois soixante jours de présence, maintenant, c'est plutôt trois cents. J'ai pu lire qu'on parlait de 150 députés fantômes alors qu'en réalité il n'y en a qu'une poignée. Et beaucoup moins qu'avant. Le nombre d'heures passées en séance, en commission, le nombre d'amendements proposés : tous ces indicateurs ont complètement explosé », assure-t-il. Et de conclure : « Il y a un côté mal-aimé de la République chez le député. Alors que ces gens consacrent une grande partie de leur vie à travailler. »

6

Crise de la démocratie représentative, la crise d'un tout

«Je dis parfois que le monde est en PLS (position latérale de sécurité)», lance Hervé Berville lorsque nous l'interrogeons sur une éventuelle crise de la démocratie représentative. «Il y a une triple crise. D'abord, celle de la prospérité et de l'activité économique qui ne bénéficient pas aux classes moyennes des pays occidentaux. Ensuite, celle de la sécurité avec l'hyperviolence et l'arc des attentats qui ne fait que s'étendre. Enfin, celle de la légitimité et de la représentativité.» Laquelle se caractérise par un rejet de toutes les institutions – Union européenne, élus locaux et nationaux, entreprises, syndicats, médias – considérées comme illégitimes et non adaptées aux modes d'action que les citoyens attendent. «Notamment les jeunes», poursuit le député des Côtes-d'Armor, qui a passé le cap des 30 ans cette année.

Au moment de la crise des «gilets jaunes», Delphine Bagarry a constaté cet état de défiance. «Je l'ai très mal vécue car je l'ai perçue comme une crise de la démocratie représentative. J'ai été élue et on remettait en cause ma légitimité», regrette-t-elle, ajoutant qu'elle-même ne se l'était jamais permis, même envers un élu en faveur de qui elle n'avait pas voté, comme Nicolas Sarkozy. «Comment redonner confiance aux gens? Par l'exemplarité. Le cumul des mandats et l'immobilisme ont participé à rompre cette confiance. » À ce sujet, le ministre en charge des Relations avec le Parlement est sans équivoque : « Il y a une défiance généralisée à l'endroit des partis, de la classe dirigeante. Celle-ci traduit une incapacité des gouvernants à donner le sentiment de pouvoir changer les choses… »

*

Pour Anne-Laurence Petel, députée de la majorité, ce constat a été un véritable choc. « On est mis dans le panier vaste et généraliste, homogène, des élus et des élites », déplore-t-elle. Et ce, malgré le passé professionnel des macronistes novices, qui leur donnait l'impression d'être proches des travailleurs, du peuple.

Si Cédric Villani reconnaît l'existence d'une crise de la représentativité, lui la resitue dans un contexte. « La France n'est pas un cas isolé. Nous sommes entrés dans une période de grandes inégalités territoriales, une période trouble et confuse avec le Brexit, l'élection de Donald Trump aux États-Unis ou de Bolsonaro au Brésil. Cela aurait été impensable il y a dix ans. »

Mais pour les chercheurs Stéphane Rozès et Bruno Cautrès, le constat est plus dur à l'égard de la France et de cette législature. « Ces nouveaux députés étaient arrivés en disant qu'ils allaient restaurer le lien de confiance entre l'exécutif et le pays, mais il s'est passé exactement l'inverse. Ils ont été des acteurs sans connaître l'histoire à laquelle ils participaient », attaque le premier. Pour le second, la nouvelle majorité a peiné à échapper au modèle de la Ve République, restant alignée « comme un seul homme » derrière le président Emmanuel Macron. « Elle a eu du mal à être force de proposition, à anticiper les problèmes et à jouer son rôle de relais entre la France profonde et le gouvernement. » Sortir de l'idéologie, être davantage pragmatique, faire remonter ce sentiment de décalage entre les Français et le chef de l'État… «La promesse de renouvellement n'a pas porté ses fruits.»

*

Pour d'autres élus néophytes et n'appartenant pas à la majorité, la crise de la représentation n'a pas lieu d'être. C'est l'avis de Christophe Naegelen (Union des démocrates, radicaux et libéraux) : «La démocratie représentative, c'est ça : quand les "gilets jaunes" disent qu'ils veulent quelqu'un de chez eux pour les représenter, ça existe, ça s'appelle un député. Après, ils n'ont qu'à pas voter pour une vague», argue l'élu des Vosges, qui se positionne contre la proportionnelle, mode de scrutin qui biaise selon lui la représentation des citoyens en faisant «gagner les partis» et non les personnes bénéficiant d'un ancrage local.

«Il est vrai que les gens ne se sentent pas représentés par les députés, mais ces députés seront remplacés, et c'est le but d'une élection. Au fond, il faudrait un changement de rythme des élections, revenir à un mandat de sept ans, à un vrai débat institutionnel», propose le politologue Luc Rouban, chercheur au Cevipof.

Sur le terrain, le député LREM Patrice Anato va, lui, plus loin : le malaise ne relèverait pas d'un échec de la représentativité mais plutôt d'un manque d'association des citoyens aux prises de décision.

*

En nous fondant sur le travail des chercheurs Loïc Blondiaux et Yves Sintomer, auteurs de «L'impératif délibératif» publié dans la revue *Politix* en 2002, nous constatons que la crise de la représentation est ancrée depuis longtemps dans la société française. À l'époque déjà, le duo observait que les démocraties contemporaines étaient frappées d'une évolution idéologique significative modifiant les pratiques politiques : les notions de consultation, de débat et de participation gagnaient les esprits. L'idée, en somme, était de ne plus se contenter de l'action publique, mais d'impliquer dans les décisions une pluralité d'acteurs issus de la société civile, comme les citoyens et le réseau associatif. Des notions apparues dès les années 1980. Quinze ans après, la loi Barnier énonça un principe de participation en lançant une commission nationale du débat public (CNDP) pour les projets d'aménagement du territoire ou d'équipement. Dans les années 1990, deux textes de loi visant à institutionnaliser le droit à participer ont été débattus par les parlementaires (loi sur le référendum en 1992 et loi sur le débat public en 1995).

Les partisans de la démocratie délibérative s'inspirent du philosophe Habermas, à l'origine de la notion d'espace public. La légitimité démocratique dépendrait alors de «l'accord intersubjectif» des citoyens qui, dans cet espace public, pourraient tenir des discussions sur certains sujets avec l'appui de l'État. «Cette optique démocratique radicale reprend pour partie l'idéal de la démocratie antique lorsqu'elle affirme que tout un chacun peut délibérer de façon raisonnable et que cette activité n'est pas le monopole des élites», relevaient les chercheurs. Si cette approche est plébiscitée jusque dans les années 2000, elle a ses limites : délibérer ne signifie pas décider. La délibération ne donne que l'illusion d'une participation au pouvoir de décision, puisqu'il s'agit en fait d'une participation à la discussion. Mais à quoi sert de délibérer si ce n'est dans l'espoir de pouvoir agir, de pouvoir décider ensuite ?

Ces dernières années, c'est bien la démocratie participative qui est en odeur de sainteté dans l'Hexagone. Selon Loïc Blondiaux, la démocratie participative désigne «l'ensemble des démarches et des procédures qui visent à associer les citoyens ordinaires au processus de décision politique, ce qui permet de renforcer le caractère démocratique du régime politique. Elle comprend la démocratie participative institutionnalisée, qui est mise en œuvre par les autorités afin de compenser un déficit de légitimité et qui est parfois codifiée et imposée par la loi. Elle renvoie aussi à toutes les initiatives plus spontanées et informelles qui résultent des citoyens eux-mêmes et de la société civile organisée, dans le but de prendre la parole, de protester, de revendiquer, d'interpeller les autorités politiques. Cela correspond à ce que Pierre Rosanvallon nomme la "contre-démocratie". Cela peut aller du conseil de quartier aux forums sociaux, en passant par les pétitions en ligne et les actions en justice».

Nous interrogeons presque tous les députés rencontrés à ce sujet. Après tout, ils représentent une circonscription tout en étant des élus de la nation. «La démocratie participative ? Au niveau local OK, et encore, il faut faire attention à ce que ce ne soit pas capté toujours par les mêmes. Chacun doit savoir ce qu'il fait, qu'on arrête la décentralisation !» clame Hervé Berville. «Ça dépend où on met le curseur. Ce qui se passe avec Aéroports de Paris me va bien : si la proposition reçoit un certain nombre de signatures, on y ajoute des parlementaires et on a l'obligation de l'étudier. Mais on a une démocratie représentative et on élit des personnes pour nous représenter», abonde Delphine Bagarry (ex-PS, ex-LREM).

*

Dans un autre article scientifique proposé par Cécile Blatrix et publié en 2007 dans la revue *Sociétés contemporaines*, cette chercheuse évoque, en référence aux travaux de Loïc Blondiaux, un «nouvel impératif participatif». Dès lors, le droit à la participation du citoyen n'est plus résumé au simple droit de vote mais à tout un processus de délibération et de pouvoir d'agir. Si les élus – et nous prendrons ici l'exemple des députés – peuvent se montrer frileux ou prudents face à cela, c'est selon elle parce que la démocratie participative remet presque en doute leur élection, et par-delà même leur fonction. « Quelles que soient la réalité et l'étendue de cette crise de la représentation, elles agissent désormais comme une contrainte pour les représentants, qui se voient sommés de prendre en charge la "demande sociale de participation". »

Si une partie des députés nous ont assuré avoir essayé de favoriser les initiatives de démocratie participative, constatant effectivement un besoin, leurs tentatives ne sont jamais allées très loin. « J'ai très mal vécu l'idée des référendums comme le référendum d'initiative citoyenne (RIC) durant les "gilets jaunes", confie par exemple Delphine Bagarry. Élire un député, c'est donner mandat à des gens afin qu'ils raisonnent à notre place car nous n'avons pas le temps. Un élu a les collaborateurs et les informations... Ce n'est pas une profession mais un vrai métier, qui s'apprend. » La députée n'exclut toutefois pas de donner les moyens aux citoyens de s'emparer de projets, avec un pouvoir de décision « partiel » ou un budget et estime qu'à l'échelle locale c'est possible. Même le tirage au sort n'est pas idiot si « on laisse le choix aux citoyens ». Depuis le début de son mandat, Philippe Latombe (MoDem) affirme, lui, faire de la démocratie participative en essayant d'impliquer davantage la société civile, et regarde avec suspicion « les référendums sur tout compliqués à organiser... Le RIC délirant à mettre en œuvre ! » Pendant le grand débat national, il a en revanche constaté que les réunions publiques fonctionnaient bien. « Mais il faut que les gens aient envie. J'organise des permanences parlementaires dans les mairies annexes tous les mois et ils ne viennent pas. »

*

Les outils d'un tel modèle de gouvernance sont accessibles à ceux qui en maîtrisent le langage, excluant donc une partie de la population. La fidélisation des citoyens est aussi un facteur déterminant pour la réussite de ces actions. Interrogé sur la façon dont les députés peuvent s'approprier l'idée, le chercheur Luc Rouban confirme qu'il s'agit d'une attente d'une partie de l'opinion mais que l'idée de la participation sur le plan opérationnel reste limitée. « Il faut qu'elle se fasse dans des conditions précises, au niveau local, et qu'elle n'ait pas de valeur normative. Elle concerne une minorité de personnes, et dans les enquêtes on voit bien que les gens ne veulent pas forcément s'impliquer davantage », analyse le professeur à Sciences Po. À ses yeux, la démocratie participative peut être avant tout envisagée comme un accessoire de la démocratie représentative. « La participation peut être pertinente au niveau local, en guise d'élément d'information. Mais cela ne parle pas à ceux qui n'ont pas cette culture politique. »

En novembre 2018, une mission flash sur la démocratie locale et la participation citoyenne a été créée par la commission des lois. Dans un rapport rendu public le 6 février 2019, soit en pleine crise des « gilets jaunes », les députés Émilie Chalas (LREM) et Hervé Saulignac (PS) ont démontré que, si les outils sont foisonnants, ils restent peu utilisés parce que leurs conditions d'emploi sont restrictives aux yeux des élus comme des citoyens. Les auteurs préconisent de garantir davantage la sincérité et l'objectivité des organisateurs tout en s'assurant de la représentativité des participants.

Patrice Anato, élu LREM de la Seine-Saint-Denis, fait partie des parlementaires à avoir expérimenté la démarche. Dans sa circonscription, il a lancé les Lab Citoyens, cinq rendez-vous traitant de thématiques différentes. « Je n'ai pas attendu les "gilets jaunes" pour faire de la démocratie participative, sourit-il. Le sujet de l'autisme a très bien marché car il n'y a que deux centres pour enfants autistes sur le département et on manque de places. Au bout de trois mois, chaque Lab produit un rapport avec l'aide de mes collaborateurs. » Les citoyens qui composent le Lab doivent proposer des préconisations qui sont elles-mêmes remontées par le député aux ministères concernés. Mais là encore, la participation reste limitée. « Les citoyens ne décident pas, sinon il y aurait 100 000 décisions pour un même sujet ! On les associe à la réflexion jusqu'à la concrétisation du projet politique. »

*

Matthieu Orphelin et Paula Forteza, tous deux chez LREM avant de quitter le navire, ont tout fait pour encourager ce modèle. Lorsqu'ils se rencontrent pour la première fois, ils estiment qu'il est temps de faire évoluer les pratiques. La raison principale ? La défiance à l'égard des politiques et l'image assez élitiste que peut renvoyer l'institution. « On a souhaité ouvrir les portes de l'Assemblée, et tout ce qui est en lien avec la participation citoyenne nous intéressait. L'idée nous est venue en discutant autour d'un repas », se souvient l'élue franco-argentine. Leur concept ? Une plateforme en ligne de questions citoyennes visant à casser les barrières et regagner la confiance des Français : Parlement ouvert. Les deux instigateurs la mettent en place en presque un mois et mobilisent leurs collègues. « C'est une belle expérience. Ça continue, on reçoit toujours des questions et on y répond, même si on a un peu du mal à faire la modération et à garder la motivation des collègues », confie Paula Forteza. « La démocratie participative nourrit la représentative », complète Matthieu Orphelin. La vision que les citoyens ont de leurs représentants nationaux étant dégradée, le député rappelle que, lors de la restitution des idées du grand débat national, la suppression du Sénat et la dissolution de l'Assemblée nationale étaient en tête de liste. « C'est très fort. »

Mais si l'on veut permettre à la participation de venir en soutien à une démocratie représentative malade, encore faut-il que la classe dirigeante joue le jeu. « Des ministres m'ont dit : "Vos trucs de conseil citoyen, au secours quoi !" Y compris chez les jeunes politiques, comme Sébastien Lecornu. Le grand débat national, Édouard Philippe, Premier ministre, n'y croyait même pas », regrette Matthieu Orphelin.

Pour regagner la confiance des citoyens, Paula Forteza joue la carte de la transparence sans modération. Elle met à jour son agenda et ses dépenses en ligne. « Un groupe de travail a été monté et on a rédigé des rapports sur la façon de mettre en place un budget participatif au niveau national, d'intégrer la participation citoyenne dans la Constitution... » Lors du grand débat, elle s'est réjouie de compter deux millions de contributions à l'échelle nationale et de voir différents canaux de participation se développer, tels que la plateforme en ligne, les conférences citoyennes, le tirage au sort ou les réunions locales. « Il y a beaucoup de choses qui peuvent être améliorées, mais c'était une première et il faut que ça devienne une façon de faire de la politique. » Il s'agit donc de trouver des mécanismes poussant les responsables à travailler avec les citoyens et à partager leur pouvoir de décision. « Un citoyen lambda n'est pas mobilisable 24 heures sur 24, c'est donc bien qu'il y ait des personnes dédiées à cela. Parce que pour faire la loi, il faut un bagage technique... », conclut-elle. Une ébauche, encore timide mais nécessaire, de la démocratie participative 2.0.

7

Le paradoxe français : professionnalisation de la vie politique ou amateurisme ?

« On ne peut pas d'un côté dire qu'on veut de jeunes députés qui démarrent et, de l'autre, nous demander de tout savoir en quelques mois », tacle Sonia Krimi. Comme elle, beaucoup de nouveaux élus de 2017 ne comprennent pas comment les Français peuvent encore leur faire un procès en amateurisme alors que la professionnalisation de la vie politique est, elle, dénoncée depuis de nombreuses années. Pour le spécialiste en sociologie politique Étienne Ollion, l'amateurisme vilipendé se résume au constat de la méconnaissance du processus de décision chez les novices. « Oui, on peut dire qu'il y en a un peu plus sous cette mandature », confirme-t-il. Par un travail quantitatif, le chercheur au CNRS livre le constat dans son ouvrage paru juste avant l'élection d'Emmanuel Macron. « Depuis 2014, tout le monde ne parlait que de professionnalisation de la vie politique. Je voulais définir cela de manière quantitative. » En cause notamment, l'élection des députés qui constituent en partie la majorité du Président. « Tous ces profils changent la donne », souligne-t-il.

*

Parmi ces novices, il y a une petite catégorie d'élus que Sonia Krimi voit déjà comme des professionnels. Elle les qualifie de faux nouveaux et refuse de les nommer, tout en laissant volontairement des détails échapper. « Ce sont tous les députés qui connaissaient très bien l'Assemblée, l'Élysée et les rouages politiques. Ceux qui savent comment faire passer une loi, comment avoir de l'influence. Les Macron boys et les Macron girls, toute la première vague de porte-parole. Ils ont tous fait partie de partis politiques, une en particulier a même été avec Sarkozy, puis Fillon, Juppé et enfin Macron », référence à Aurore Bergé.

Cette génération de parlementaires, âgés en moyenne de 25 à 30 ans, sait s'exprimer devant une caméra et le fait sans modération. D'autres, comme François-Michel Lambert, les appellent la bande des 30 : ils ont moins de 30 ans, vivent à moins de 30 minutes en transports de Paris et passent 30 minutes par jour dans les médias. « Ce sont ceux qui savent parler pour ne rien dire, en fin de compte, qui ont l'ambition de transformer le pays », complète la députée de la Manche. Ceux-là ne sont pas vraiment des amateurs à leur arrivée à l'Assemblée nationale.

*

Mais alors, que veulent les Français ? Faut-il des novices (au risque d'avoir des amateurs, voire des incompétents), des faux nouveaux (au risque d'avoir des professionnels déguisés en débutants) ou des professionnels de la vie politique, qui enchaînent les mandats au niveau local et national (au risque d'avoir des élus déconnectés de la réalité du terrain) ?

« En fait, il y a une lecture sociologique des attentes de la population, explique Luc Rouban. Les classes supérieures ont tendance à demander de la compétence, tandis que les classes moyennes et pauvres privilégient l'amateurisme. »

Pour les premières, la professionnalisation de la vie politique ne fait pas de mal car elles estiment ne pas pouvoir s'occuper de tout en permanence. Il est donc confortable que des personnes ayant voulu en faire leur métier s'en chargent pour eux. « Ce sont deux modèles de représentation très clivés selon les critères sociologiques », poursuit le directeur de recherche au CNRS. Dans son rapport sur le baromètre de la confiance politique, qu'il intitule « L'emprise du libéralisme autoritaire en France », il démontre que « 43 % de l'électorat de droite défend l'efficacité face à la démocratie », et donc, indirectement, la professionnalisation de la vie politique face à de nouvelles formes de gouvernance plus inclusives. Le chercheur estime que « l'inefficacité politique du gouvernement sous Emmanuel Macron » se traduit davantage par « l'impréparation des réformes et le sentiment pour les députés d'être piégés » que par l'amateurisme dont ces derniers auraient pu faire preuve.

Pour Cédric Villani, qui se prononce contre la professionnalisation de la vie politique, il s'agit avant tout de trouver un équilibre. « Il faut du renouvellement et il faudra bien laisser sa place comme on l'a voté. On ne pourra pas faire plus de trois mandats, affirme-t-il. Il faut aussi une petite dose d'amateurisme, on ne peut pas à la fois être contre la professionnalisation et contre l'amateurisme. »

Mais trois mandats, n'est-ce pas déjà trop ? Le vrai problème en France, c'est qu'aucun statut d'élu n'ait été convenablement établi, nous explique Jean-Michel Clément (ex-LREM). « On a créé indirectement des situations de dépendance à la vie politique, sauf pour les professions libérales où on peut rebondir. En France, on a tendance à élire des gens expérimentés au lieu de débutants, à l'exception de la dernière élection. »

*

Dans un numéro de LCP Le Mag, diffusé le 3 novembre 2018, des députés balayés lors des législatives sont revenus sur cette problématique. Si certains avaient pu se recaser, notamment ceux issus des professions libérales, il restait extrêmement difficile pour d'autres de se réinsérer dans la vie professionnelle après leur mandat. Et la notion de handicap évoquée à un moment a retenu notre attention. « Contrairement aux pays nordiques, où les élus commencent très jeunes et font ensuite l'objet de toutes les convoitises de la part des entreprises, des administrations, il est impossible pour nous de retrouver du boulot. On veut interdire le cumul du statut d'élu et de l'activité professionnelle, mais on fait comment ensuite ? » s'interroge un élu de la Vienne, qui préconise un filet de sécurité pour les deux années suivant le mandat. Lequel permettrait aux députés de se reconvertir, comme n'importe quel chômeur.

Ainsi, la professionnalisation de la vie politique reste plébiscitée par une partie de la population française, mais aussi par le système en place qui ne prévoit rien pour réintégrer les députés dans le monde réel.

Huitieme partie

La crise sanitaire du Covid-19

1

Des députés confinés… et en télétravail

Au plus fort de la première crise du coronavirus, la majeure partie des députés ont été confinés chez eux. Une période difficile durant laquelle ils ont dû apprendre à travailler à distance. Réunions Zoom, visioconférences, appels à longueur de journée avec les collègues ou les collaborateurs parlementaires…, comme beaucoup de Français, nos élus n'ont pas chômé, malgré la léthargie dans laquelle le pays était plongé.

*

« Le confinement était une frustration énorme, avoue Anne-Laurence Petel, députée des Bouches-du-Rhône. On ne peut pas sortir, se retrouver, avoir de contact physique, alors on essaye tout de même de se rendre utile à la circonscription. Tous les jours, derrière l'ordinateur, on est à la manœuvre pour tenter d'aider. On appelle les Ehpad, les petits commerçants, on reste en lien quotidien avec les ministres. Ce contact humain est vital. »

Même ressenti du côté de Guillaume Chiche, élu des Deux-Sèvres, qui explique avoir eu beaucoup de travail avec les acteurs de son territoire. « Il fallait expliquer les dispositifs gouvernementaux et répondre aux problématiques locales. »

Un exercice à distance inédit auquel les parlementaires ont dû s'adapter. « C'est compliqué car on n'a pas forcément l'impression d'être très utile. On s'efforce d'informer les gens qui s'inquiètent et tout se fait par mail et en visio », résume à son tour Dimitri Houbron, député du Nord.

*

Des parlementaires n'ont hélas pas échappé aux polémiques pendant cette période.

Richard Lioger, LREM de Moselle, en a fait la triste expérience. Après qu'un internaute a révélé sur Facebook que celui-ci avait rejoint sa résidence secondaire, dans le Lubéron, pour s'y confiner, le parlementaire a reçu un flot d'insultes plusieurs jours durant. Les internautes lui reprochèrent de s'être échappé « au soleil » et d'avoir « abandonné les soignants et les citoyens ». Menacé de mort par certains internautes, il a dénoncé un « lynchage savamment orchestré ». S'il a reconnu le problème symbolique que pouvait poser sa mise au vert loin de sa circonscription, il mit fin à la polémique quelques jours plus tard en annonçant donner plus de la moitié de sa rémunération au Secours populaire.

*

La députée Insoumise de Meurthe-et-Moselle et aide-soignante Caroline Fiat s'est quant à elle isolée avant même l'annonce du confinement par le président de la République. « J'ai annulé mes rendez-vous en présentiel et toutes mes visites », se souvient celle qui, très tôt, avait averti ses collègues parlementaires de l'importance de respecter les gestes barrières. « Ils se moquaient de moi, se faisaient la bise, se serraient la main. Un jour, je me suis vraiment fâchée et j'ai fait un gros coup de colère devant Richard Ferrand. »

Des remontrances qui n'y firent rien, l'Assemblée nationale devenant bientôt un cluster du coronavirus. Pour cela, elle s'isola pendant quinze jours, par précaution. «Nous sommes des députés de la nation, nous représentons le peuple et nous ne sommes même pas capables de donner l'exemple en respectant les gestes barrières», condamne-t-elle.

Après la période d'isolement, Caroline Fiat tourne en rond chez elle, se sent «comme un lion en cage». À l'instar de nombreux parlementaires issus du corps médical ou paramédical, elle décide finalement de reprendre son activité d'aide-soignante pour aider. La nuit, elle fait des gardes auprès des malades, dans un hôpital de sa région, très touchée par l'épidémie. La journée, elle dort ou essaie de poursuivre à distance son activité de parlementaire. Un rythme effréné, mais nécessaire. «Je quittais le service, me douchais à l'hôpital, je rentrais, me déshabillais dans le garage, mettais mes habits à la machine, puis reprenais une douche chez moi pour être sûre de ne rien ramener à la maison.» Pendant qu'elle dormait, ses collaborateurs préparaient une liste des dossiers importants à régler rapidement. «Je travaillais beaucoup sur la gestion de crise au quotidien, sur des sujets comme le manque de blouses à l'hôpital moi qui étais en plein dedans.»

*

Les parlementaires ont-ils eu peur pendant cette période qui a vu de nombreux Français mourir? Pour eux, leurs proches, pour le pays? «On se sent démuni et on découvre la fragilité de notre système lorsqu'un événement d'une telle ampleur survient», juge, laconique, Dimitri Houbron (ex-LREM). L'élu des Deux-Sèvres Guillaume Chiche est plus volubile : «Une épidémie à affronter sans y avoir été préparés, qui fait beaucoup de victimes, c'était effrayant.

J'ai été terrifié par le rythme de propagation du virus, le nombre de décès, la douleur des familles, l'incapacité pour elles de se rendre à des obsèques. » Et de conclure : « On ne pensait pas que cela nous atteindrait… Finalement, ce fléau nous a touchés de manière très, très intense. »

2

Crise sanitaire : des députés contaminés par le Covid-19

Comme tous les Français, certains députés ont été infectés par le coronavirus. Et l'Assemblée nationale a été l'un des premiers foyers connus de l'épidémie.

C'est le jeudi 5 mars 2020, jour du début des vacances parlementaires, que tout a commencé. Après plusieurs semaines de débats sur la réforme des retraites, les élus quittent l'hémicycle pour deux semaines de repos. Ils vont enfin pouvoir souffler. Mais le soir même, alors que beaucoup ont déjà rejoint leur circonscription, la nouvelle tombe : Jean-Luc Reitzer, député Les Républicains du Haut-Rhin, l'un des premiers départements atteints par le Covid-19, a contracté le virus. Âgé de 68 ans, il est en réanimation à l'hôpital.

Dans la foulée, Richard Ferrand, président de l'Assemblée nationale, publie un communiqué où il annonce qu'un salarié travaillant à la buvette, lieu très fréquenté par les parlementaires, a également attrapé le coronavirus.

Il ajoute qu'un autre salarié, travaillant cette fois-ci au restaurant des députés, est possiblement infecté : celui-ci a même été hospitalisé.

Dans les jours qui suivent, de nouveaux cas apparaissent : parmi eux, d'autres élus et même Franck Riester, le ministre de la Culture. En tout, à l'issue de la première vague de Covid-19, 106 cas ont été enregistrés à l'Assemblée nationale. Parmi eux, 31 députés, 19 collaborateurs parlementaires, 56 membres du personnel. Un seul, Claude Goasguen, député LR de Paris, ancien ministre de Jacques Chirac, en est décédé.

*

Le député communiste André Chassaigne fait partie des premiers cas détectés au Palais-Bourbon. « Comme j'avais fréquenté la buvette et le restaurant de l'Assemblée juste avant de rentrer en circonscription, je savais faire partie des parlementaires susceptibles d'avoir été contaminés », se souvient-il. Avant même d'avoir des symptômes, il s'isole, suspend toutes ses sorties, ferme sa permanence, annule ses réunions publiques. Quelques jours plus tard, il est hospitalisé et placé en chambre d'isolement. « J'avais de la fièvre, des courbatures, mal au dos et une grande fatigue générale. »

Au bout de cinq jours, il sort de l'hôpital et peut rejoindre son domicile, où il reste entièrement confiné deux semaines. « Finalement, je n'ai pas été très touché. Après coup, je me suis dit : "Ouhlà, tu es en surpoids, tu vas sur 70 ans, tu es peut-être passé à côté de quelque chose qui aurait pu être grave" », relève-t-il.

*

Certains n'ont pas eu autant de chance. C'est notamment le cas de trois autres parlementaires rencontrés : Patricia Mirallès, députée de l'Hérault, Valérie Boyer, députée des Bouches-du-Rhône, et Jean-Luc Reitzer, député du Haut-Rhin. Les deux élues du Sud ont été très atteintes, la maladie les ayant handicapées pendant plusieurs semaines.

Lorsque nous téléphonons à Valérie Boyer, le 10 avril 2020, elle est encore très affaiblie. Pourtant, elle a contracté le Covid-19 il y a déjà longtemps. « Depuis plusieurs semaines, je toussais beaucoup. Je pensais que c'était dû au pollen. Mi-mars, j'ai ressenti un grand état de fatigue, je suis allée me faire dépister et j'ai été testée positive. J'ai été hospitalisée quelques jours plus tard », se remémore celle que l'on a vue sur de nombreuses chaînes de télévision parler de son traitement à base d'hydroxychloroquine prescrit par le docteur Didier Raoult.

Début mai 2020, sa collègue de l'Hérault, Patricia Mirallès, nous raconte, elle aussi, l'épreuve longue et éprouvante qu'elle a traversée. La parlementaire héraultaise, qui a contracté le coronavirus mi-mars en menant campagne pour les municipales à Montpellier, est encore sévèrement atteinte plus de deux mois après. « J'ai toujours des problèmes inflammatoires dans mes analyses sanguines, les mains qui gonflent. Je suis exténuée et n'arrive pas à me concentrer sur quoi que ce soit. Ma santé demeure très instable, j'espère que ça ne restera pas », confie-t-elle d'une voix très enrouée. Hospitalisée très tôt, Patricia Mirallès se souvient avoir été placée six jours en isolement, où elle a passé la majeure partie de son temps à dormir. « Je n'arrivais même pas à lever les bras. Les soignants venaient toutes les trois heures vérifier mes constantes car ils savaient qu'à tout moment je pouvais basculer. »

*

Jean-Luc Reitzer, tout premier cas identifié à l'Assemblée nationale, a été longtemps en un état critique. En tout, le député LR du Haut-Rhin a passé quatre semaines dans le coma. Hospitalisé le 4 mars 2020, il n'est rentré chez lui que le 15 mai, deux mois et demi plus tard.

Alors que nous l'appelons, le 4 juin, trois mois pile après son hospitalisation, le parlementaire est tiré d'affaire, mais se sent encore très affaibli. « Depuis deux jours, j'ai un contrecoup, je pense que les contacts que j'ai eus m'ont fatigué », raconte ce miraculé, qui, depuis la sortie d'hôpital, a répondu à plusieurs interviews. Depuis, l'élu profite de chaque instant avec ses proches. « Mon pronostic vital a été engagé à plusieurs reprises. C'est une épreuve de vie, d'humilité et de modestie. » Car tout a basculé très rapidement. « J'ai ressenti une grande fatigue, je toussais et j'avais de la fièvre. J'ai été hospitalisé après une radio des poumons très défavorable. En l'espace de douze heures, j'ai su que j'avais le coronavirus. J'ai alors été hospitalisé et plongé dans un coma profond durant un mois », résume-t-il.

Pendant cette période, le parlementaire se rappelle avoir fait de nombreux cauchemars : « J'avais l'impression de les vivre vraiment. Je sentais des odeurs, des sensations. J'ai compris après que c'était plus ou moins lié avec des événements qui se produisaient autour de moi, comme lorsqu'ils m'ont attaché pour que je n'arrache pas tout, mon sommeil étant très agité. »

À son réveil, le député, confus, ne sait plus très bien où il est ni ce qu'il s'est passé. Au début, il demande à rentrer à son domicile. Les médecins lui expliquent que c'est impossible et que, de toute façon, cela n'en vaut pas la peine : tout le pays est confiné, la France s'est arrêtée de vivre. « J'ai pensé qu'on me disait ça pour me calmer, je ne les croyais pas. Et en allumant la télé, j'ai découvert un monde nouveau. Auquel j'ai eu du mal à croire tout en comprenant vite qu'hélas c'était la réalité. »

Jean-Luc Reitzer a perdu vingt kilos. Et doit réapprendre les gestes de la vie : marcher, boire, manger. « Je faisais des exercices avec des spatules en bois, c'était moralement très difficile car on ne connaissait pas l'évolution du Covid-19. La rééducation a duré très longtemps et mon moral était au plus bas», se remémore-t-il. Début mai, le parlementaire est autorisé à revoir sa femme, à l'hôpital. Puis il finit par rentrer chez lui, quelques jours plus tard.

«Quand vous sortez, que vous revoyez la circulation, les gens dans la rue, alors que vous n'avez vu que des médecins, des infirmiers et des aides-soignants pendant plusieurs mois, c'est un choc.» Et d'ajouter que, pour lui, plus rien ne sera comme avant. «Être à deux doigts de la mort marque un homme, une famille. Tous les matins, j'entends les oiseaux chanter à partir de 6 heures et je me dis que la vie est belle. Marcher, boire, manger, profiter des siens : maintenant, les choses m'apparaissent différemment. Je vais essayer de trouver un autre rythme de vie, consacré aux miens.»

3

L'explosion de la majorité en pleine crise sanitaire

« Quand je lis nos boucles, les propos rapportés dans les articles de presse, toujours en off, je me dis que l'on n'a pas besoin de nos oppositions. Quatre-vingt-dix pour cent des propos négatifs sur notre action viennent de notre propre camp. » Cette phrase, rapportée par *L'Express* en juin 2020, en pleine première crise du coronavirus, a été prononcée par Stanislas Guerini, député de Paris et délégué général de La République en marche. Dans cette période extrêmement difficile au cours de laquelle il aurait pu faire corps autour du président de la République, le groupe LREM ne s'est en effet jamais autant éparpillé, désuni, voire déchiré. Et les divisions entre les députés de la majorité, qui jusqu'ici nourrissaient le débat en interne, ont éclaté au grand jour.

*

Les premiers désaccords se sont exprimés autour de la question de la régularisation des sans-papiers. Dans une pétition formulée par François-Michel Lambert, ancien député de la majorité, une vingtaine de parlementaires ont réclamé une régularisation temporaire des sans-papiers pendant la pandémie. Parmi les signataires se trouvaient plusieurs membres de l'aile gauche du parti majoritaire comme Michel Delpon, député de Dordogne, ou Hubert Julien-Laferrière, élu du Rhône.

Une pétition suivie quelques jours plus tard d'une lettre ouverte au Premier ministre signée par plus de 100 députés et sénateurs. Comme souvent, le truculent Aurélien Taché y est allé de son tweet polémique : « Alors que le Portugal régularise ses sans-papiers, la France ferme ses guichets d'enregistrement pour les demandeurs d'asile. Face à la crise Covid-19, faire preuve de solidarité ne doit pas être à géométrie variable. »

Ces critiques ne passent pas inaperçues dans la majorité, et en agacent plus d'un. « Pour une très grande partie des députés LREM, ce sujet n'a même pas existé. Mais comme d'habitude, certains, tel Aurélien Taché, ont l'art de faire parler d'eux », tacle ainsi Anne-Laurence Petel, parlementaire des Bouches-du-Rhône.

*

Autre sujet qui divise rapidement le groupe majoritaire : l'application de traçage « StopCovid », mise en place par le gouvernement. Avant même le déconfinement et le développement du logiciel ayant pour objectif de prévenir les personnes ayant été à proximité de quelqu'un infecté par le Covid-19, l'idée suscite une levée de bouclier d'une partie des députés de La République en marche. Rapidement, le numéro 2 du parti, Pierre Person, s'y montre hostile. Dans *Libération*, Sacha Houlié, élu de la Vienne, fait également connaître son désaccord. « Il n'y a pas de tracking vertueux », estime-t-il. Même point de vue pour Guillaume Kasbarian, encore dans les colonnes de *Libération* : « Attention à ne pas ériger des régimes autoritaires qui ont mis en place des systèmes intrusifs en modèles d'efficacité. Je ne voudrais pas qu'un autre gouvernement ait, plus tard, l'idée de proposer des applications en matière de prévention sanitaire pour mieux manger ou mieux bouger. Attention à ce que l'on ouvre. »

L'application sera finalement votée, malgré les critiques. Après coup, un membre du bureau exécutif du parti nous confie qu'à ce moment-là de la crise « les échanges ont été très vifs en interne ». « Le sujet était réellement sensible. Sur nos boucles Telegram, ça s'est embrasé d'un coup et c'est parti dans tous les sens. » Et l'exécutif n'était pas au bout de ses peines.

*

Le 28 avril 2020, à l'heure de voter le plan de déconfinement présenté par Édouard Philippe, Martine Wonner, députée LREM du Bas-Rhin, se prononce contre. « Pour moi, ce plan était incomplet car il n'y avait aucune stratégie thérapeutique », précise-t-elle après la tempête qu'elle a déclenchée au sein du parti. Quelques jours plus tard, la parlementaire, médecin psychiatre de formation, se voit convoquée par le bureau politique de La République en marche. « J'ai dû m'expliquer en visioconférence devant le bureau. Dans les cinquante minutes qui ont suivi, j'ai été exclue du groupe parlementaire », relate-t-elle. L'élue du Bas-Rhin, qui ne s'attendait pas à son éviction, se dit surprise par une telle décision. « En tant que médecin, j'ai émis un avis. Je n'ai pas compris que l'on stigmatise mes positions. Normalement, sur ce type de vote qui touche aux questions éthiques, nous sommes libres de nous prononcer en notre âme et conscience sans risquer d'être exclus. »

Son ressenti ? Le parti a sorti « l'artillerie lourde » pour se débarrasser d'elle, dans un moment où la majorité avait besoin d'unité. Mais si c'était à refaire, elle redirait les mêmes choses sans sourciller. « Cette exclusion ne m'a pas émue. Je dirais même que c'est ce qui m'est arrivé de mieux ! »

*

La période se complique quelques jours plus tard. Mi-mai 2020, 17 députés créent le nouveau groupe parlementaire «Écologie Démocratie Solidarité». Parmi eux, d'anciens élus de LREM comme Annie Chapelier, Paula Forteza, Sébastien Nadot, Martine Wonner ou Cédric Villani, mais aussi certains membres qui n'avaient pas encore quitté le groupe, tels Aurélien Taché et Guillaume Chiche. Le groupe, qui se veut indépendant, se déclare «ni dans la majorité, ni dans l'opposition». Il a pour objectif de participer à «une ambition forte de transformation sociale et écologique». «Répondre à l'urgence écologique, moderniser la démocratie, réduire les inégalités sociales et territoriales : nous ne pouvons faire plus et mieux à l'Assemblée nationale», considèrent les 17 parlementaires qui entendent pousser et soutenir les décisions à la hauteur des enjeux mais s'opposer dans tous les autres cas.

Guillaume Chiche, député des Deux-Sèvres jusqu'alors fidèle au président de la République, explique avoir fait ce choix par lassitude. «Cela fait trois ans que je me bats de l'intérieur et je n'ai eu quasiment que des défaites. Je suis passé pour l'emmerdeur, le poil à gratter, l'agitateur. Je suis vraiment déçu d'avoir eu à en arriver là», nous signifie-t-il. Celui qui nous racontait lors d'une rencontre parvenir à gagner des combats en luttant de l'intérieur, estime dorénavant qu'être dans un autre groupe lui donnera la possibilité de plus faire bouger les lignes. «Dès qu'on émettait une idée, certains nous disaient d'arrêter de trahir le groupe. Dès qu'on exprimait un doute, une opposition, on se faisait menacer sur des boucles Telegram, on était insultés, qualifiés de traîtres. Toutes les chapelles ou cercles d'influences que nous avons essayé de créer ont été réprimés. Le groupe est autoritaire, il n'a pas su faire vivre ses différentes sensibilités politiques», explique-t-il. Et tant pis si leur choix fragilise le chef de l'État, que nombre d'entre eux soutiennent encore.

Pour l'ensemble des parlementaires de ce nouveau groupe, la décision a été mûrement réfléchie. Cela faisait d'ailleurs plusieurs mois qu'ils s'y préparaient. En janvier 2020 déjà, lorsqu'elle avait quitté LREM, Paula Forteza, représentante des Français de l'étranger, avait prévenu de la création imminente d'un groupe de parlementaires désenchantés.

*

Les déboires de LREM ne s'arrêtent pas là. Quelques jours plus tard, un dixième groupe, baptisé «Agir ensemble», lui, est créé. Il rassemble 17 élus, dont certains faisaient partie du groupe «UDI – Agir», et d'autres, comme Dimitri Houbron, Thomas Gassilloud ou Jean-Charles Larsonneur, du parti majoritaire. Le groupe se veut «constructif», souhaite appartenir à la majorité en soutenant le président de la République, mais aussi faire vivre la diversité en venant «incarner et donner une voix à une sensibilité politique libérale, humaniste, sociale et européenne qui doit pouvoir s'exprimer pleinement».

Avec ces énièmes défections, aux yeux de l'opinion et des médias LREM perd définitivement sa majorité absolue à l'Assemblée nationale. Pour Olivier Becht, député du Haut-Rhin et président d'«Agir ensemble», la majorité s'est au contraire renforcée avec la création de ce dernier groupe. «Sept personnes ont quitté LREM pour venir chez nous, certes, mais comme nous soutenons le président de la République et que nous sommes 17, cela fait 10 voix supplémentaires pour la majorité», calcule-t-il. Reste que les ex-LREM ayant franchi le pas ne cachent pas leur satisfaction d'avoir quitté une structure qui ne leur a jamais laissé la liberté qu'ils attendaient.

Pour Dimitri Houbron, député du Nord, qui a fait le choix de partir, LREM a un problème de gouvernance. « Il est facile de remettre la faute sur ceux qui partent en disant qu'ils ne jouent pas collectif. Or depuis le début, dans le groupe, qu'il y ait une grande érosion n'est pas pour rien : beaucoup de collègues de grande qualité sont partis après des mois de mécontentement. » À l'en croire, de nombreux autres députés LREM ne sont pas en phase avec la manière d'agir du groupe et hésiteraient à le quitter avant la fin de la législature. « Personnellement, il me reste deux ans de mandat que je ne voulais pas vivre frustré parce que je n'aurais pas pu mener les combats qui me tiennent à cœur par crainte d'en voir les conséquences sur ma carrière », explique Dimitri Houbron qui, depuis son départ, se sent beaucoup plus libre dans sa parole. Et même si « Agir ensemble » n'est pas dans l'opposition, il est un caillou de plus dans la chaussure déjà bien pleine de La République en marche.

*

Aux yeux du politologue Bruno Cautrès, la crise du coronavirus a apporté « un peu plus de confusion » au tableau déjà « peu lisible » de la majorité. « Ce groupe parlementaire s'est forgé à travers la personne d'Emmanuel Macron : si le Président dit qu'il veut aller au sud, tout le monde veut aller au sud, s'il dit l'inverse, tout le monde dit l'inverse. Mais quelles sont les valeurs, les croyances profondes de ces députés ? Certains commencent à s'affirmer en faisant des choix marqués. La création de ces deux groupes en est la preuve », analyse le chercheur. La création d'un ensemble « de gauche » composé d'anciens députés de la majorité affaiblit donc bel et bien le chef de l'État. « Quitter un groupe majoritaire au bout de trois ans révèle un vrai échec. Dans ce laps de temps, les occasions n'ont sans doute pas manqué de se parler, d'essayer de faire vivre les différences. Or leur départ est très argumenté sur le plan idéologique. Il est donc très significatif.» Un avis partagé par le politologue Stéphane Rozès : «Pendant cette crise, les députés LREM auront été encore plus suivistes à l'égard de l'exécutif que d'habitude, ce qui a accéléré les forces centrifuges au sein de la majorité et entraîné la perte de la majorité absolue.»

Ce dernier estime même que, durant cette première crise de Covid-19, les députés LREM n'ont pas «joué leur rôle d'élus». «Leur mission est d'anticiper, de prévenir et de repérer les signaux faibles. Ils ont sous-estimé la pandémie et ont surestimé notre système de santé. Le Parlement et le groupe majoritaire sont la corde de rappel et de transmission entre le sommet de l'État et la nation. Une fois de plus, ils n'ont pas été à la hauteur», juge Stéphane Rozès. À ses yeux, les élus ont péché par manque d'expérience, de vision, parce qu'ils ne sont pas animés par la politique. «Ces personnes venant de la société civile sont des techniciens qui n'ont pas l'intuition, ne ressentent pas les choses. Ils n'ont aucun sens politique», condamne-t-il.

Pour Bruno Cautrès, la première crise sanitaire aurait pu être l'occasion, pour certains députés de la majorité, de sortir du lot, comme c'est le cas lors de grandes crises, mais rien. «Nous n'avons vu s'affirmer dans la majorité aucune grande voix, aucune parole forte. Aucun député n'est arrivé à théoriser quoi que ce soit, à donner des éléments de réflexion qui donnent le sentiment qu'une personnalité s'affirme. Je serais incapable de citer un seul s'étant détaché pendant cette séquence. Une crise historique aurait dû favoriser l'émergence d'une personne arrivant à être en phase avec l'émotion de la population, à trouver les mots.» Une absence de parole forte qui montre à quel point les parlementaires du groupe majoritaire «sont sur le banc de touche».

Conclusion

Tout ça pour ça ! La phrase résonne dans nos esprits à l'heure où ces lignes sont écrites. Emmanuel Macron le pense peut-être lui-même : beaucoup de députés élus en 2017 n'étaient pas faits pour ce mandat. La stratégie du « en même temps » et la volonté de dépasser les clivages n'ont finalement pas permis aux membres de la majorité de trouver leur place et de rester fidèles à leurs valeurs. Ces élus de la nation n'ont pas réussi à sentir le pouls du pays et à remplir leur rôle de relais entre les citoyens et le pouvoir.

Le renouvellement promis s'apparente, finalement, à une mascarade qui ne dit pas son nom. La démocratie parlementaire n'en ressort pas plus renforcée, les « vieilles » pratiques, tant critiquées par ces nouveaux élus, n'en sont pas plus révoquées. Certains amateurs sont même devenus de véritables professionnels de la politique, maîtrisant les rouages de l'ancien monde – si tant est qu'il y en ait eu un nouveau. Si cette mandature a révélé de belles découvertes, le bilan collectif se résume en un mot : l'échec. Qu'ils sont du reste nombreux à nous avoir avoué.

*

Des débuts souriants et enthousiastes aux claquements de porte tonitruants en pleine crise sanitaire, notre enquête nous a plongés dans le quotidien des nouveaux députés de l'Assemblée nationale durant presque deux ans. Plus les mois passaient, plus les parlementaires dont nous croisions le chemin évoquaient leurs déceptions, leur amertume et leur désenchantement. Nous observions, après les avoir entendus se plaindre de telles désillusions, les défections dans le groupe majoritaire se multiplier.

Il y a eu les erreurs de casting et les fautes individuelles : elles ont été nombreuses, nous les avons largement évoquées dans ces pages. Mais il y a surtout eu les égarements collectifs à répétition. À de multiples reprises, nous nous sommes étonnés de ce cycle ininterrompu de maladresses et de décisions parfois incompréhensibles prises au moment où certains prônent l'exemplarité afin de regagner la confiance des Français. La démocratie représentative, remise en doute depuis quelques décennies maintenant, ne se porte donc pas mieux qu'avant.

À la crise politique liée au scandale de l'affaire Benalla se sont ajoutées celles, sociales et majeures, des «gilets jaunes» puis de la réforme des retraites. La crise sanitaire est venue achever un groupe majoritaire déjà affaibli, dont les députés n'avaient comme trait d'union que la figure d'Emmanuel Macron, gourou vénéré de ses fidèles en toutes circonstances. Le tout dans un contexte où l'opposition ne cesse de se plaindre du «mépris institutionnel» auquel elle fait face.

La promesse était belle, force est de constater qu'elle n'a pas été tenue.

Remerciements

Nous souhaitons remercier nos familles et nos proches, qui nous ont accompagnés et soutenus durant toute la durée de notre enquête et l'élaboration de ce manuscrit.

Un grand merci à notre éditeur Thierry Billard pour sa confiance, son écoute et ses conseils avisés.

Merci à Antoine, Pierre, Mathilde, Aude, Albert, Camille, Chloé, Sophie, Caroline, Salima, Jacques et Massinissa pour leur aide précieuse.

Table

TROISIÈME PARTIE
La République en marche… arrière

QUATRIÈME PARTIE
Les oppositions

CINQUIÈME PARTIE
Un quinquennat difficile

Sixième partie
Comment trouver sa place

Septième partie
Une crise de la démocratie représentative

Huitieme partie
La crise sanitaire du Covid-19

Pour en savoir plus
sur les Éditions Plon
(catalogue, auteurs, vidéos, actualités...),
vous pouvez consulter
www.plon.fr
www.lisez.com

lisez!

et nous suivre sur les réseaux sociaux

Editions Plon

@EditionsPlon

@editionsplon

MIXTE
Papier issu de sources responsables
FSC® C003309
FSC
www.fsc.org

L'éditeur de cet ouvrage s'engage
pour la préservation de l'environnement
et utilise du papier issu de forêts gérées
de manière responsable.

CET OUVRAGE A ÉTÉ ACHEVÉ D'IMPRIMER SUR ROTO-PAGE
PAR L'IMPRIMERIE FLOCH À MAYENNE EN JANVIER 2021

Dépôt légal : janvier 2021
N° d'impression : 97499
Imprimé en France